MÉTODO PRINCE

Leitura e Percepção — Ritmo

THE PRINCE METHOD • READING AND EAR-TRAINING • RHYTHM

2

Adamo Prince

Nº Cat.: MPRI2

Irmãos Vitale Editores Ltda.
vitale.com.br
Rua Raposo Tavares, 85 São Paulo SP
CEP: 04704-110 editora@vitale.com.br Tel.: 11 5081-9499

© Copyright 2009 by Irmãos Vitale Editores Ltda. - São Paulo - Rio de Janeiro - Brasil.
Todos os direitos autorais reservados para todos os países. *All rights reserved.*

CIP-BRASIL. CATALOGAÇÃO NA FONTE
SINDICATO NACIONAL DOS EDITORES DE LIVROS - RJ.

P952m
v.2

Prince, Adamo, 1954-
   Método Prince : leitura e percepção : ritmo = The Prince method : reading and ear-training : rhythm / Adamo Prince ; [versão para o inglês Eliane Ávila]. - 1. ed. - São Paulo : Irmãos Vitale, 2013.
   196 p.

Texto bilíngue, português e inglês

ISBN 978-85-7407-381-1

1. Música - instrução e ensino.
      I. Título.

13-1727.   CDD: 780.7
                                                                                                      CDU: 78.(02)

15.03.13   21.03.13   043579

- **Editor responsável** / *Editor-in-chief:*
Almir Chediak

- **Capa** / *Cover design:*
Bruno Liberati

- **Produção gráfica** / *Supervisor for Print Production:*
Tonico Fernandes

- **Revisão de texto (português)** /
Proofreading for text in Portuguese:
Nerval Mendes Gonçalves

- **Versão (texto)** /
Translation of text:
Eliana Ávila

- **Versão (comentários)** /
Translation of commentaries:
Kate Lyra

- **Revisão de texto (inglês)** /
Proofereading for text in English:
Raquel Zampil

- **Acompanhamento editorial** /
Editorial Supervision:
Fátima Pereira dos Santos

- **Fotografia** / *Photographer:*
Marluce Balbino

- **Revisão musical** / *Proofreading for Music:*
Ian Guest

- **Edição de arte** / *Art Editor:*
Mussuline Alves

- **Editoração eletrônica e copydesk** /
Desktop Publisher and Copydesk:
Jacob Lopes

For Further Information Contact the Author
adamoprince@hotmail.com
www.adamoprince.com
(21) 2542-8776 - (21) 9176-9602

Volume 1

Prefácio .... ☐

Conceitos e elementos
do ritmo .... ☐

Instruções para a
realização dos exercícios .... ☐

Volume 1

Preface .... ☐

*Rhythm's concepts and
elements* .... ☐

*Directions to the realization
of the exercises* .... ☐

Primeira parte
—— *Part one* ——

Leitura
a uma voz .... ☐

Leitura
a duas vozes simultâneas .... ☐

Percepção
a uma voz .... ☐

Percepção
a duas vozes simultâneas .... ☐

*Reading
in one voice* .... ☐

*Reading
in two simultaneous voices* .... ☐

*Ear-training
in one voice* .... ☐

*Ear-training
in two simultaneous voices* .... ☐

Segunda parte
—— *Part two* ——

♩ em / *in* 2/4 3/4 C

Leitura a uma voz .... ☐	*Reading in one voice* .... ☐
Leitura a duas vozes alternadas .... ☐	*Reading in two alternated voices* .... ☐
Leitura a duas vozes simultâneas .... ☐	*Reading in two simultaneous voices* .... ☐
Percepção a uma voz .... ☐	*Ear-training in one voice* .... ☐
Percepção a duas vozes alternadas .... ☐	*Ear-training in two alternated voices* .... ☐
Percepção a duas vozes simultâneas .... ☐	*Ear-training in two simultaneous voices* .... ☐

Terceira parte
—— *Part three* ——

♩ em / *in* 2/4 3/4 C

Leitura a uma voz .... ☐	*Reading in one voice* .... ☐
Leitura a duas vozes alternadas .... ☐	*Reading in two alternated voices* .... ☐
Leitura a duas vozes simultâneas .... ☐	*Reading in two simultaneous voices* .... ☐
Percepção a uma voz .... ☐	*Ear-training in one voice* .... ☐
Percepção a duas vozes alternadas .... ☐	*Ear-training in two alternated voices* .... ☐
Percepção a duas vozes simultâneas .... ☐	*Ear-training in two simultaneous voices* .... ☐

Volume 2

Prefácio 09	
Conceitos e elementos do ritmo 11	
Instruções para a realização dos exercícios 16	

Volume 2

Preface *09*	
Rhythm's concepts and elements *11*	
Directions to the realization of the exercises *16*	

Primeira parte
——— Part one ———

   em / *in*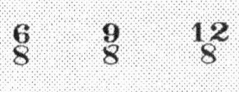

Leitura a uma voz 20	*Reading in one voice* *20*
Leitura a duas vozes alternadas 34	*Reading in two alternated voices* *34*
Leitura a duas vozes simultâneas 47	*Reading in two simultaneous voices* *47*
Percepção a uma voz 60	*Ear-training in one voice* *60*
Percepção a duas vozes alternadas 66	*Ear-training in two alternated voices* *66*
Percepção a duas vozes simultâneas 73	*Ear-training in two simultaneous voices* ... *73*

Segunda parte
——— Part two ———

 em / in 6/8   9/8   12/8

Leitura a uma voz	82	Reading in one voice	*82*
Leitura a duas vozes alternadas	100	Reading in two alternated voices	*100*
Leitura a duas vozes simultâneas	105	Reading in two simultaneous voices	*105*
Percepção a uma voz	109	Ear-training in one voice	*109*
Percepção a duas vozes alternadas	117	Ear-training in two alternated voices	*117*
Percepção a duas vozes simultâneas	119	Ear-training in two simultaneous voices	*119*

Terceira parte
——— Part three ———

Quiálteras / *Tuplets*   em / in   2/4   3/4   c   6/8   9/8   12/8

Leitura a uma voz	122	Reading in one voice	*122*
Leitura a duas vozes alternadas	149	Reading in two alternated voices	*149*
Leitura a duas vozes simultâneas	160	Reading in two simultaneous voices	*160*
Percepção a uma voz	171	Ear-training in one voice	*171*
Percepção a duas vozes alternadas	181	Ear-training in two alternated voices	*181*
Percepção a duas vozes simultâneas	188	Ear-training in two simultaneous voices	*188*

Volume 3

Prefácio .... ☐

Conceitos e elementos
do ritmo .... ☐

Instruções para a
realização dos exercícios .... ☐

Volume 3

Preface .... ☐

Rhythm's concepts and
elements .... ☐

Directions to the realization
of the exercises .... ☐

Primeira parte
——— Part one ———

Com / With   u.t. / t.u. = ♩ ou ♩

♩ Leitura a uma voz .... ☐	♩ Reading in one voice .... ☐
Leitura a duas vozes alternadas .... ☐	Reading in two alternated voices .... ☐
Leitura a duas vozes simultâneas .... ☐	Reading in two simultaneous voices .... ☐
Percepção a uma voz .... ☐	Ear-training in one voice .... ☐
Percepção a duas vozes alternadas ...... ☐	Ear-training in two alternated voices .... ☐
Percepção a duas vozes simultâneas ... ☐	Ear-training in two simultaneous voices ... ☐
♩ Leitura a uma voz .... ☐	♩ Reading in one voice .... ☐
Percepção a uma voz .... ☐	Ear-training in one voice .... ☐

Segunda parte
Part two

Compassos Alternados / *Alternated Measures*

$\frac{5}{4}$ $\frac{7}{4}$ $\frac{15}{8}$ $\frac{21}{8}$

Outras Unidades / *Other Time Units*

$\text{U.T.} / \text{T.U.} = ♩$ $\text{U.T.} / \text{T.U.} = ♩.$ $\text{U.T.} / \text{T.U.} = ♪$ $\text{U.T.} / \text{T.U.} = ♪.$

Leitura a uma voz

- Compassos Alternados .... ☐
- Outras Unidades .... ☐

Percepção a uma voz

- Compassos Alternados .... ☐
- Outras Unidades .... ☐

Reading in one voice

- *Alternated Measures* .... ☐
- *Other Time Units* .... ☐

Ear-training in one voice

- *Alternated Measures* .... ☐
- *Other Time Units* .... ☐

Terceira parte
Part three

Mudanças de Compassos, Unidades e Ausência de Compasso
Changing Measures, Time Units and Measureless environments

Leitura a uma voz

- Mudanças de Compassos .... ☐
- Mudanças de Unidades .... ☐
- Ausência de Compasso .... ☐

Percepção a uma voz

- Mudanças de Compassos .... ☐
- Mudanças de Unidades .... ☐
- Ausência de Compasso .... ☐

Reading in one voice

- *Changing Measures* .... ☐
- *Changing Time Units* .... ☐
- *Measureless Environments* .... ☐

Ear-training in one voice

- *Changing Measures* .... ☐
- *Changing Time Units* .... ☐
- *Measureless Environments* .... ☐

Prefácio

A música é, basicamente, feita de dois elementos: ritmo e som. Esses também são os dois principais componentes de sua notação. Ler e escrever música para um músico tem o mesmo significado que ler e escrever o alfabeto para alguém que fala. O processo do aprendizado da leitura e escrita musical pode ser facilitado pela separação temporária de seus dois elementos, o ritmo e o som, por serem dois reflexos inteiramente diferentes. Depois do devido treino dos dois elementos em separado, juntá-los é surpreendentemente fácil.

O presente livro é destinado ao ensino da leitura rítmica através de um vasto material de exercícios que abrange, sistematicamente, as múltiplas situações rítmicas que se apresentam no decorrer da leitura musical. Seu objetivo é ensinar o uso consciente do primeiro e mais intuitivo elemento da música que é o ritmo. Ritmo é constituído, basicamente, por pulsações. Pulsações são medidas de tempo. Qualquer ritmo, por mais complexo que seja, possui uma pulsação básica, batidas imaginárias ou implícitas de duração igual. Isso revela uma particularidade: a arte da música decorre no tempo (ao passo que as artes visuais decorrem no espaço).

Ao aprender a leitura rítmica, o estudante aprende a respeitar e lidar com o elemento tempo. A continuidade e fluência do tempo é condição da interpretação musical, sem a qual a

Preface

Music is made up basically of two elements - rhythm and sound - which are also the two main components of musical notation. To read and write music bears the same significance to a musician as does to read and write the alphabet to a native speaker of a given language. The process of learning to read and write music can be facilitated through the temporary separation of those two elements (rhythm and sound), once they are two entirely different reflexes. Following due training in those two elements separately, it is surprisingly easy to re-unite them.

This book is aimed at facilitating the teaching of rhythmic reading through a wide range of exercises encompassing, systematically, the multiple rhythmic situations encountered in musical reading. The primary aim of this book is to develop the student's awareness of the first and most intuitive element of music: rhythm. Rhythm consists, basically, of pulsations. Pulsations are measures of time. Any rhythm, however complex it may be, contains a basic pulsation, that is, imaginary or implicit beats of equal length. This reveals a particular feature: the art of music takes place in a time environment (whereas the visual arts take place in a spatial environment).

As the student learns rhythmic reading, s/he is also learning to respect and deal with the element of time. The continuity and fluency of time is the pre-requisite for the very existence of musical interpretation, and without it music

música se torna incompreensível. Por essa razão todo treino de leitura rítmica deve respeitar essa continuidade e desde o começo o estudante deve adquirir o hábito de não errar nem fazer interrupções. As dificuldades surgidas devem ser contornadas mediante a escolha da velocidade adequada. A experiência mostra que a leitura rítmica em baixa velocidade é bastante difícil, pois estamos acostumados a fazer música em sua velocidade habitual, isto é, em seu impulso natural. Aprender a reduzir a velocidade, porém, traz a grande vantagem de nos permitir pensar (antes de cada grupo de notas) no que vamos executar.

O Método Prince de leitura e percepção do ritmo, além de abranger sistematicamente todas as combinações rítmicas dentro de uma rigorosa escala de dificuldades, apresenta a grande vantagem de um vasto número de exercícios em cada nível. A abundância de exercícios não permite a ultra-repetição e conseqüente memorização dos mesmos, oferecendo a experiência da "leitura à primeira vista" - indispensável no treino da leitura. Outro aspecto da presente obra é a leitura simultânea de duas linhas de ritmo, executadas pela boca e mão, respectivamente. Dividir a atenção entre duas atitudes simultâneas é, além da leitura polirrítmica em muitos instrumentos, imposição fundamental a todo músico que toca em grupo. (A própria leitura musical, com a simultaneidade do ritmo e do som, exige atenção dividida.)

Ao encarar o estudo da leitura rítmica, deve-se ter em mente que o mesmo é um condicionamento de reflexo e, como tal, requer um hábito contínuo a médio e longo prazos. Apesar do aprendizado se processar muito aos poucos, de grau em grau, o estudante só perceberá o próprio progresso em momentos separados por longas semanas, momentos em que quantidade se transforma em qualidade.

becomes incomprehensible. That is why all training in rhythmic reading must respect such continuity; and the student must, from the very beginning, develop the habit of not making mistakes or interrupting the exercises. The dificulties which will arise must be handled by choosing the adequate velocity for each exercise. Experience shows that it is extremely difficult to read rhythm at low velocities, because we are used to conceiving music at its habitual velocity, that is, at its own natural impulse. To learn to slow down, on the other hand, brings forth the great advantage of allowing us to think over (immediately before each set of notes) what we are about to play.

Apart from systematically encompassing all rhythmic combinations within a rigorous order of increased difficulty, "Prince Method" presents the great advantage of providing a large variety of exercises in each level. Such a wealth of exercises does not allow for ultra-repetition, and thus avoids consequent memorization. It therefore provides opportunities for "first-sight reading" - which is indispensable for training the skill of reading music. Another feature of this book is the simultaneous reading of two rhythmic staves, to be perfomed with mouth and hand, respectively. The ability to pay attention to two simultaneous attitudes translates into not only polyrhythmic reading of several instruments, but also a fundamental imposition on every musician playing with others. (Musical reading itself, which involves the simultaneity of rhythm and sound, requires the sparing of simultaneous attention.)

Upon tackling the study of rhythmic reading, the student should keep in mind that what s/he will be dealing with is the conditioning of reflex, which, as such, requires a continuous habit - in both the medium and long term. Though the learning process is a gradual one, which develops slowly, step by step, the student will only perceive his/her own progress at intermittent moments in between long weeks - moments when quantity is transformed into quality.

Ian Guest

Conceitos e elementos do ritmo

Rhythm's concepts and elements

Trataremos neste volume dos Compassos Compostos e das Quiálteras.

Os Compassos Compostos são aqueles em que os tempos têm sua primeira subdivisão natural em três partes iguais. Cada terça parte se subdivide em duas, resultando em seis. Cada sexta parte em mais duas, resultando em doze, e assim secessivamente. Por este motivo as unidades de tempo dos Compassos Compostos são pontuadas.

In this volume, we will deal with Compound Measures and Tuplets.

Compound Measures are those in which the beats are subdivided naturally into three equal parts. Each third is in turn subdivided into two parts, thus totalling six. Each sixth is subdivided into another two, totalling twelve, and so on. This is why the time units of Compound Measures are dotted.

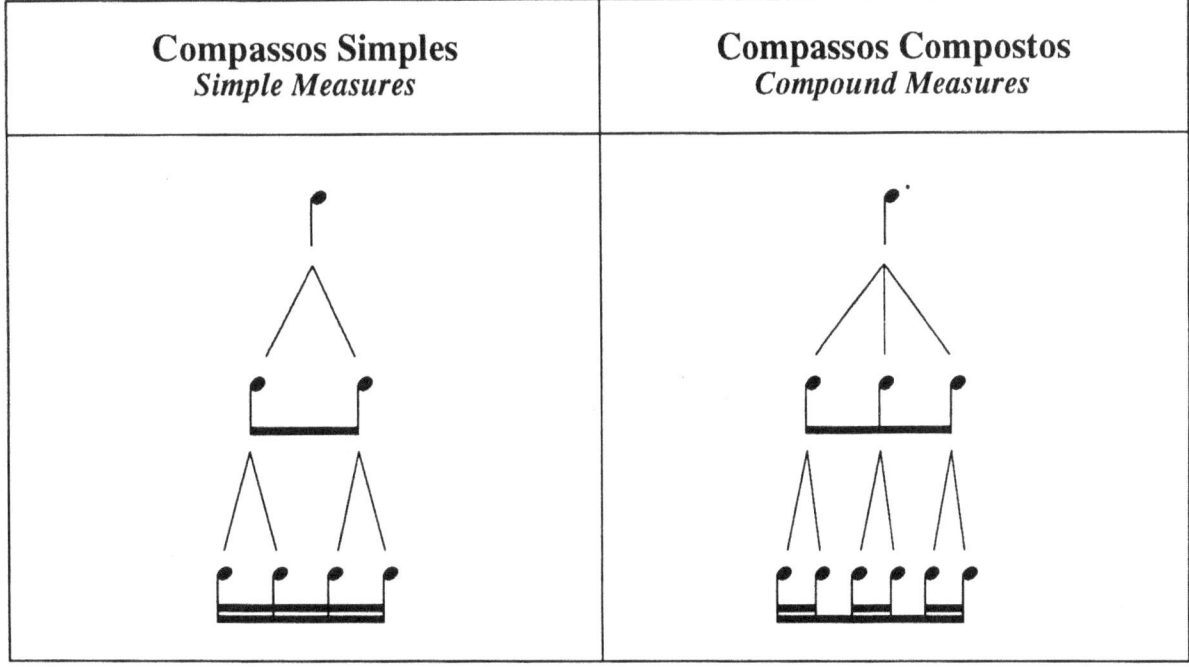

A fração do Compasso Composto indica, na parte superior, o número de terças partes do tempo que o compasso contém e, na parte inferior, o número ou a figura que representa a terça parte do tempo.

The time signature displayed for Compound Measures indicates, in the numerator, how many thirds of a beat the measure contains, and, in the denominator, the number or figure which represents the third of a beat.

Compassos Simples *Simple Measures*	Compassos Compostos *Compound Measures*
número de tempos *number of beats* ――――――――― número ou figura correspondente ao tempo *number or figure corresponding to the duration of the beat*	número de terças partes do tempo *number of thirds of a beat* ――――――――― número ou figura correspondente à terça parte do tempo *number or figure corresponding to the third part of the duration of a beat*

Diagramação dos Compassos Compostos
Layout for Compound Measures

Binário (feito de seis terças partes do tempo)
Two-time (made up of six thirds of a beat)

Ternário (feito de nove terças partes do tempo)
Three-time (made up of nine thirds of a beat)

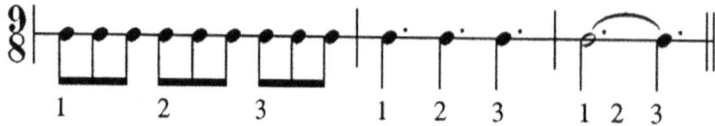

Quaternário (feito de doze terças partes do tempo)
Four-time (made up of twelve thirds of a beat)

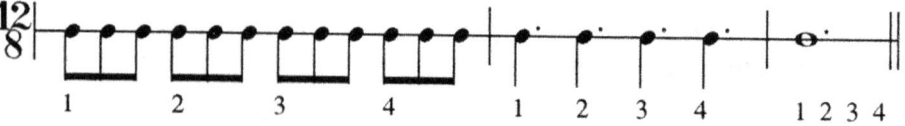

Frações de Compassos Compostos mais usadas
The most commonly-used time signatures for Compound Measures

	Binário *Two-time*	Ternário *Three-time*	Quaternário *Four-time*
U.T. / *T.U.* = 𝅗𝅥.	$\frac{6}{4}$	$\frac{9}{4}$	$\frac{12}{4}$
U.T. / *T.U.* = ♩.	$\frac{6}{8}$	$\frac{9}{8}$	$\frac{12}{8}$
U.T. / *T.U.* = ♪.	$\frac{6}{16}$	$\frac{9}{16}$	$\frac{12}{16}$

Na marcação dos Compassos Compostos só acentuamos os tempos e não as terças partes, pois isso implicaria a alteração da métrica. O sentido de um Compasso Binário Composto (6/8) passaria ao de dois ternários simples (3/8).

When marking Compound Measures, the accent is taken only by the beats, not by the thirds, otherwise the metrics woud be altered: a two-time Compound Measure (6/8) would sound like two three-time Simple Measures (3/8).

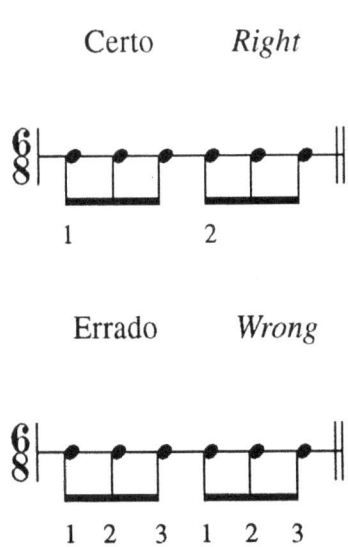

Quanto às Quiálteras, são todas as subdivisões ou desdobramentos do tempo que não se enquadram na subdivisão natural do compasso em que se encontram.

Exemplos:

Tuplets are made up of subdivisions of beat which do not fit into the natural pulsation of the measure which they originally belong to.

Examples:

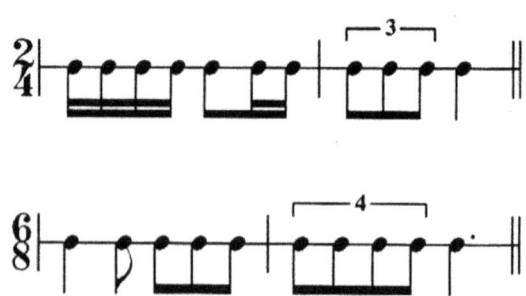

Como se vê nos exemplos acima, as Quiálteras estão indicadas por um colchete com o número correspondente à sua subdivisão.

Convém observar que esse número não corresponde obrigatoriamente à quantidade de notas escritas e sim à métrica imposta no momento.

Exemplos:

As can be seen in the examples above, Tuplets are represented by a bracket along with the number corresponding to their subdivision.

It should be pointed out that the number does not necessarily correspond to the amount of written notes, but rather to the metrics imposed on that particular moment.

Examples:

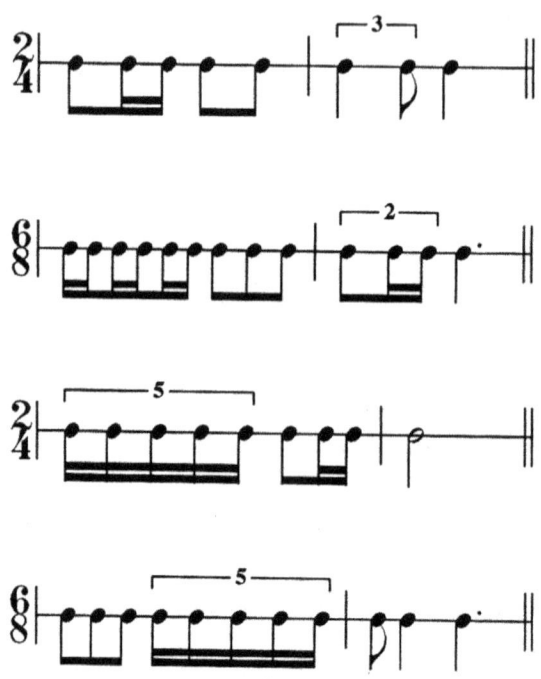

Obs.: Alguns autores substituem os colchetes por ligaduras (a); outros usam somente os números (b). Em trechos com ligaduras, usa-se também o sinal de Quiáltera ao lado das hastes (c).

Note: Some authors use slurs (a) to substitute for brackets; others use no more than numbers (b). Slurred passages take the Tuplets sign, placed beside the stems (c).

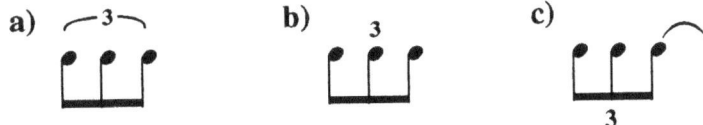

É importante ressaltar a possibilidade de um mesmo ritmo ser escrito de formas diferentes, sem que isso modifique a sua execução.

It should be pointed out that one single rhythmic pattern may be written in several different ways, without changing its actual performance at all.

Exemplos:

Examples:

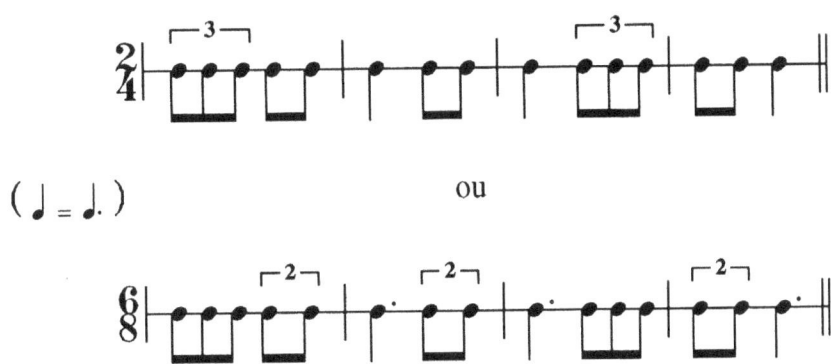

A opção da notação que deve ser adotada nesses casos fica a critério do compositor. Um critério usual de escolha é considerar a pulsação predominante nos elementos (base harmônica, orquestração etc...) que sustentam esse ritmo.

The choice for the written representation to be used is up to each composer. One usual parameter is the pulsation predominating in the elements (chord changes, orchestration, etc.) supporting the rhythmic pattern in question.

Instruções para a realização dos exercícios

Leitura a uma voz

1) Bata o tempo com o pé e execute o ritmo com a boca (falando). A princípio, na leitura dos Compassos Compostos, pode ser de grande ajuda a marcação constante das terças partes do tempo na mão direita, com os dedos polegar, indicador e médio. Assim que os clichês visuais estiverem assimilados e a pulsação interiorizada, este recurso deve ser abandonado.

Directions to the realization of the exercises

Reading in one voice

1) Mark the beat with your foot and speak out the rhythm. In the beginning, when reading the Compound Measures, it may be very useful to constantly mark the thirds of the beat with your right hand, using your thumb, index and middle fingers. But let go of this resource once you have assimilated the visual clichés and internalized the beat.

B = boca / mouth
P = pé / foot
p = polegar / thumb
i = indicador / index
m = médio / middle

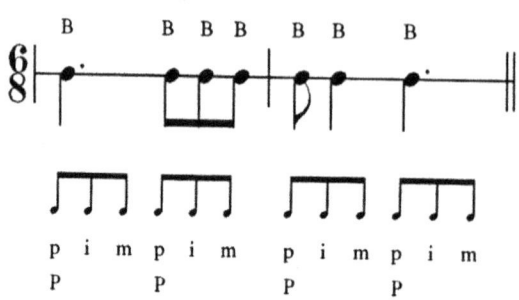

2) Bata o tempo com o pé e execute o ritmo percutindo com a mão direita.

2) *Mark the beat with your foot and play the rhythm by tapping your right hand.*

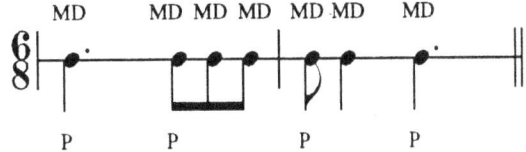

Leitura a duas vozes e percepção

Para a execução dos exercícios de leitura a duas vozes (alternadas e simultâneas) e a realização dos exercícios de percepção, siga as instruções dadas no Volume I.

Reading in two voices and ear-training

The following reading exercises in two voices, both alternated and simultaneous, and ear-training exercises are to be done according to the directions in Volume I.

Primeira parte
Part one

em / *in*

$\frac{6}{8}$ $\frac{9}{8}$ $\frac{12}{8}$

Leitura a uma voz
Reading in one voice

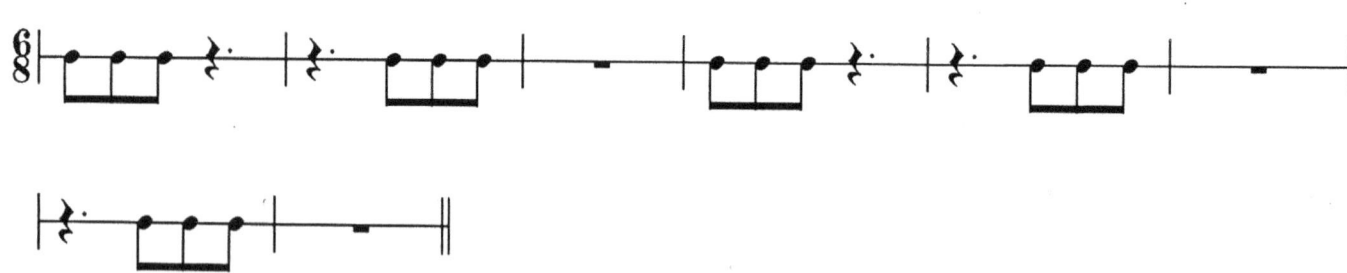
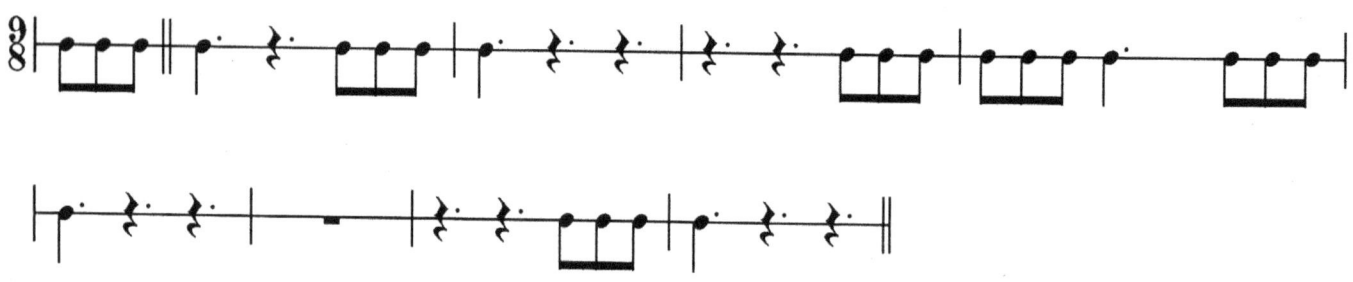
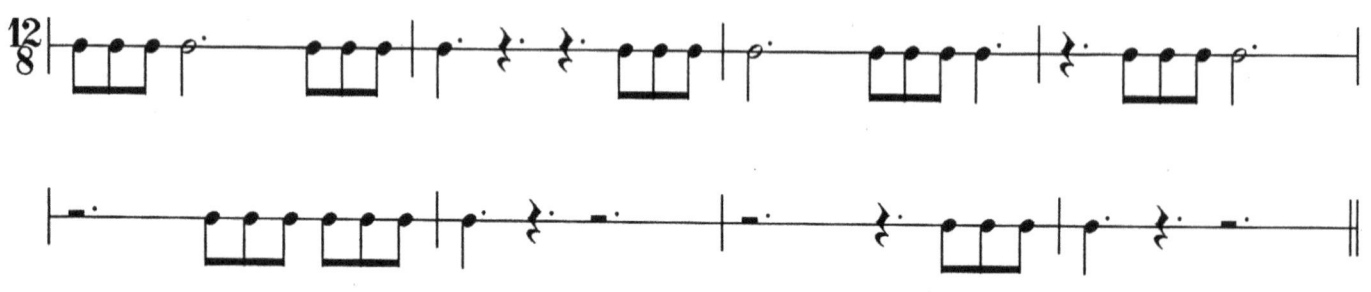
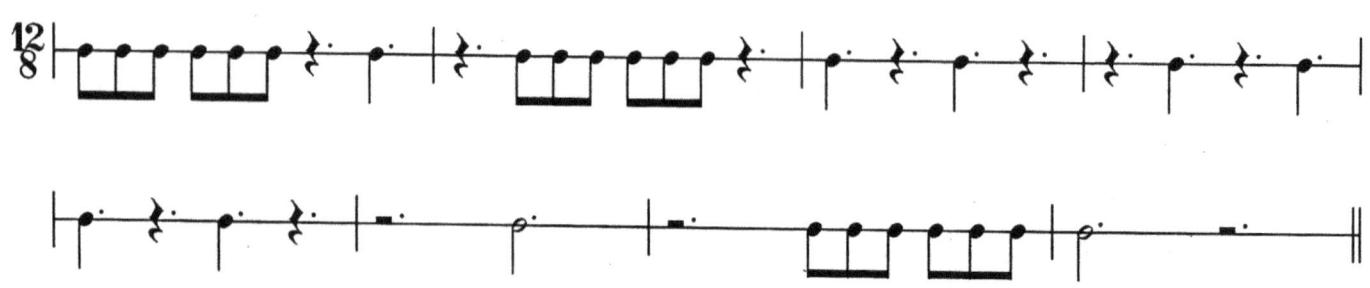

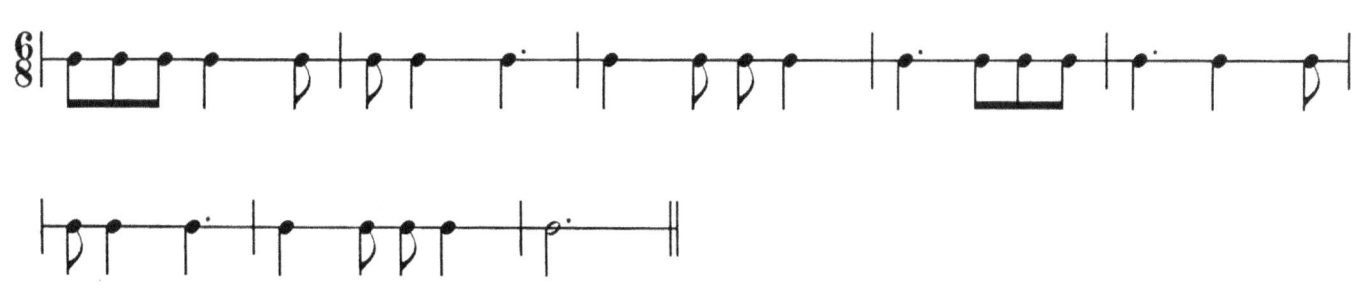

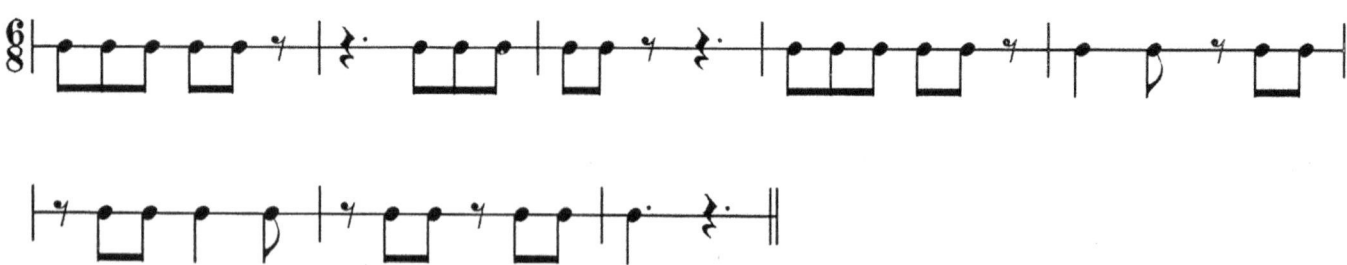

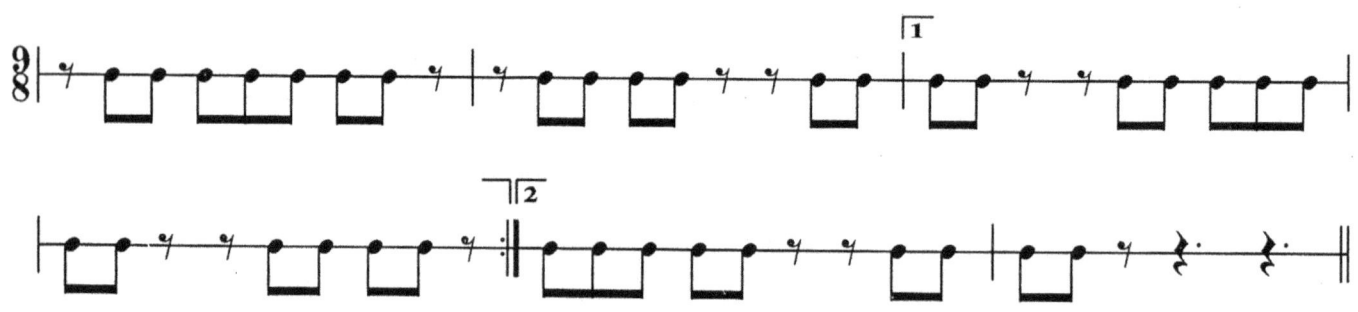

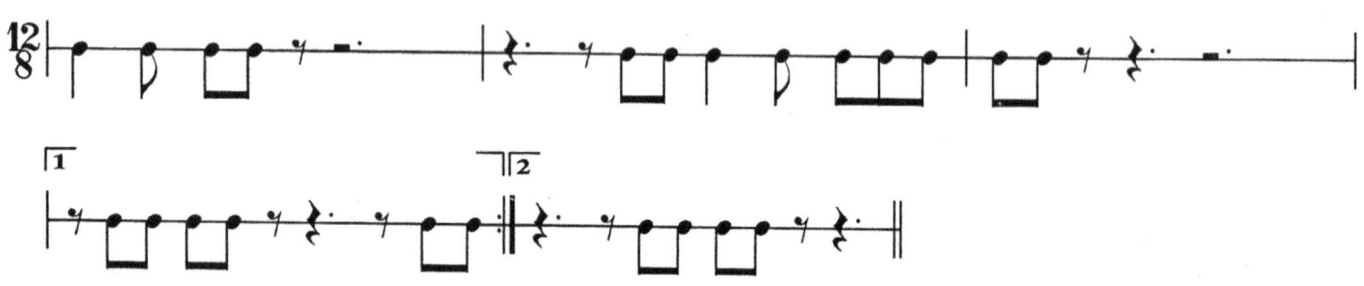

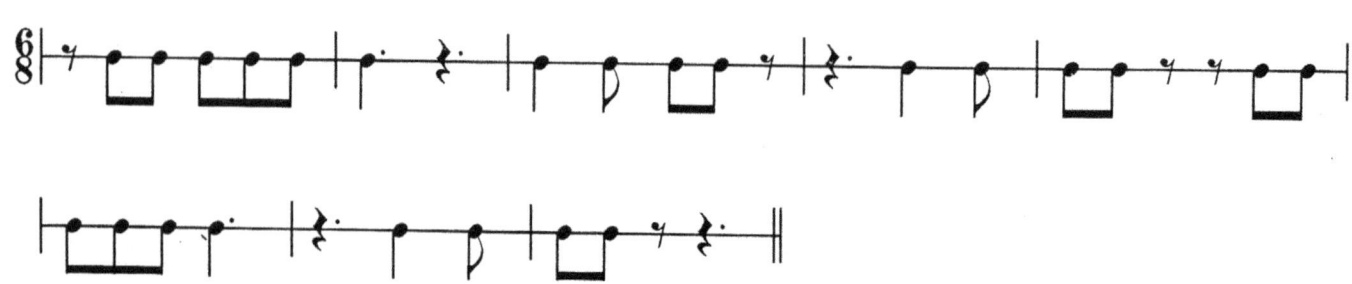

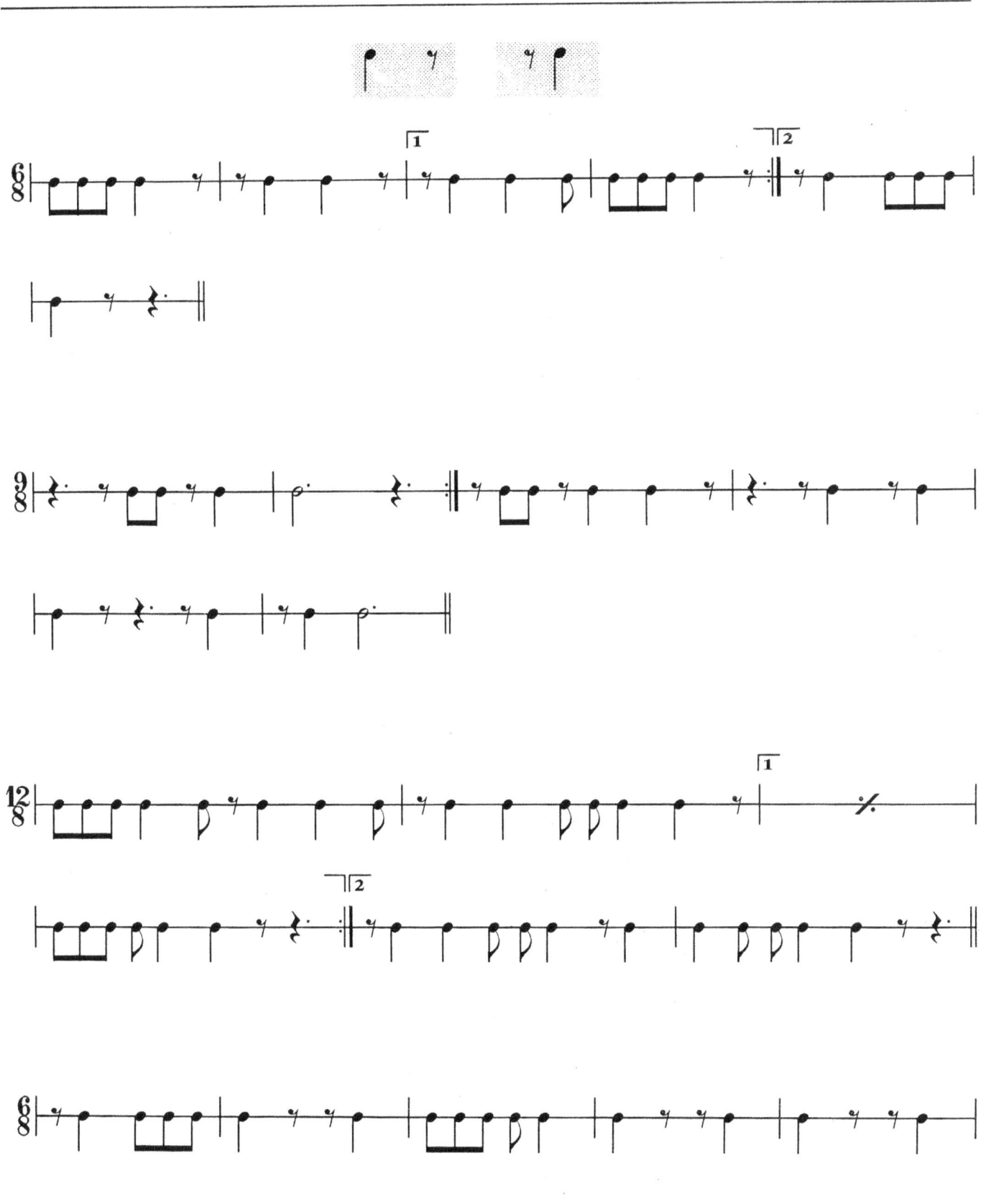

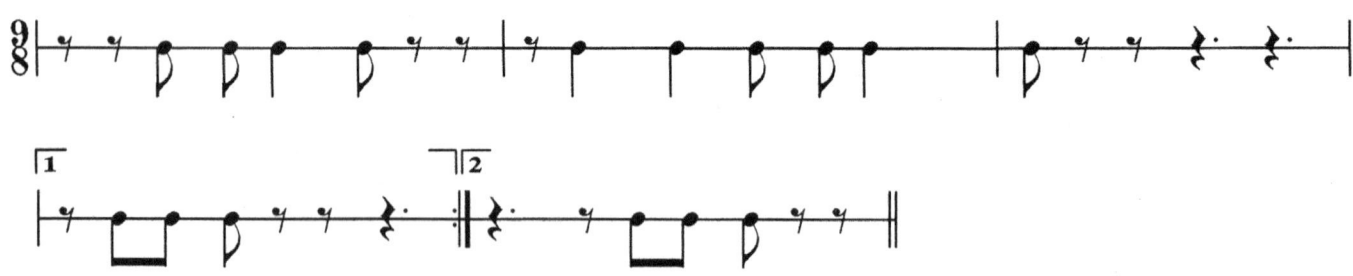
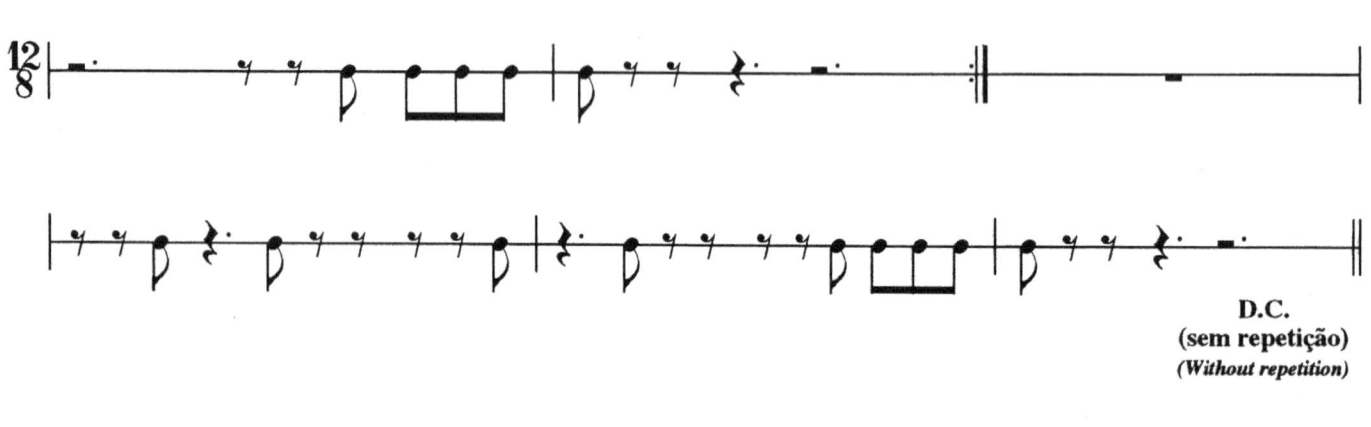

D.C.
(sem repetição)
(Without repetition)

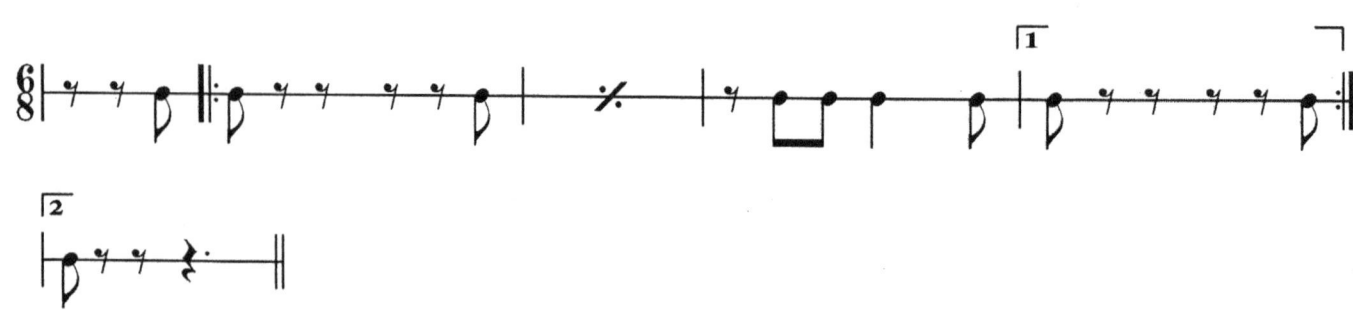

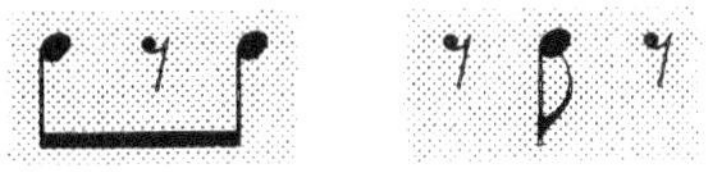

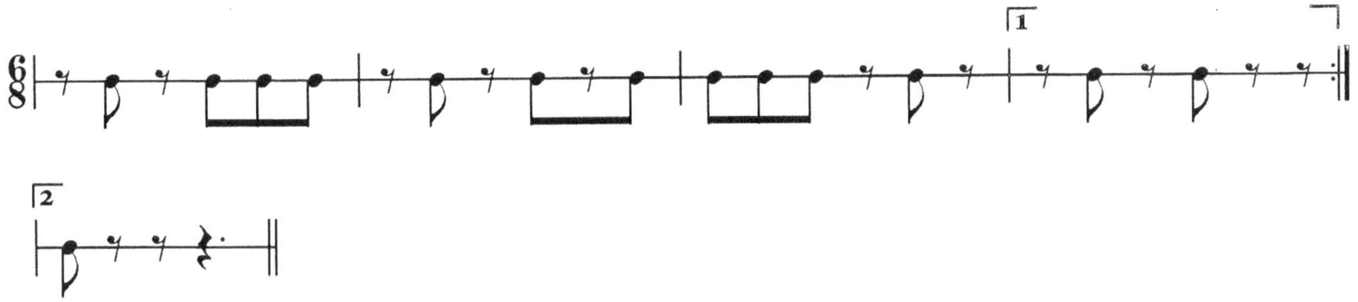

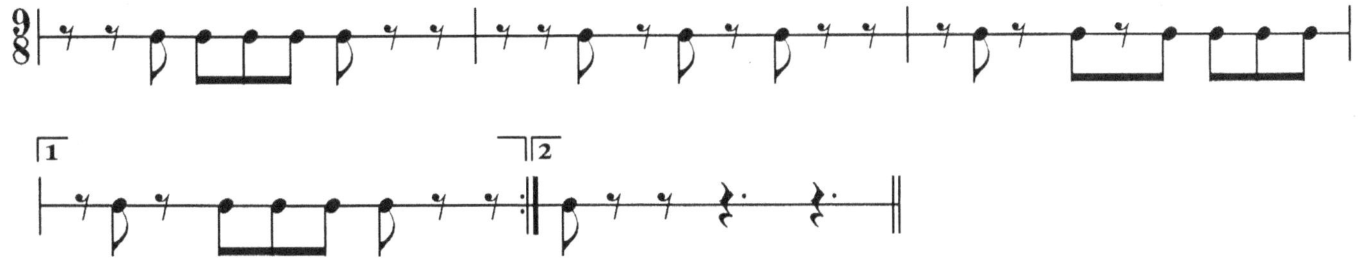

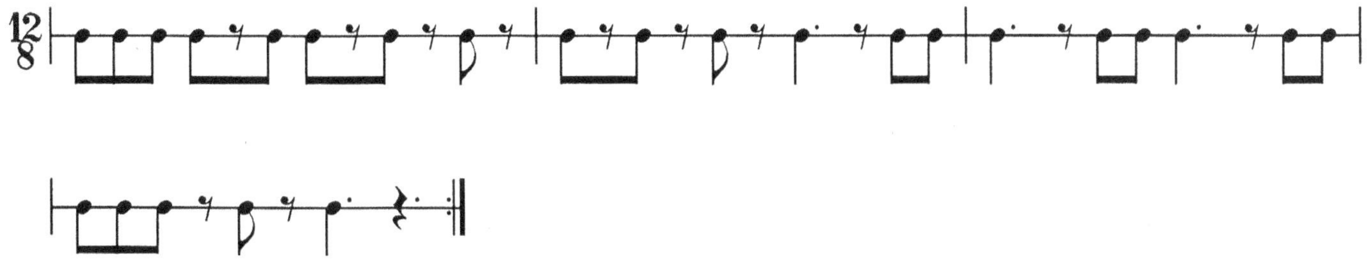

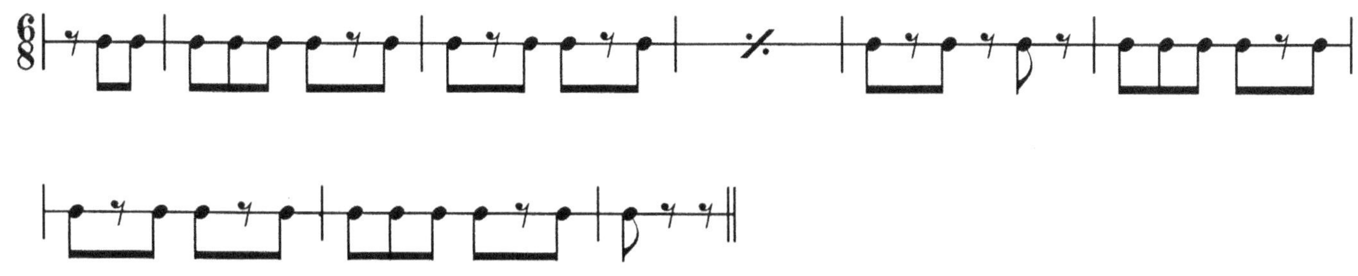

Com ligaduras
With slurs

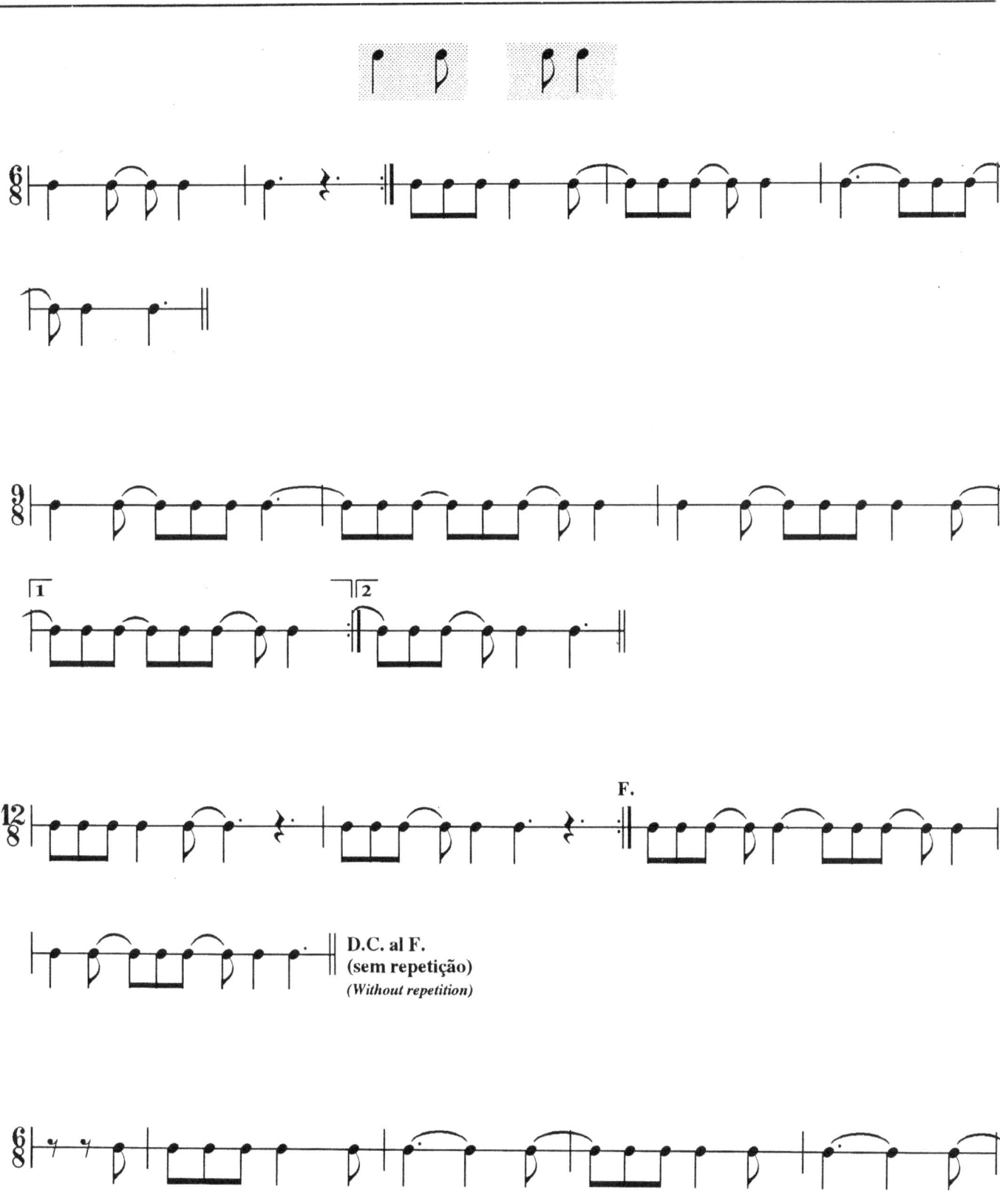

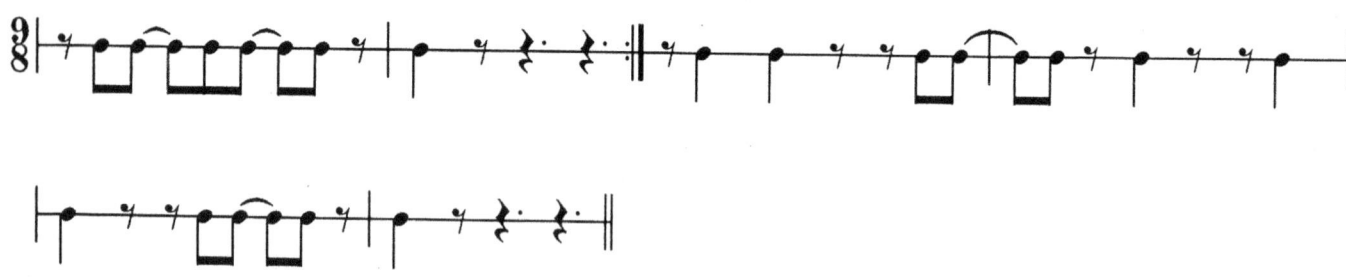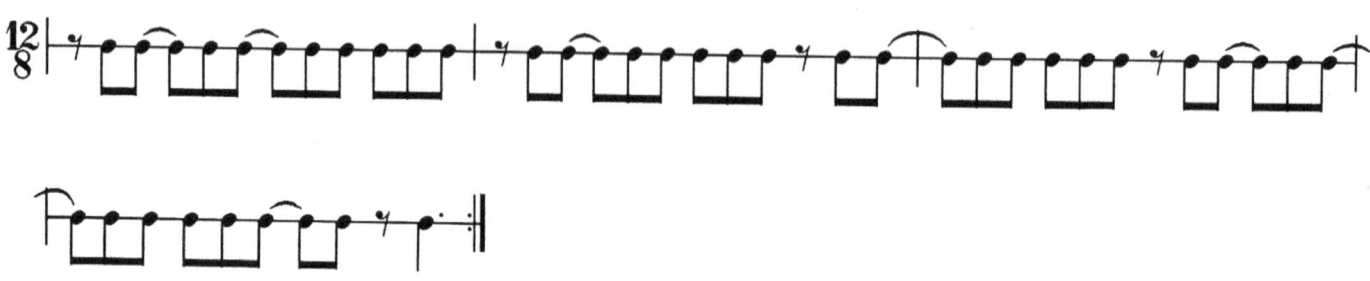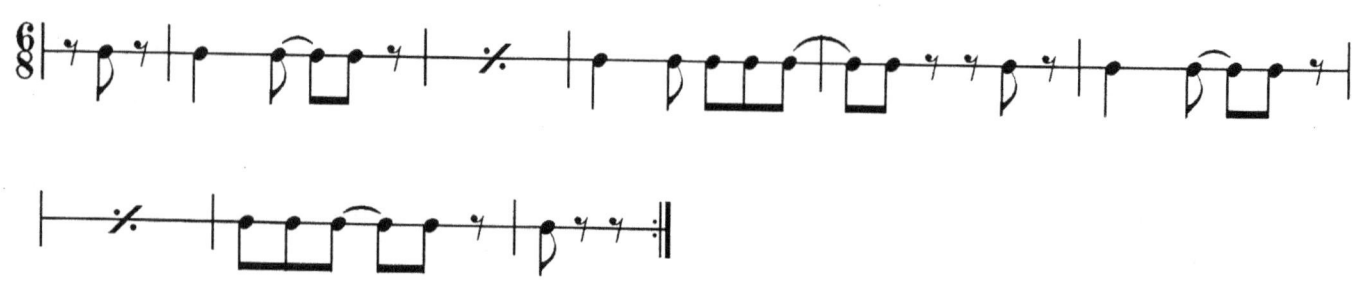

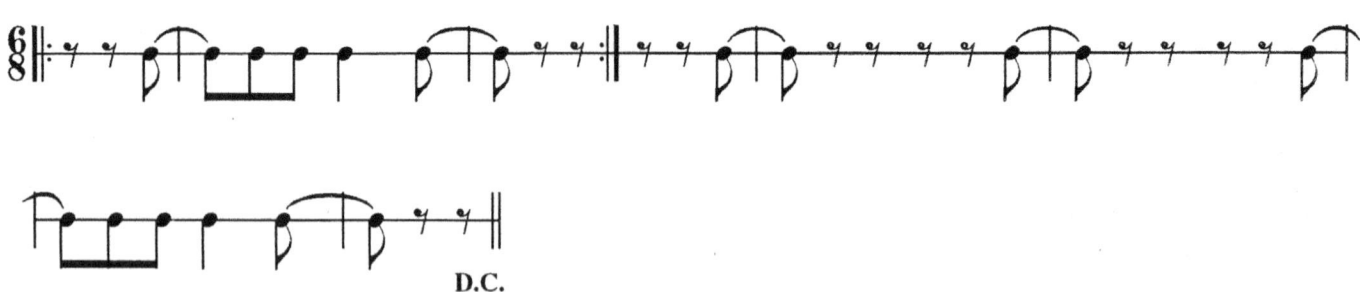

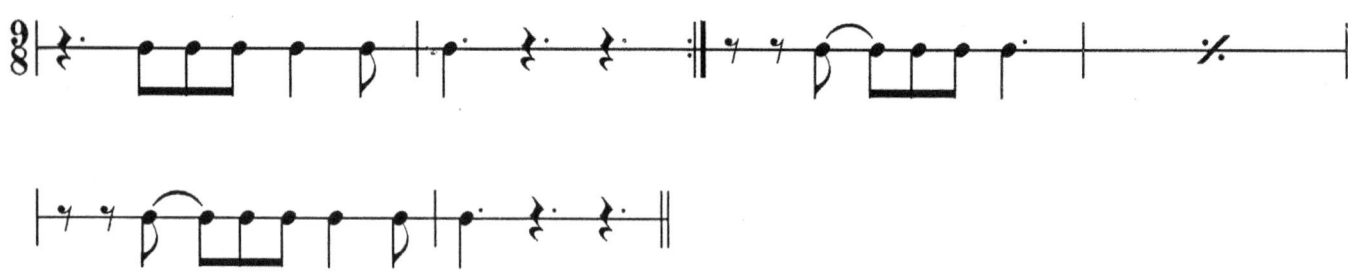

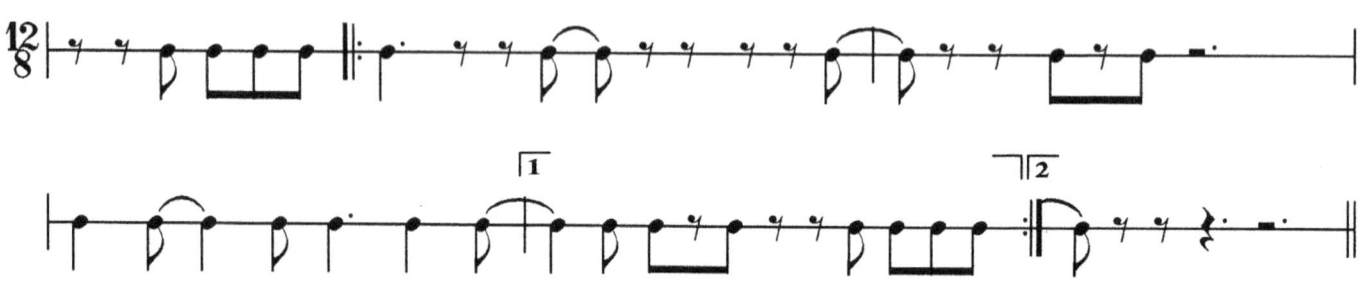

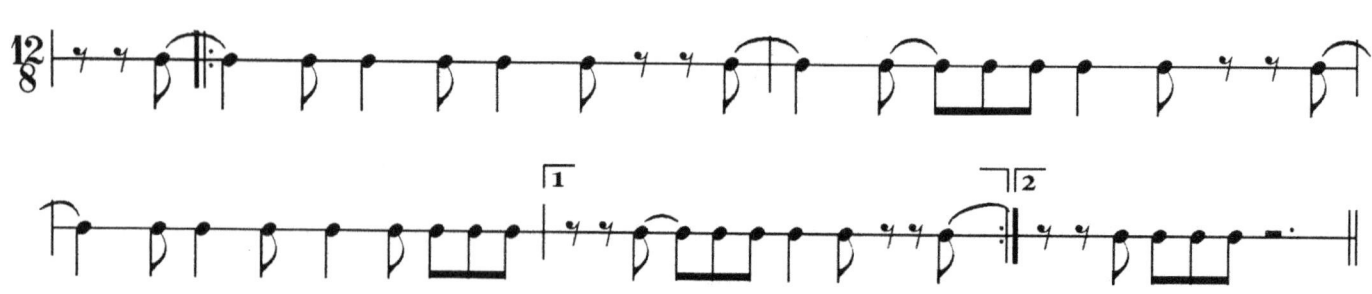

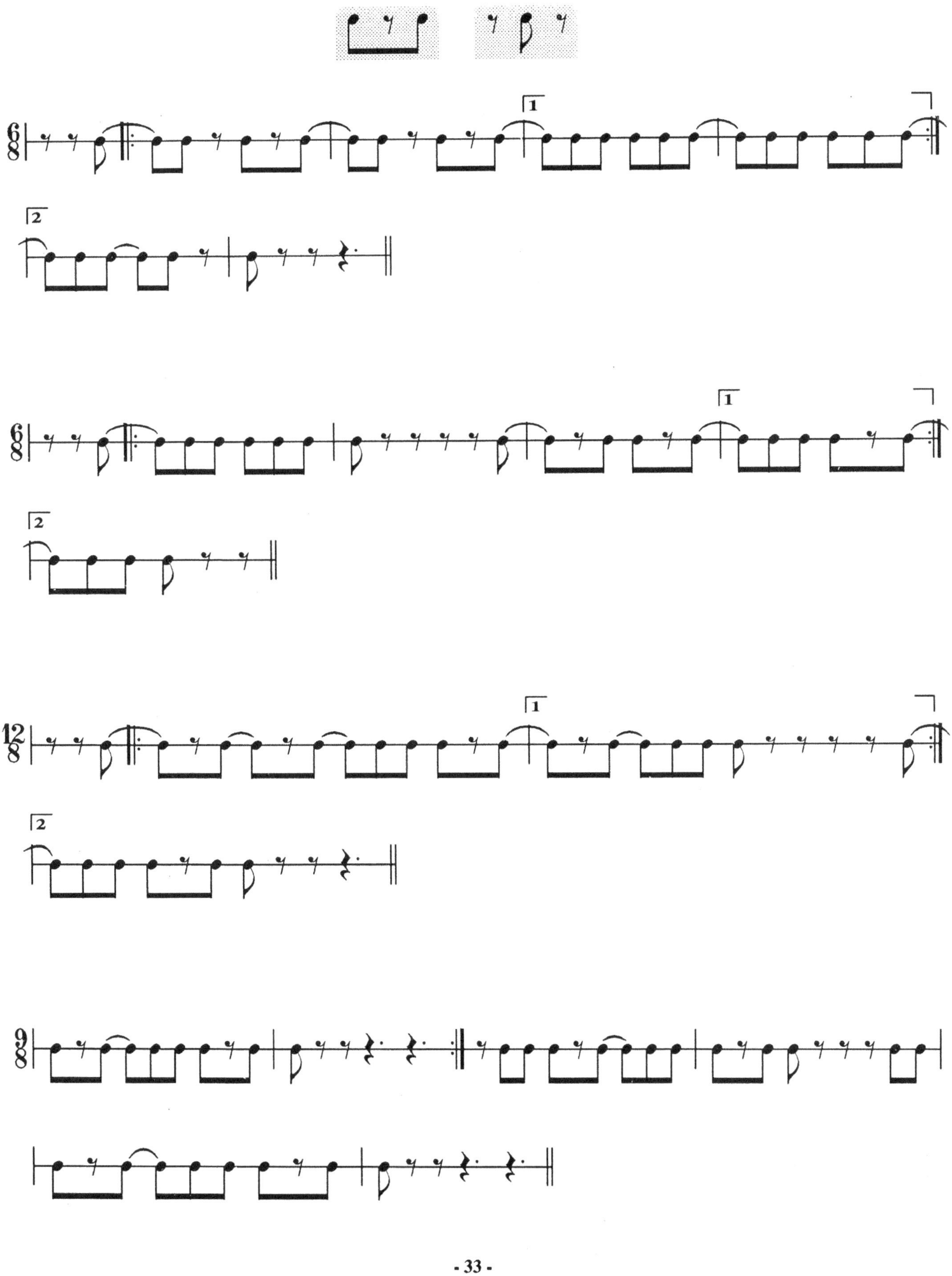

Leitura a duas vozes alternadas
Reading in two alternated voices

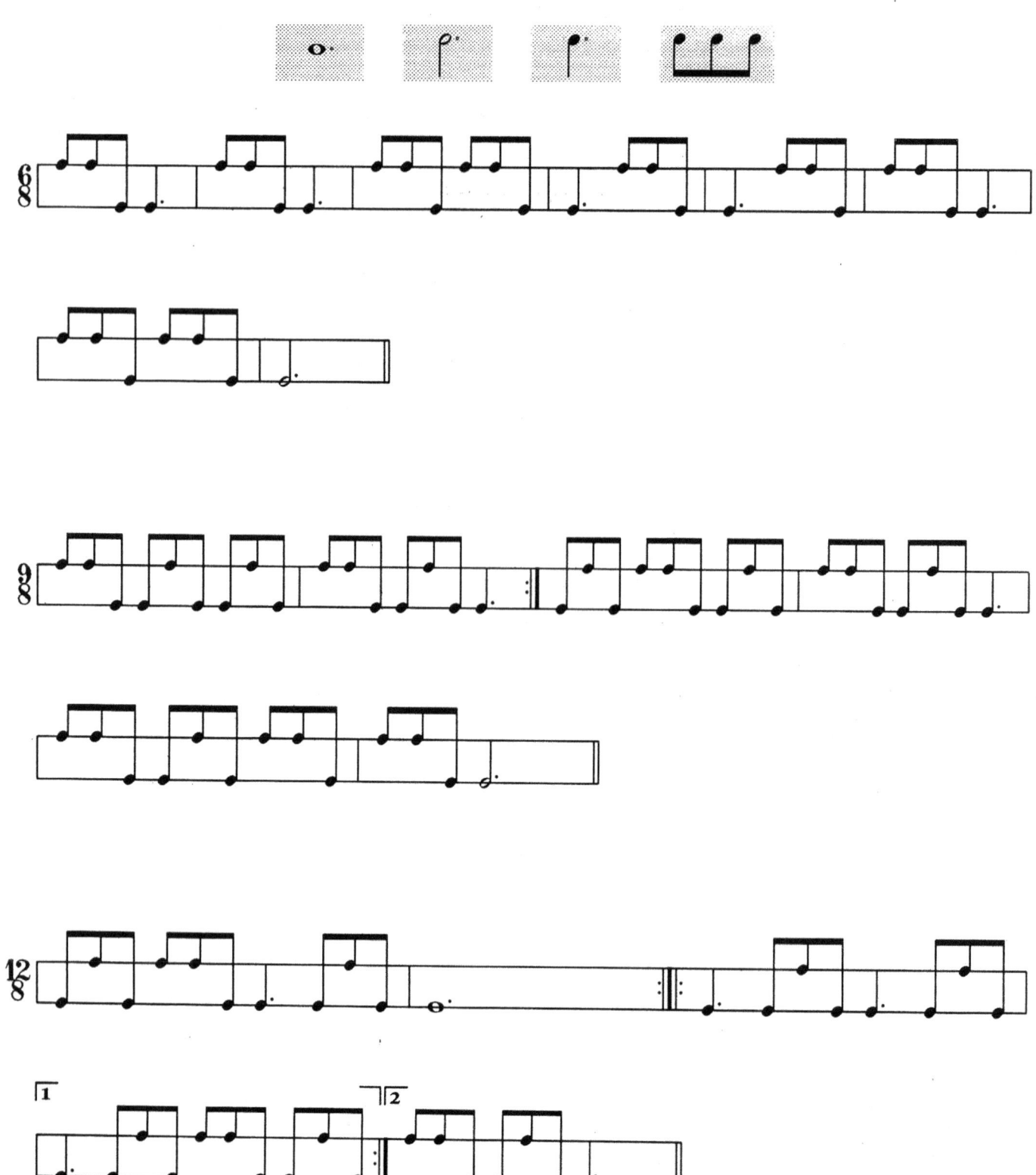

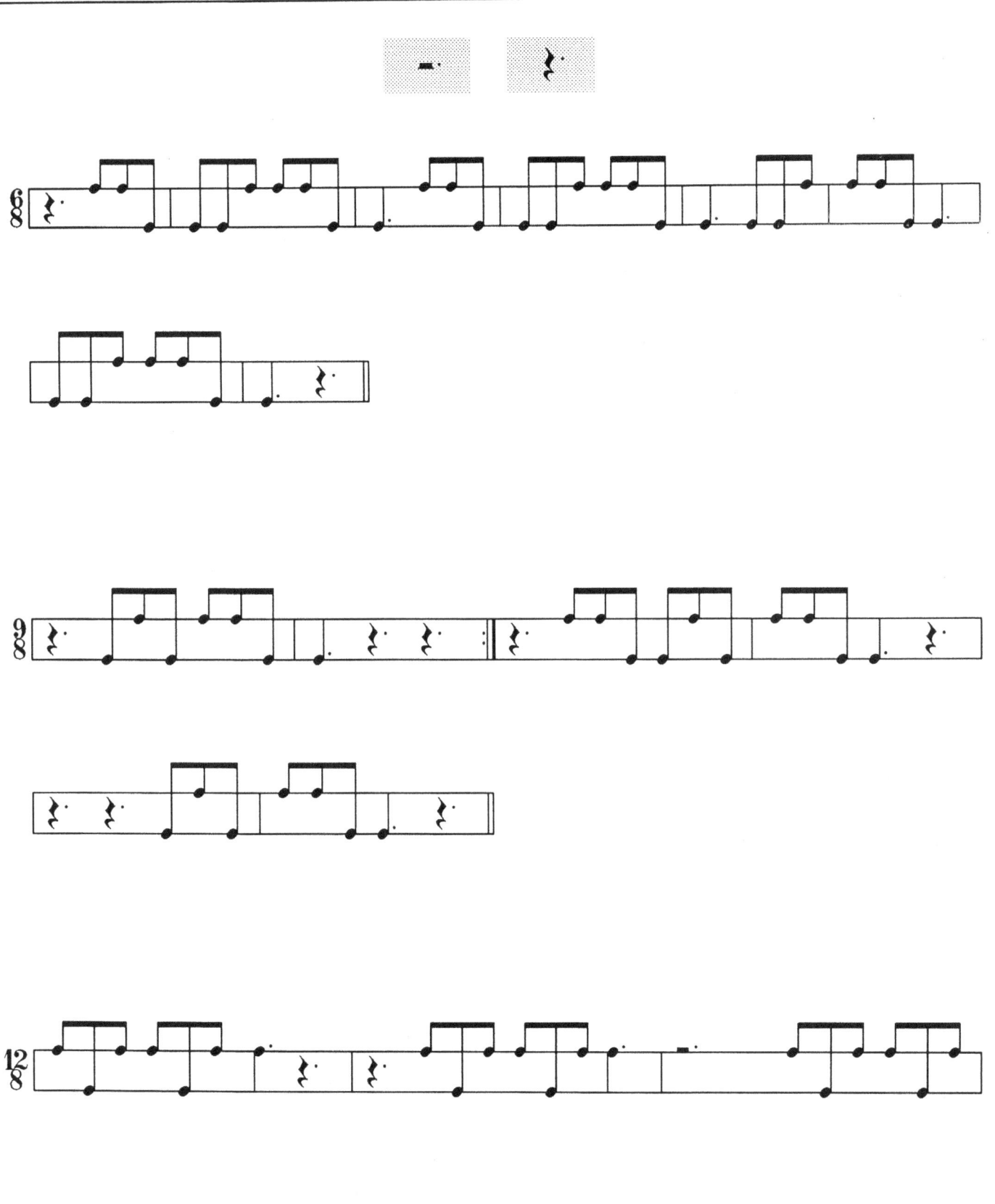

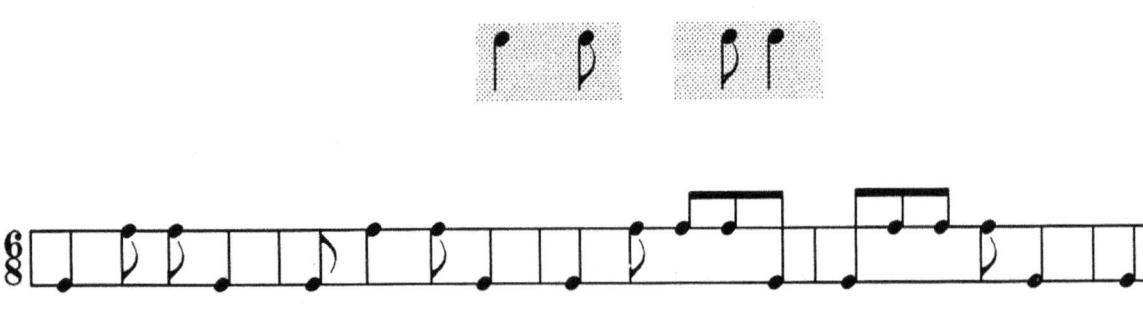

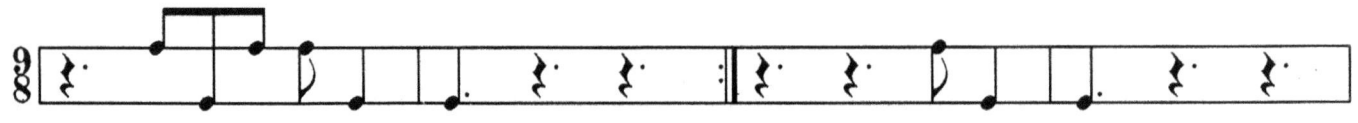
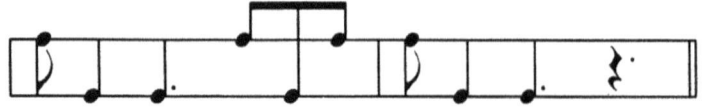

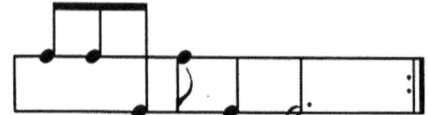

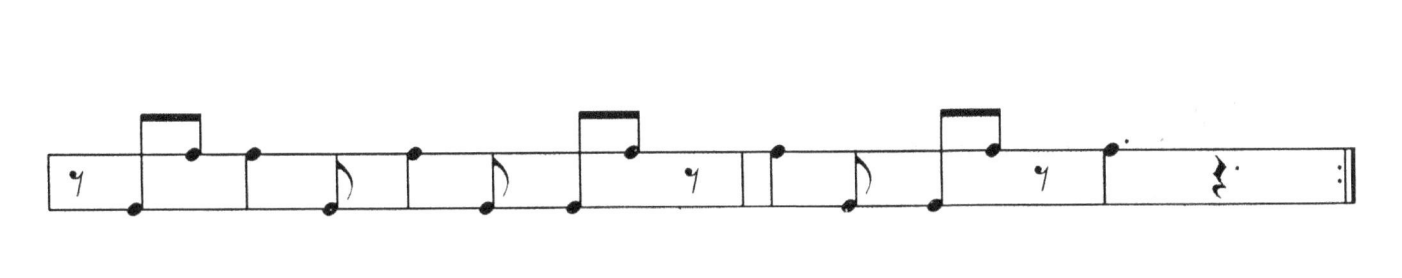

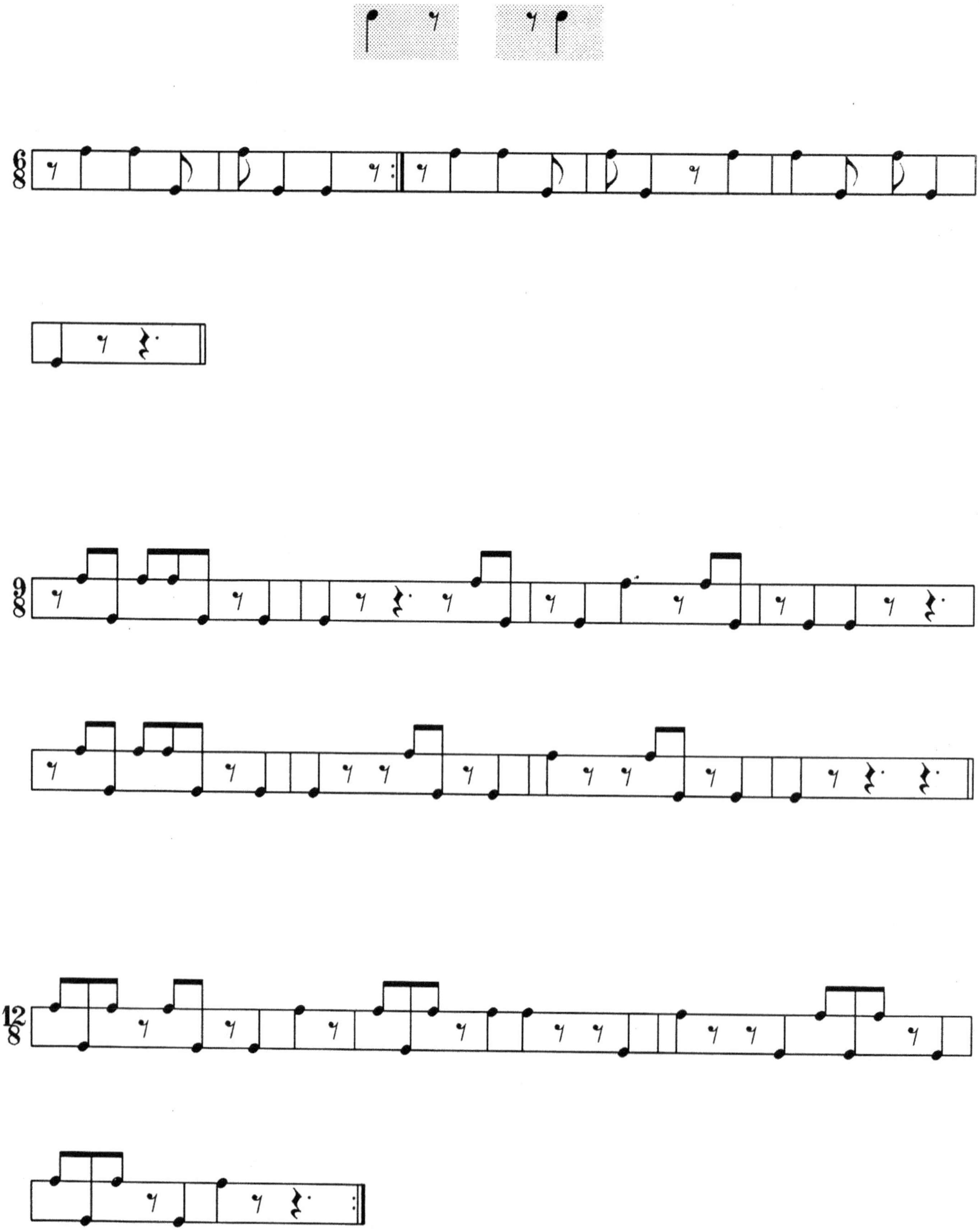

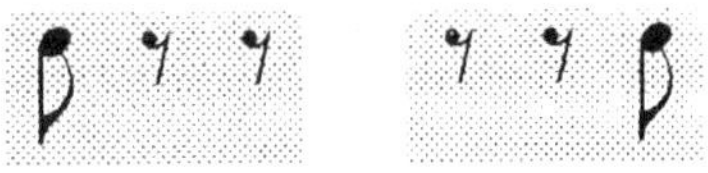

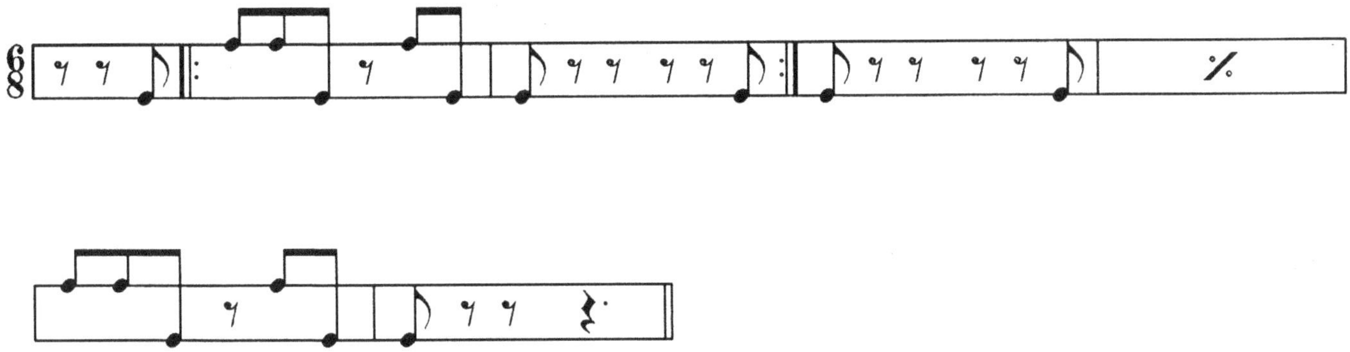

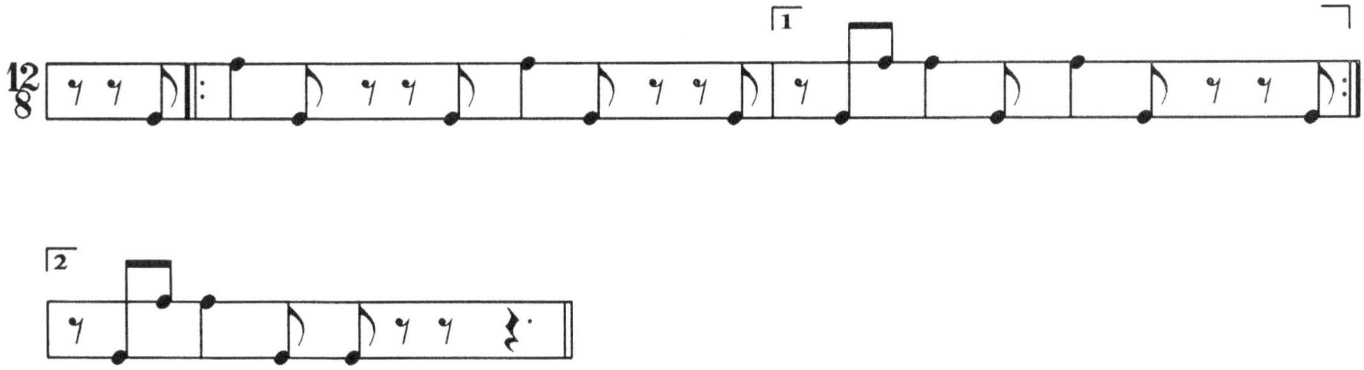
1
2

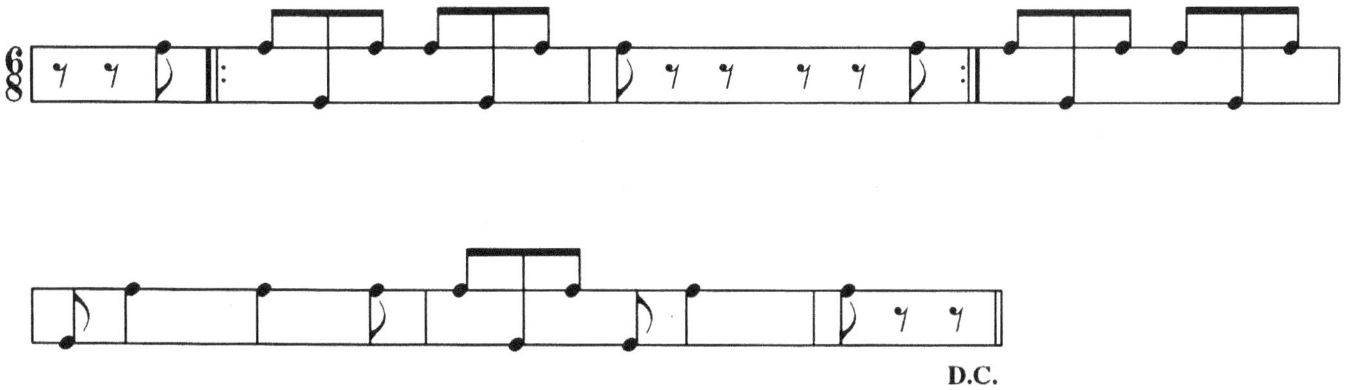
D.C.

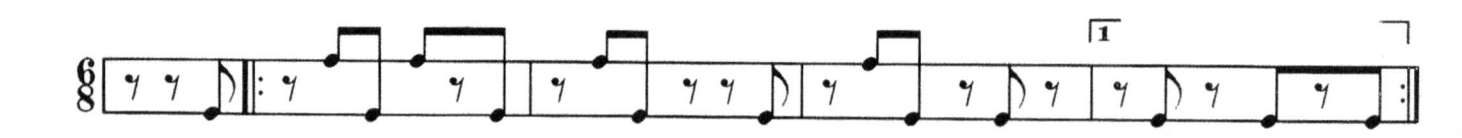

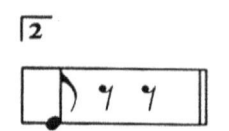

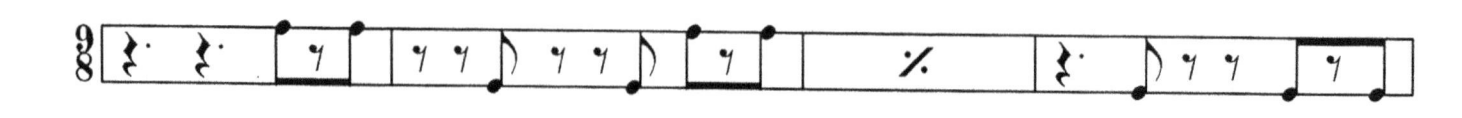

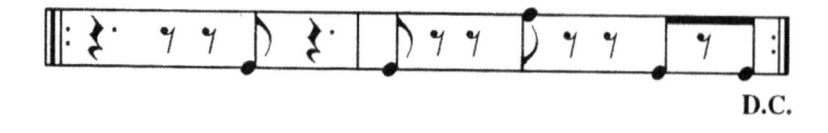

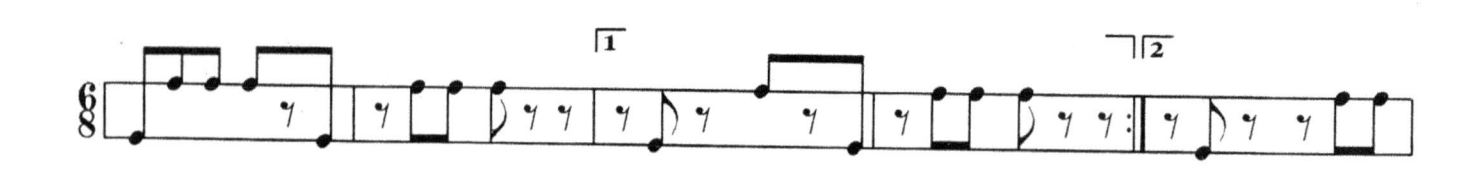

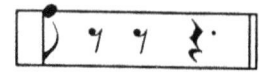

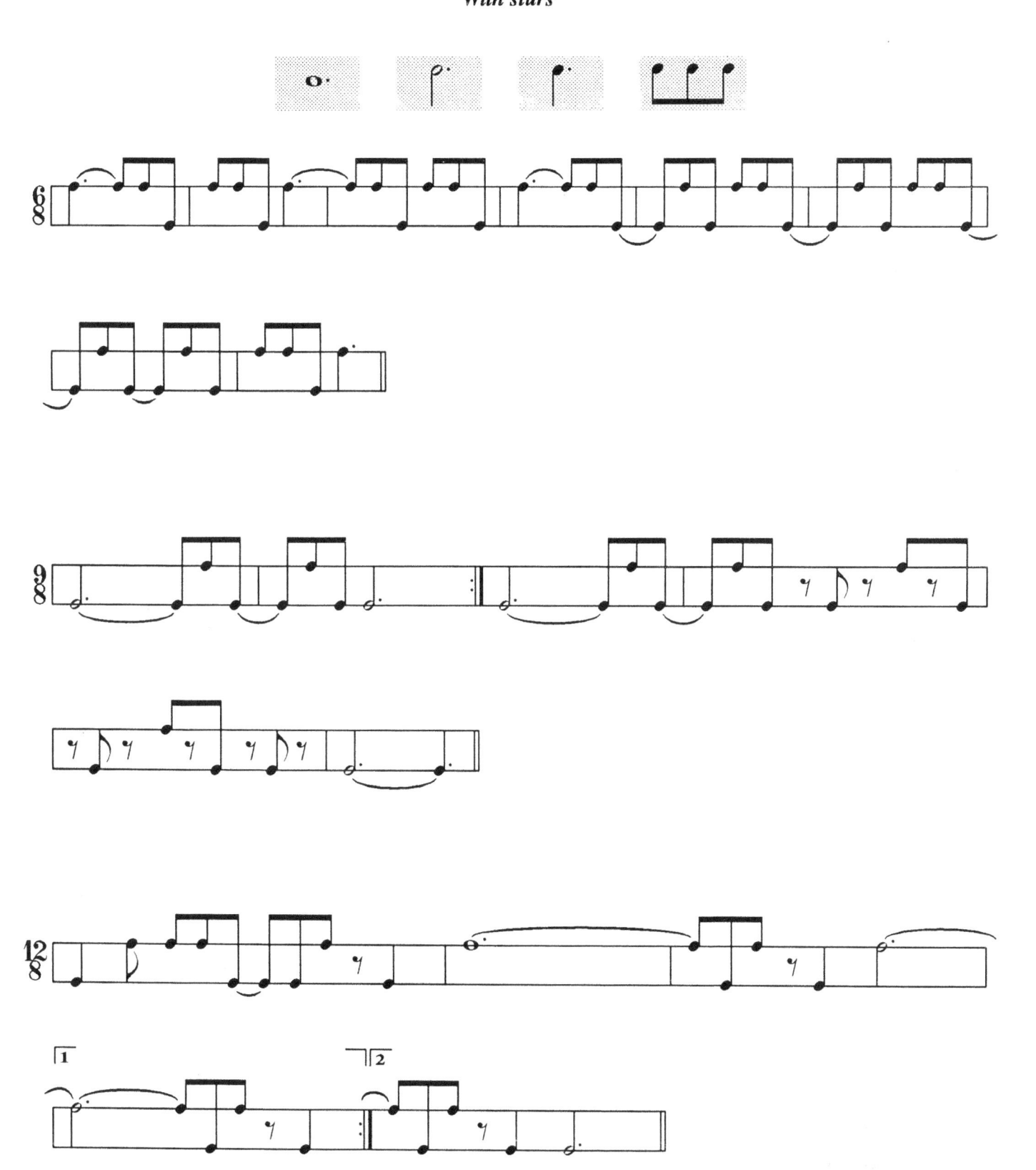

Com ligaduras
With slurs

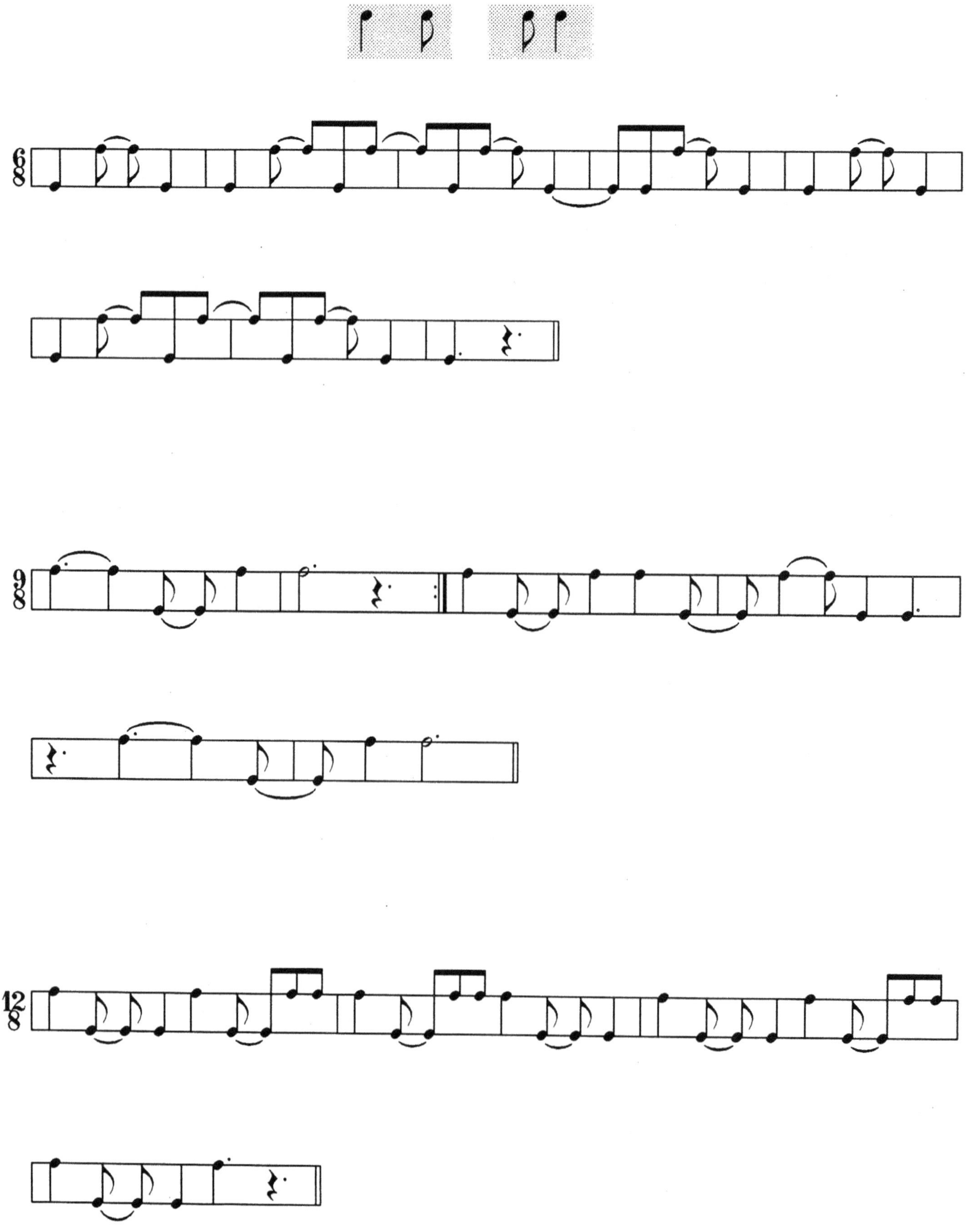

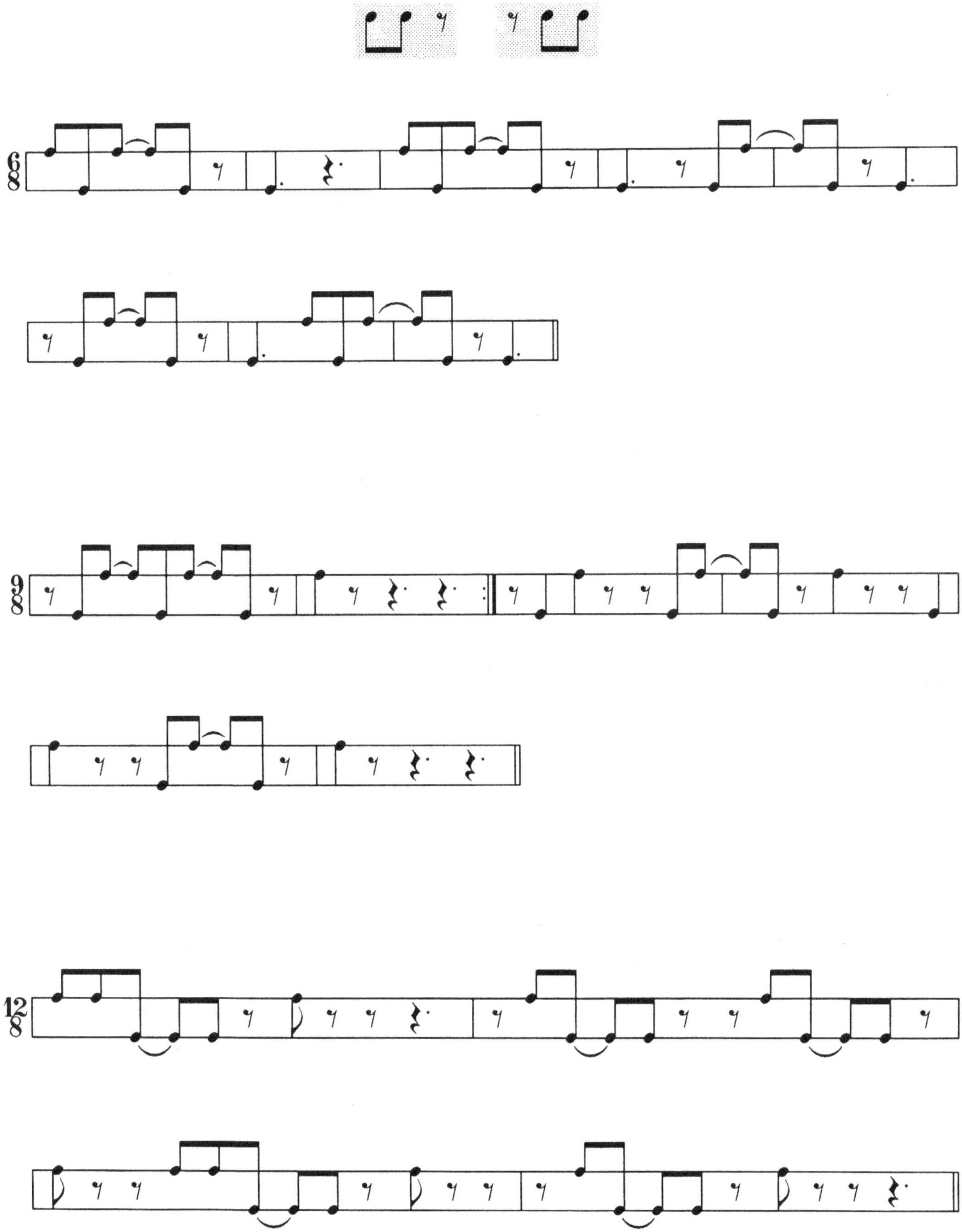

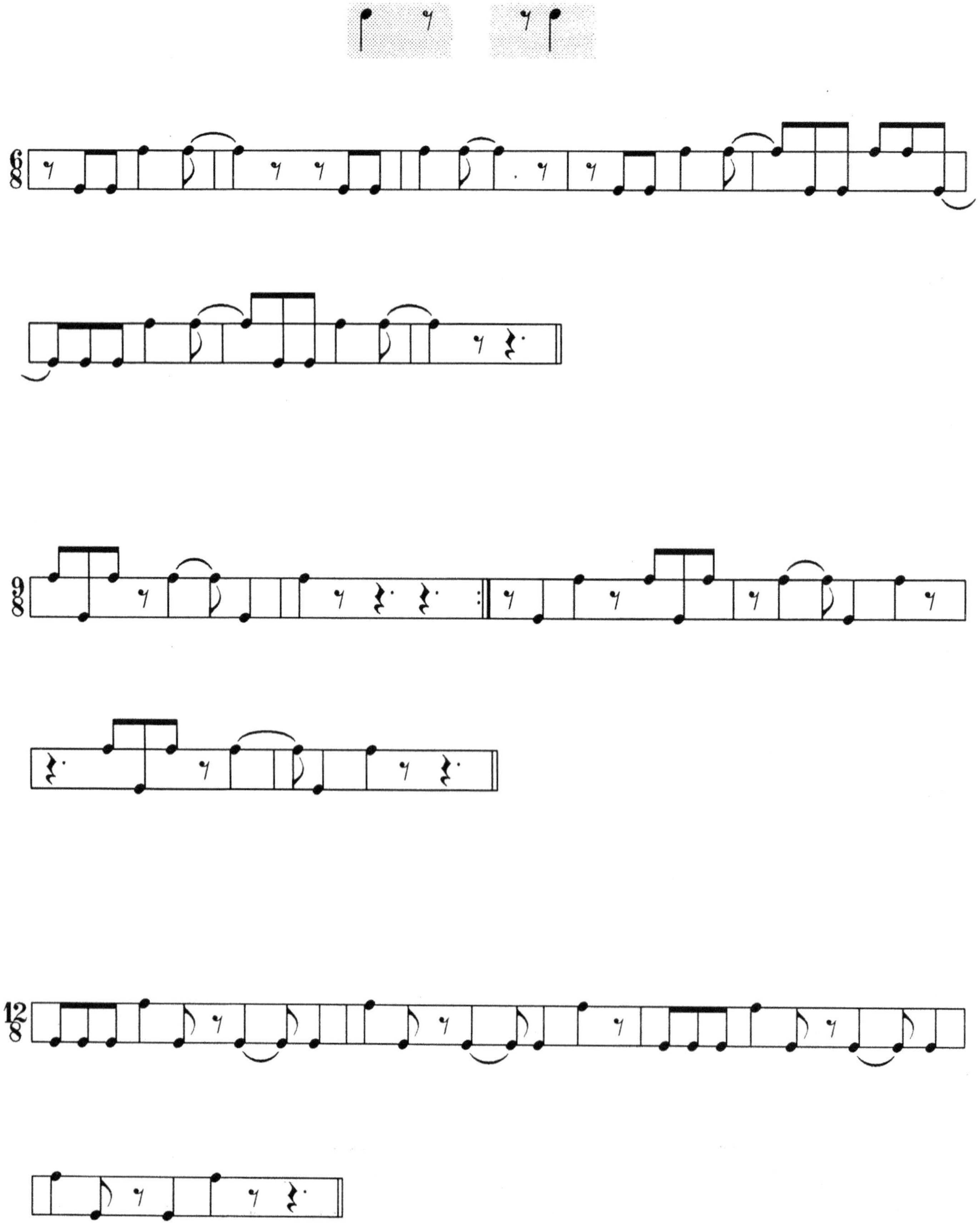

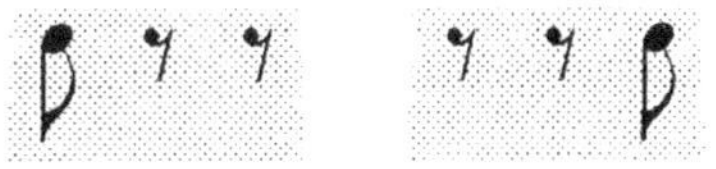

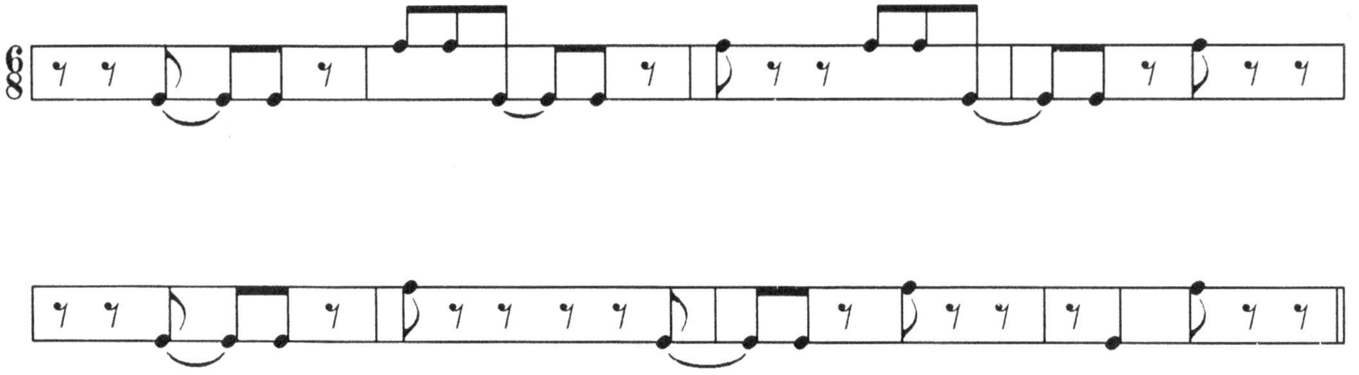

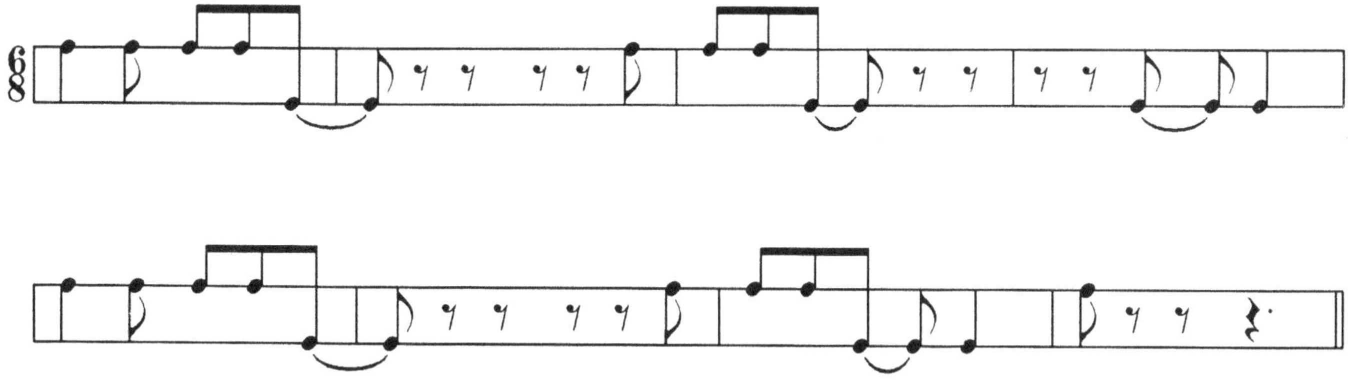

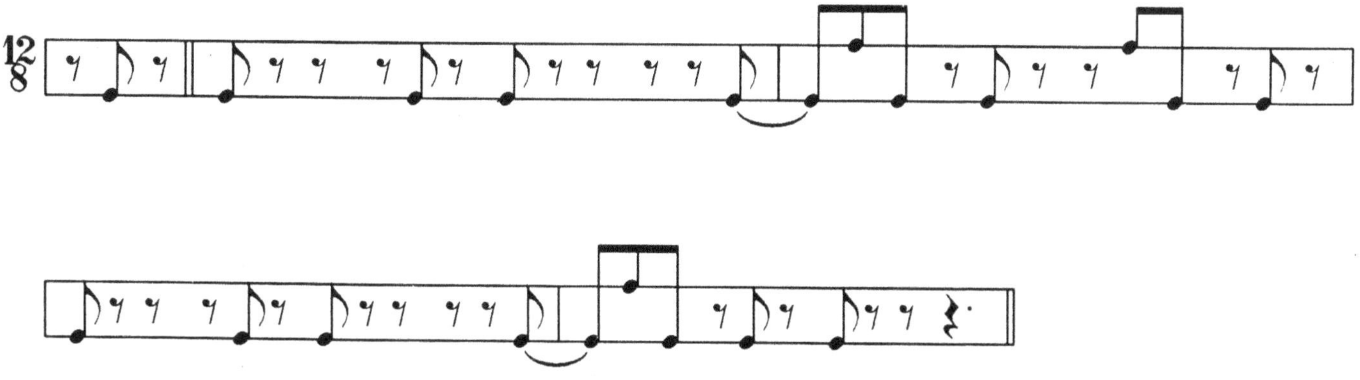

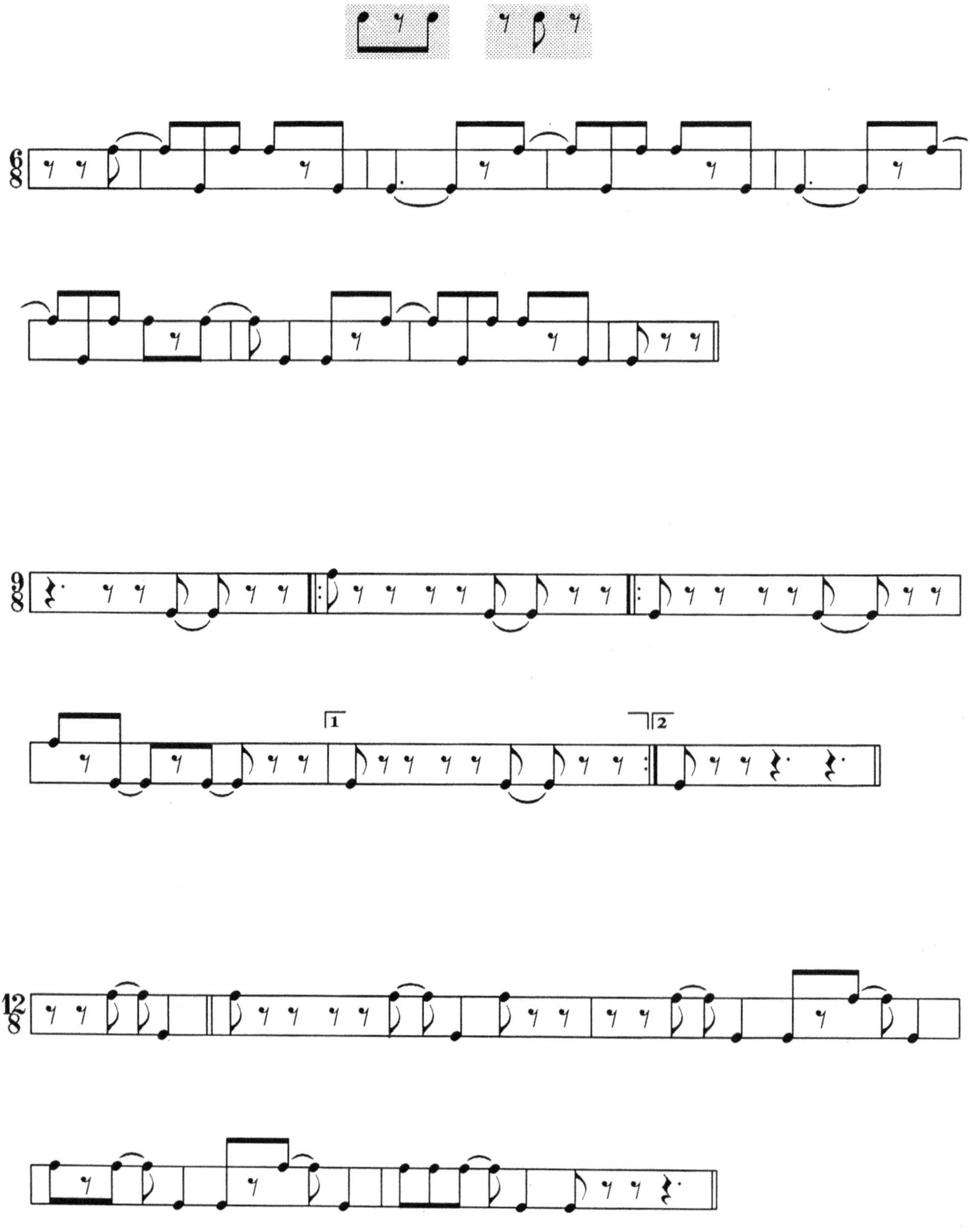

Leitura a duas vozes simultâneas
Reading in two simultaneous voices

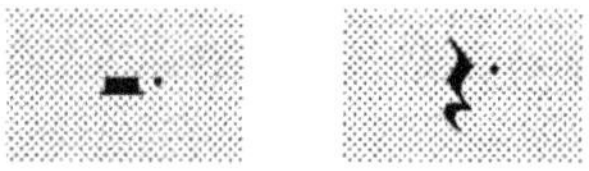

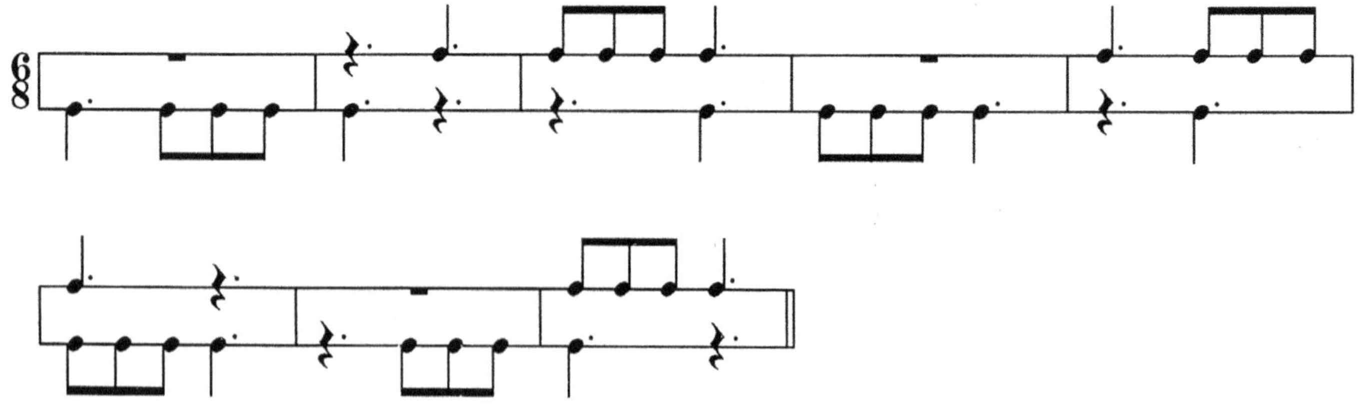

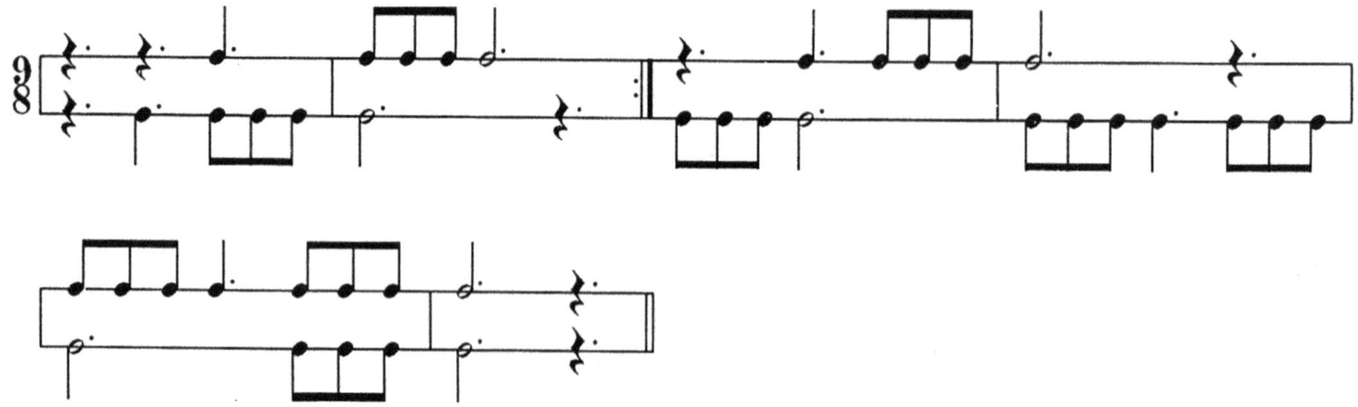

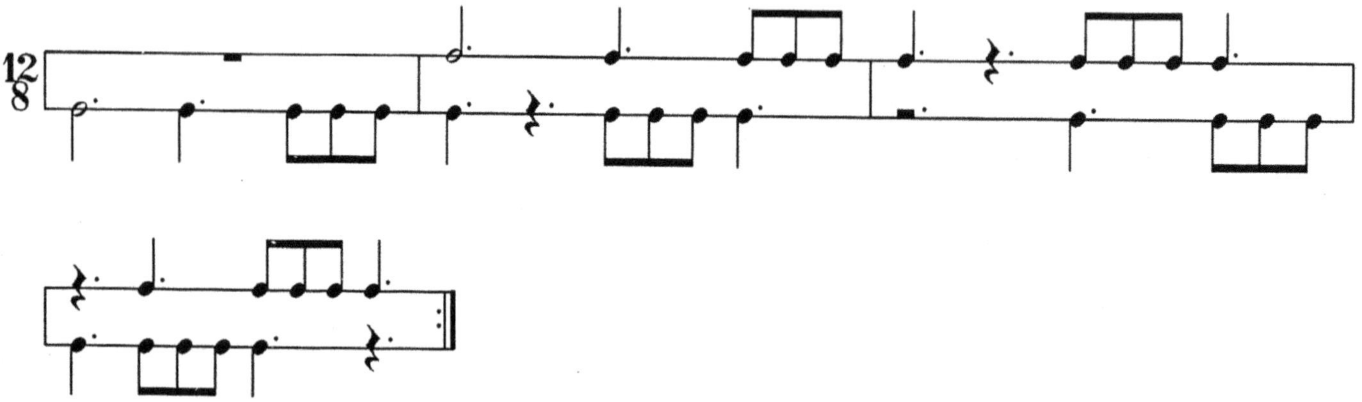

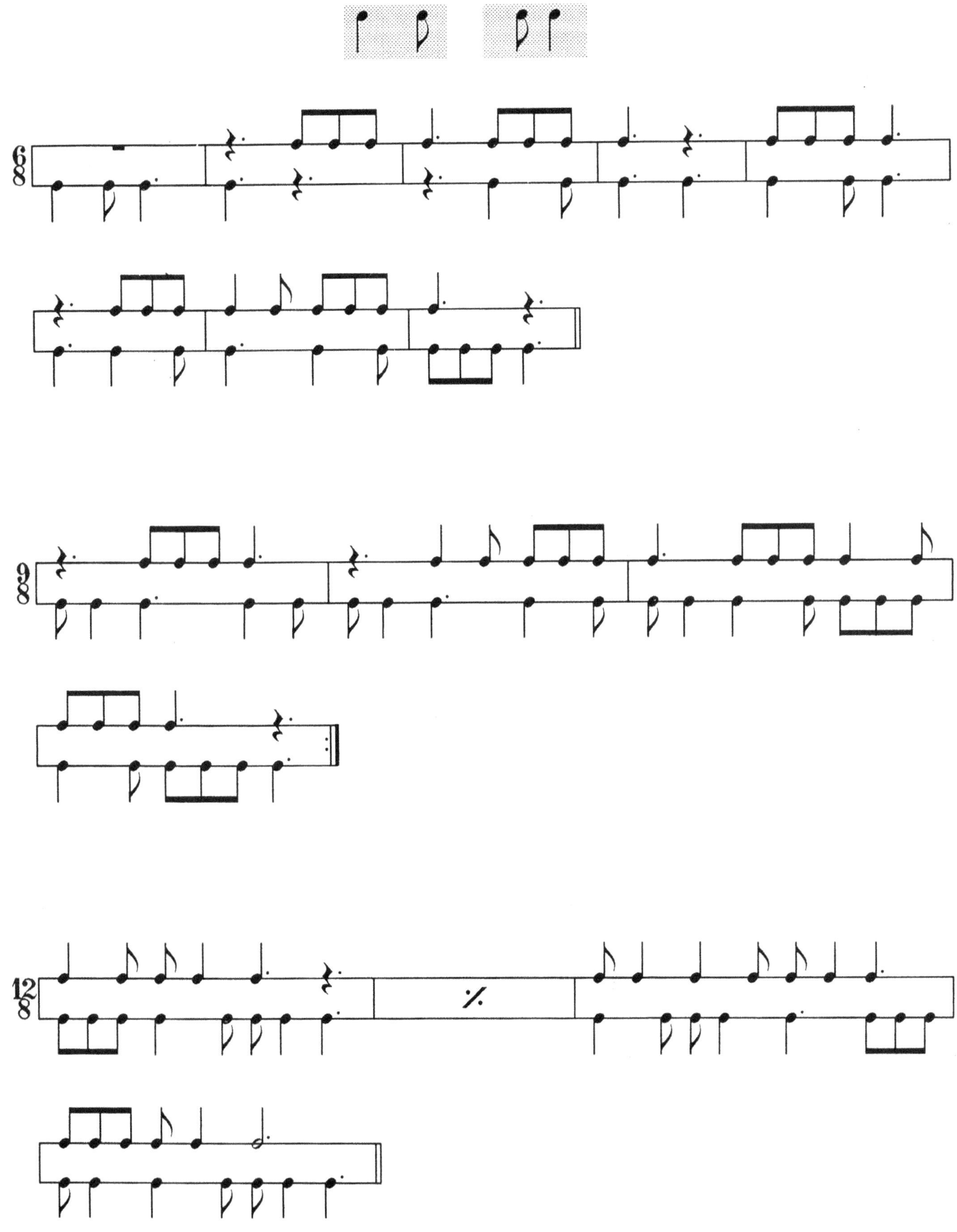

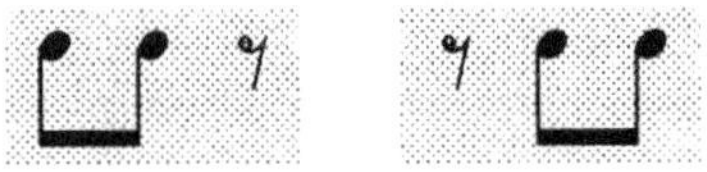

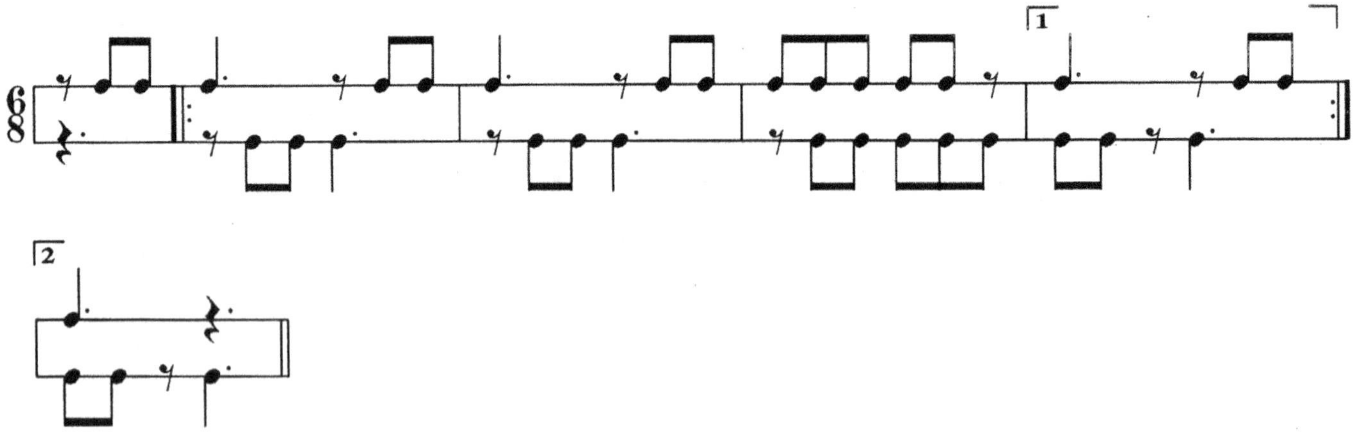

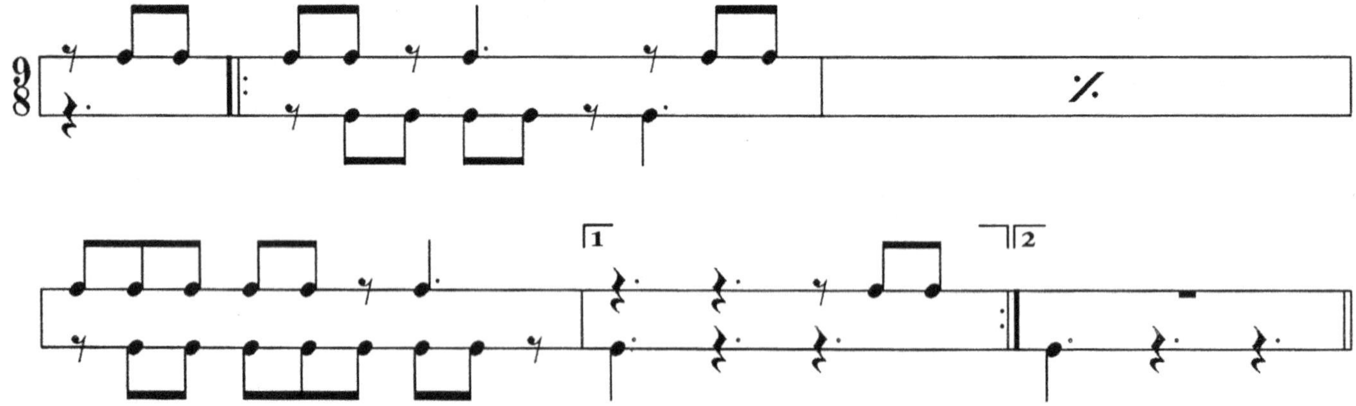

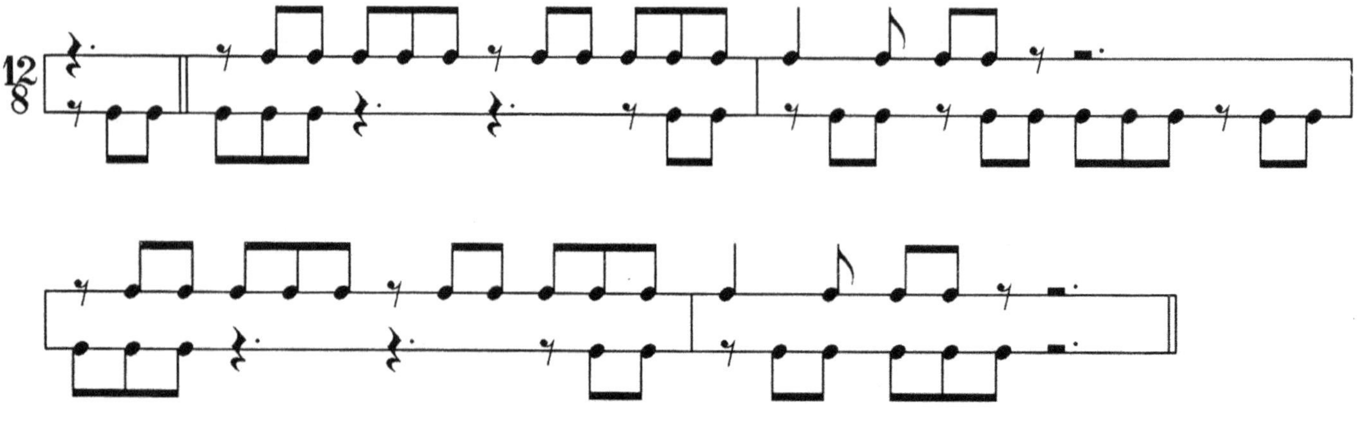

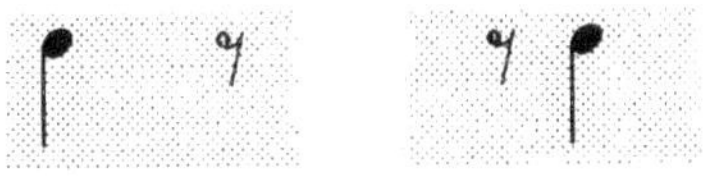

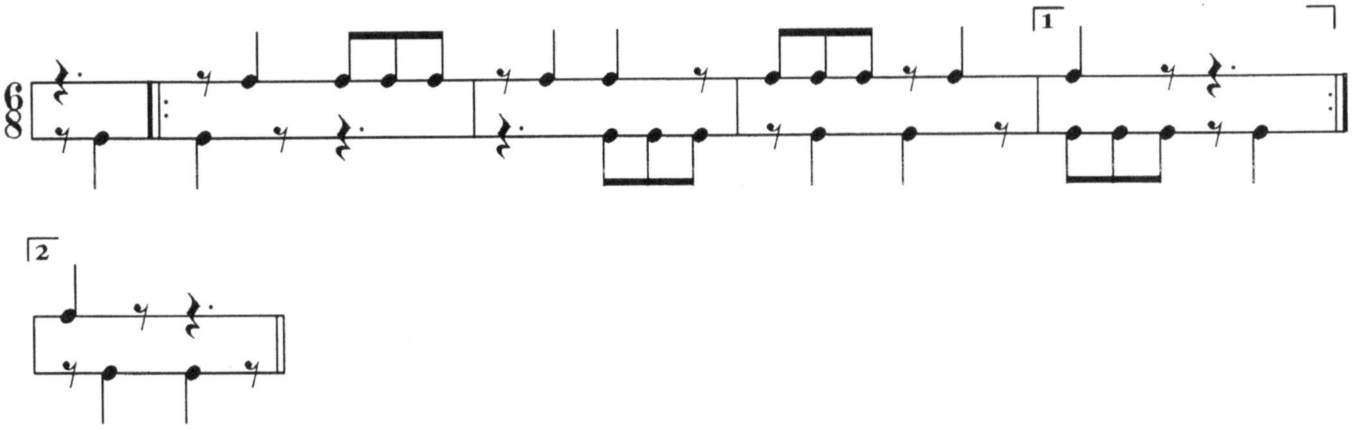

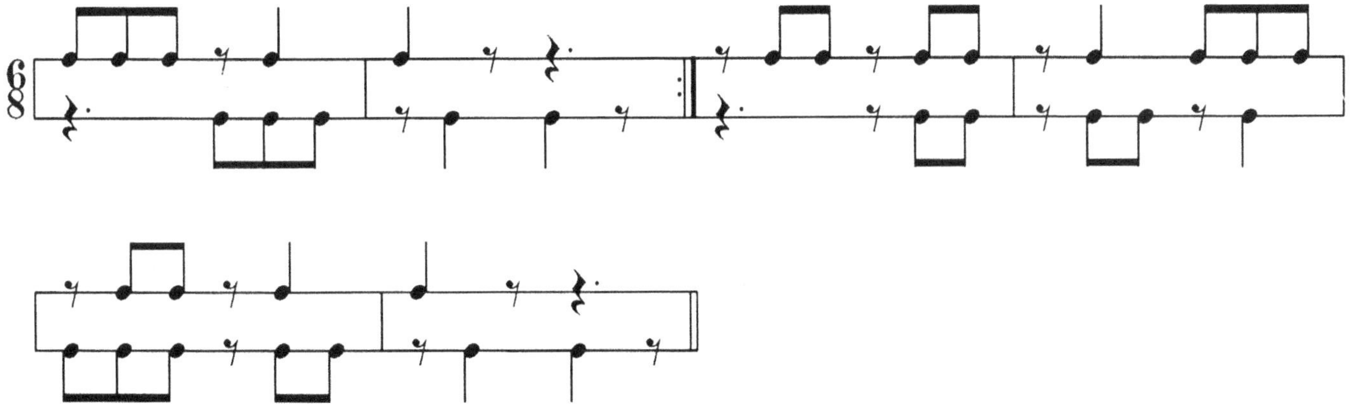

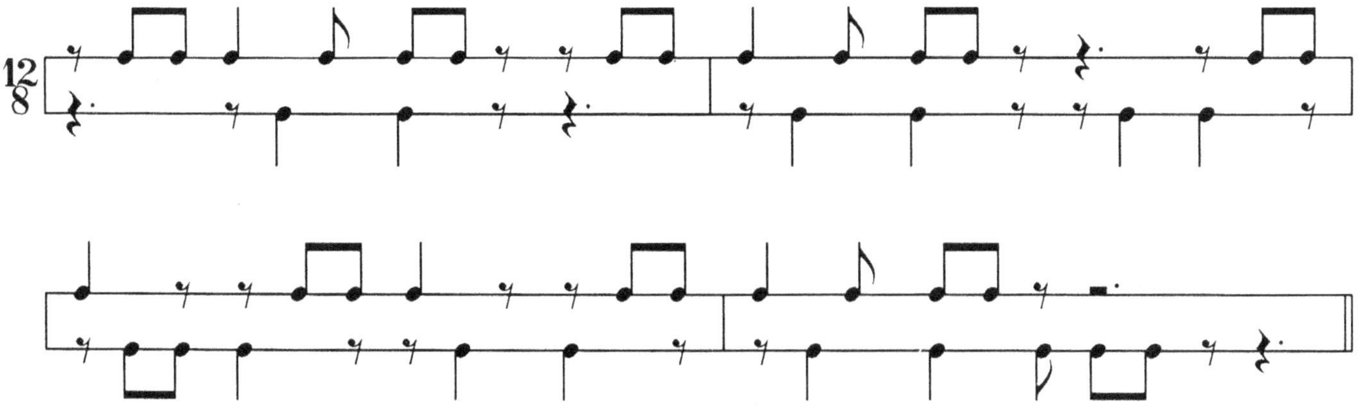

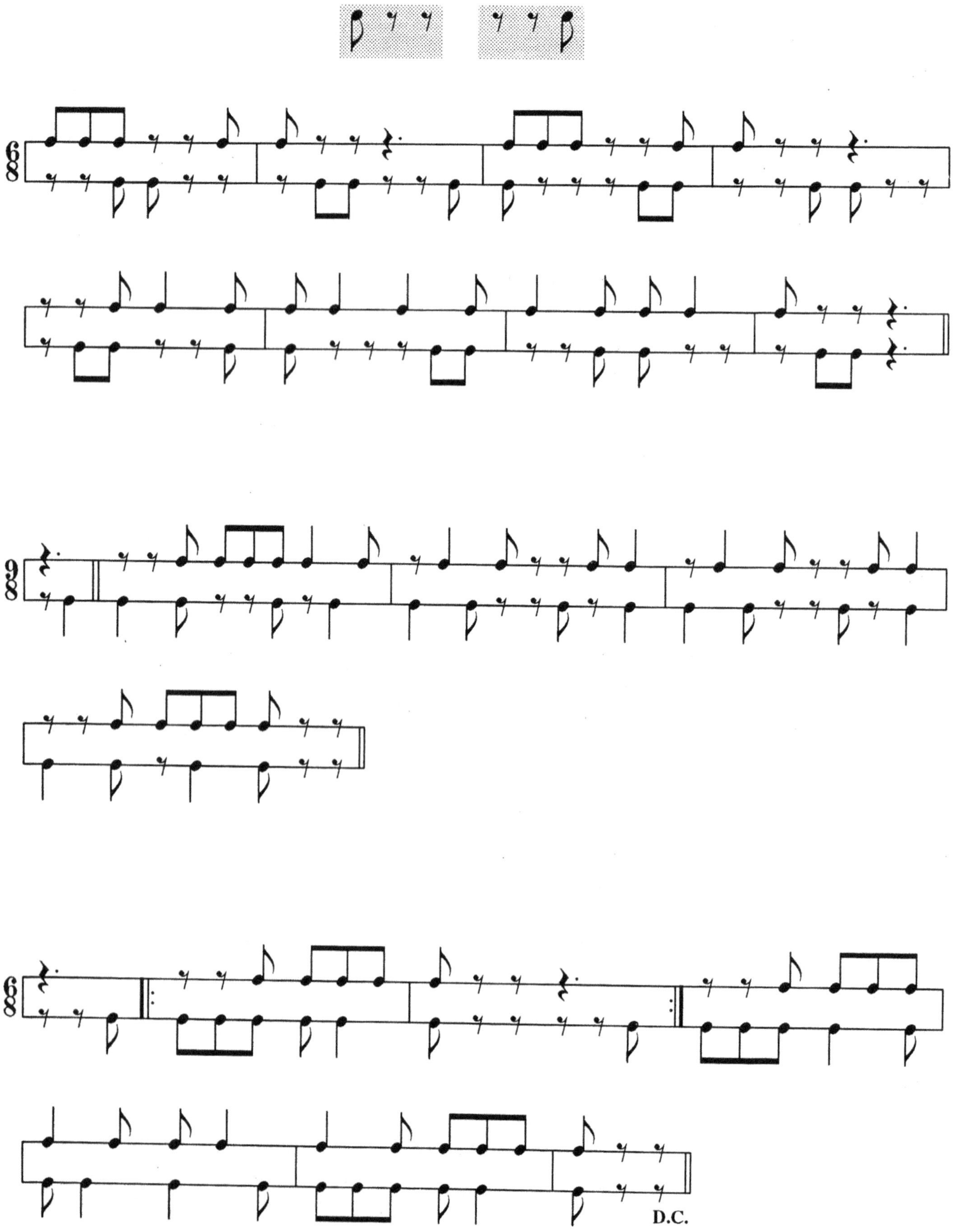
D.C.

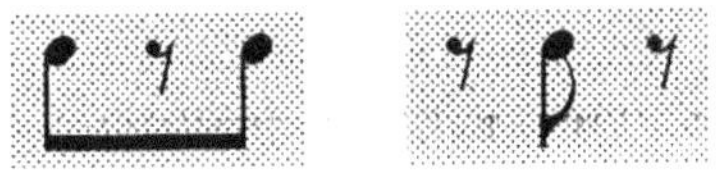

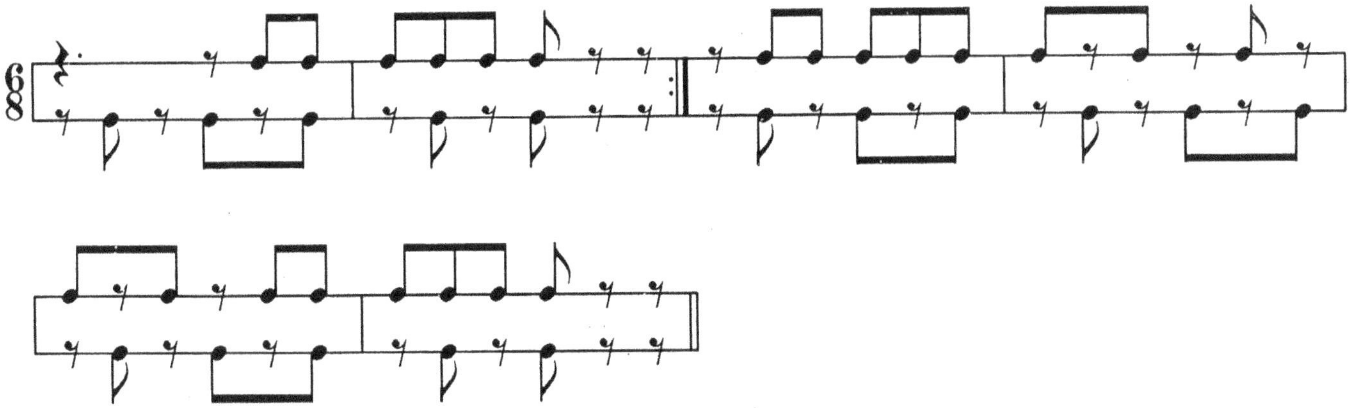

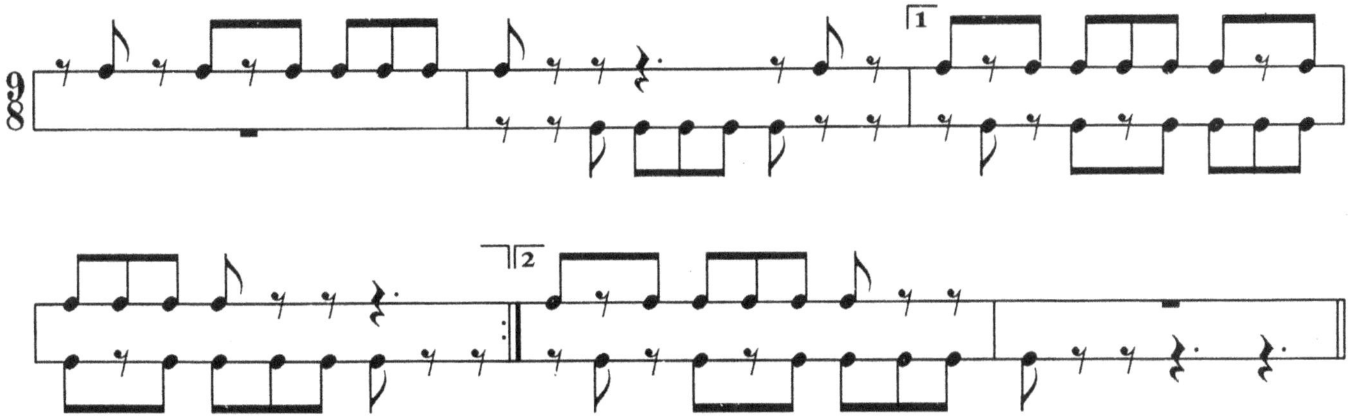

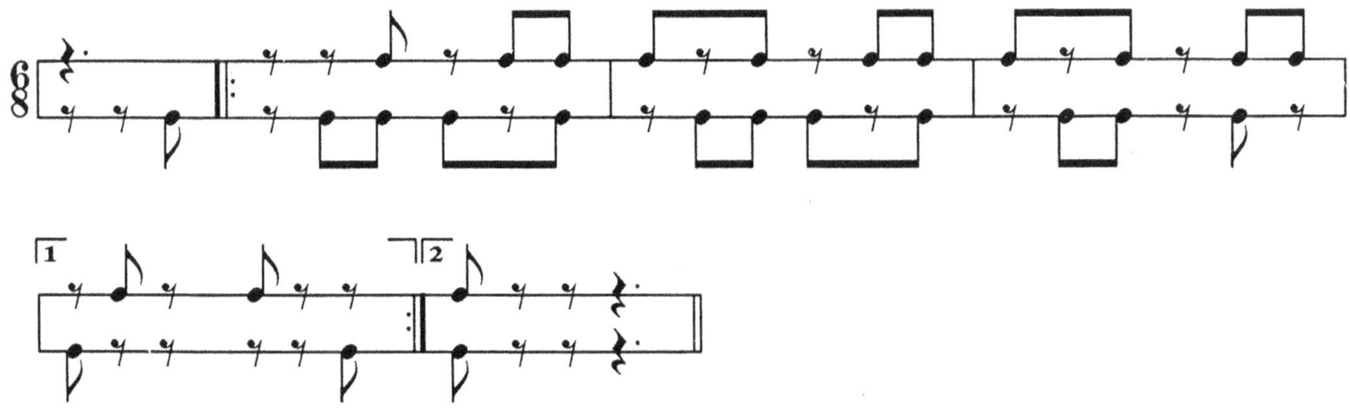

Com ligaduras
With slurs

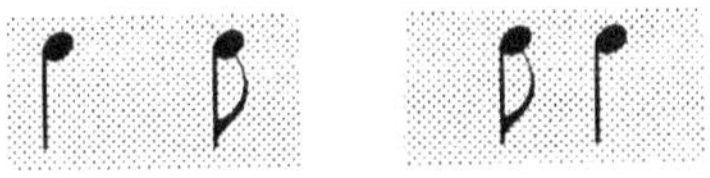

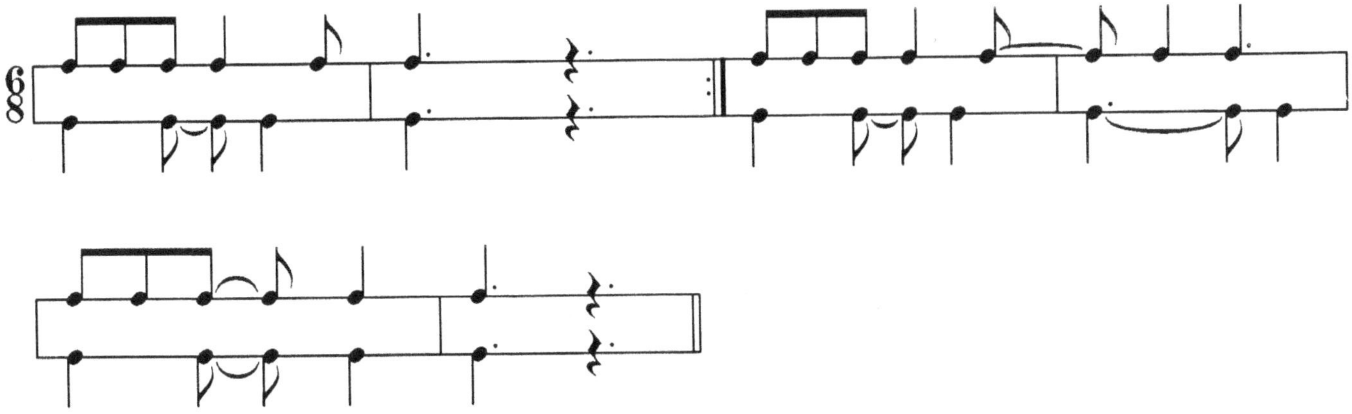

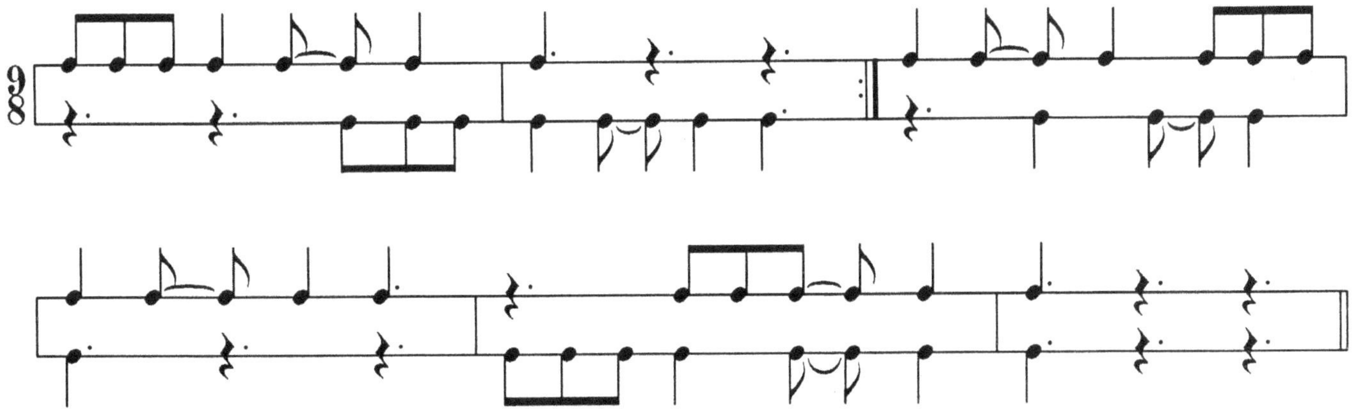

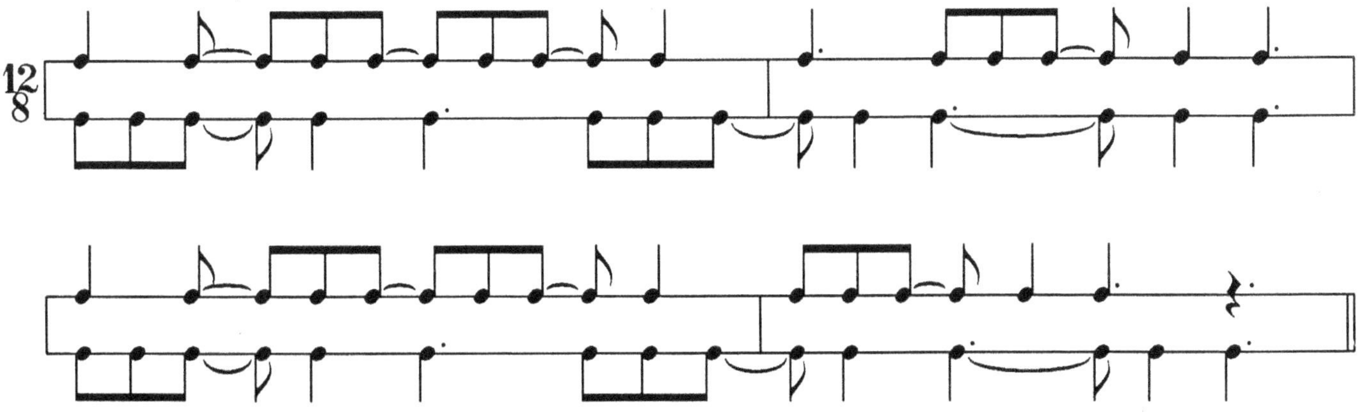

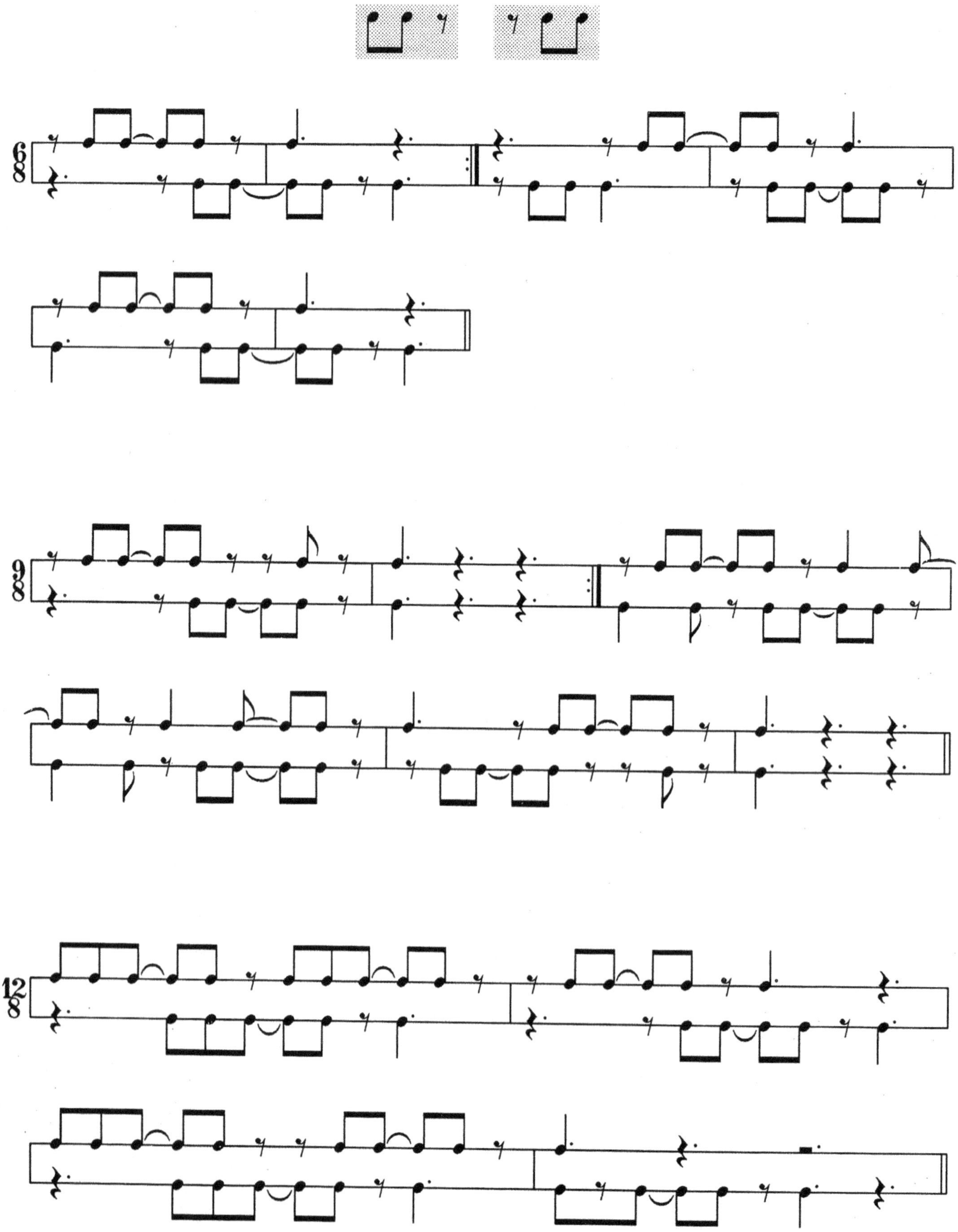

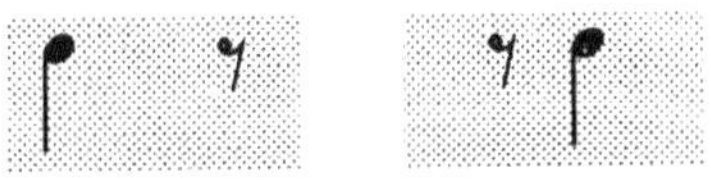

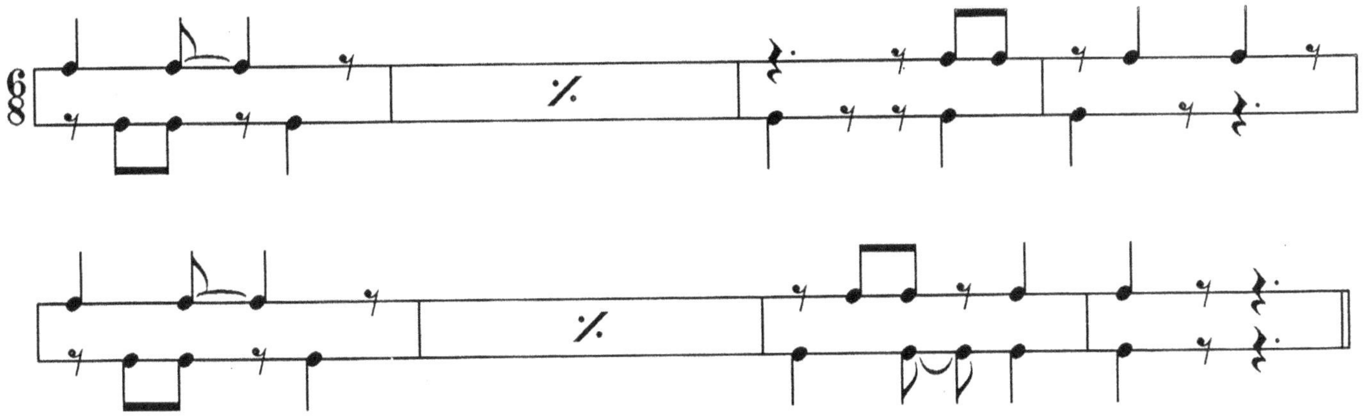

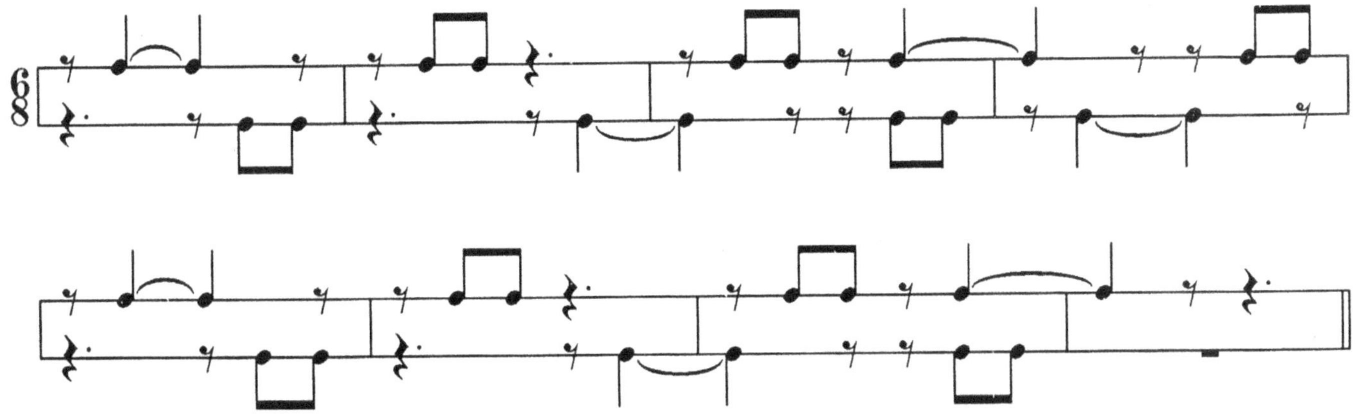

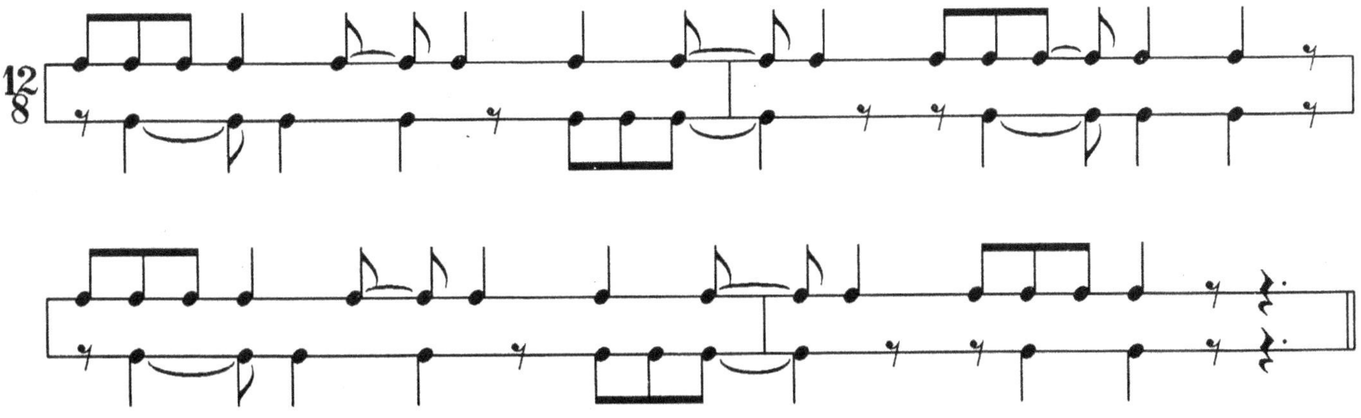

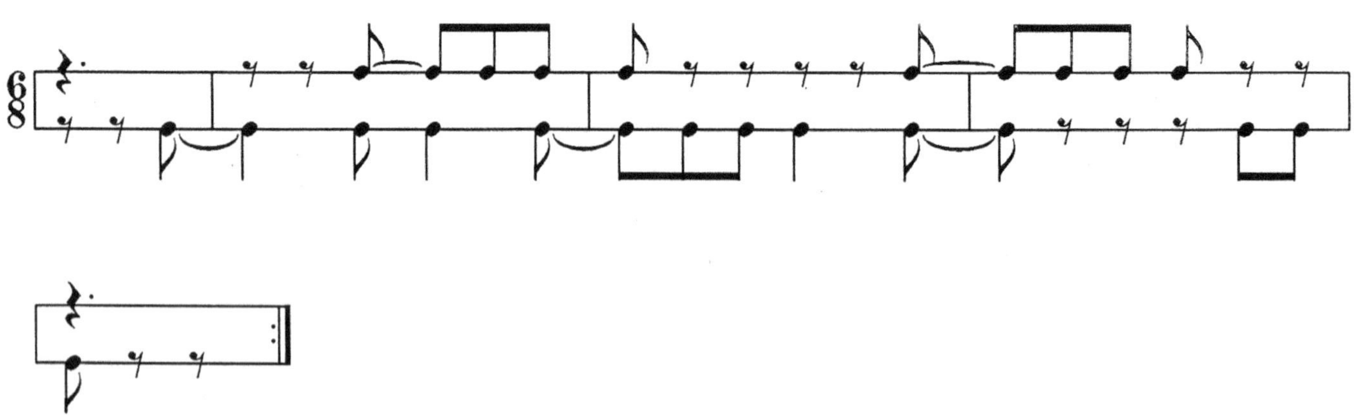

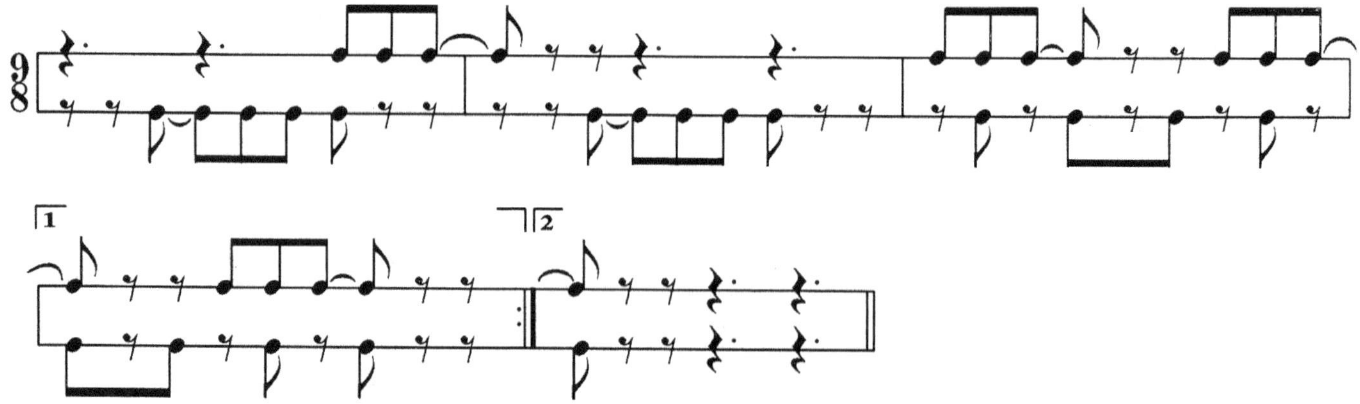

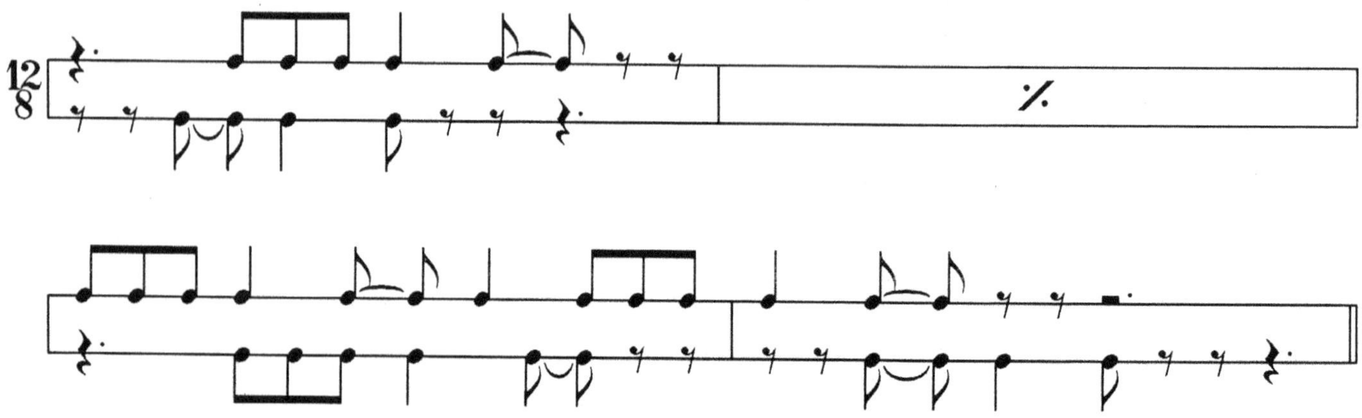

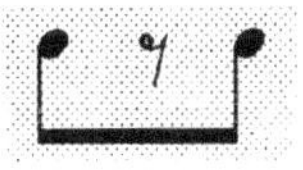

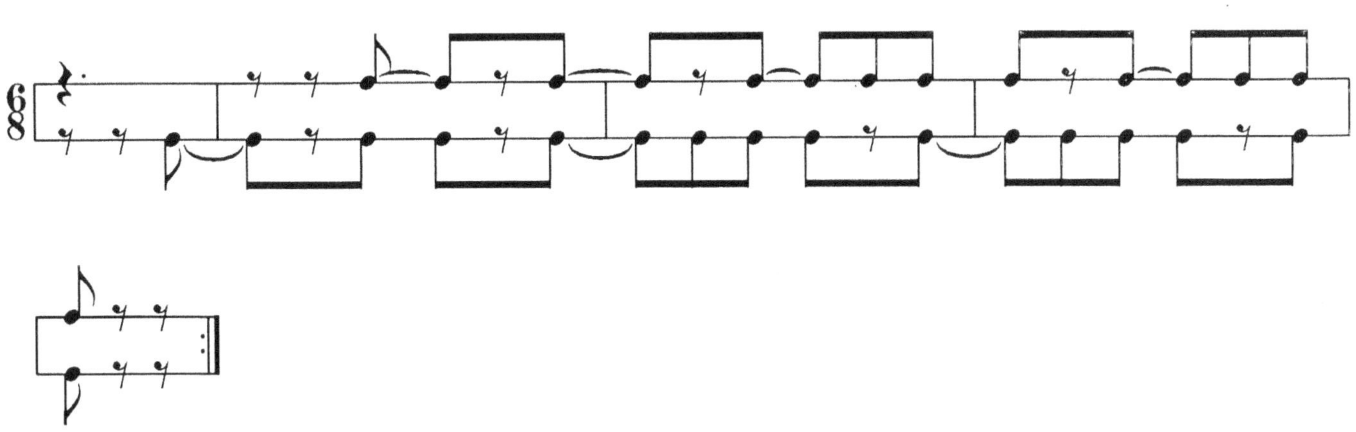

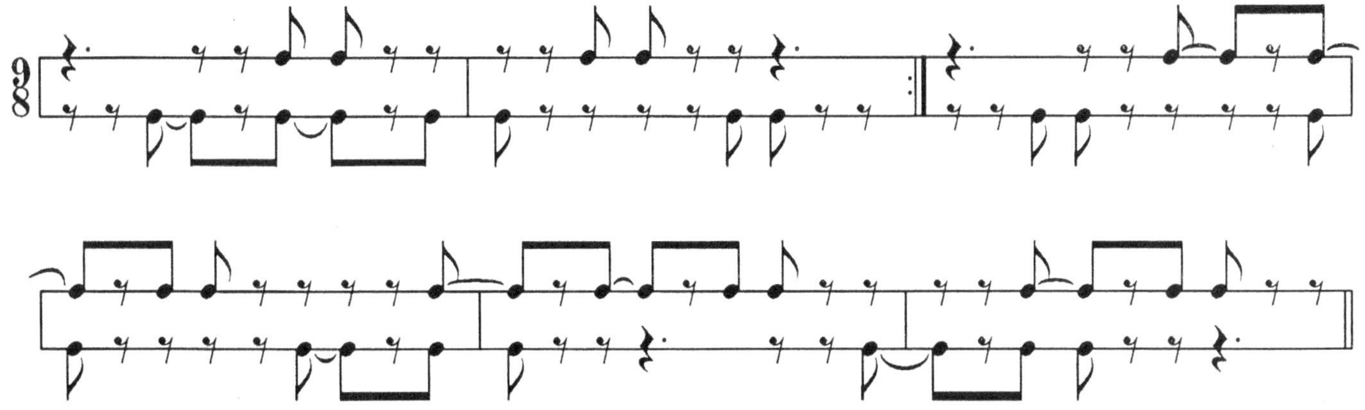

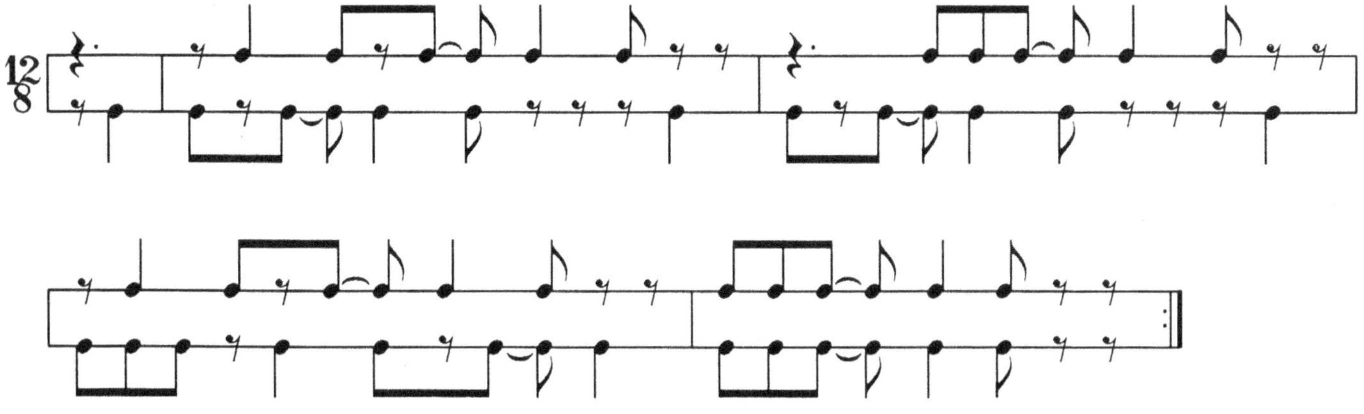

Percepção a uma voz
Ear-training in one voice

Professor: executa
Aluno: ouve, memoriza, repete e escreve

Teacher: plays
Student: listens, memorizes, repeats and then writes

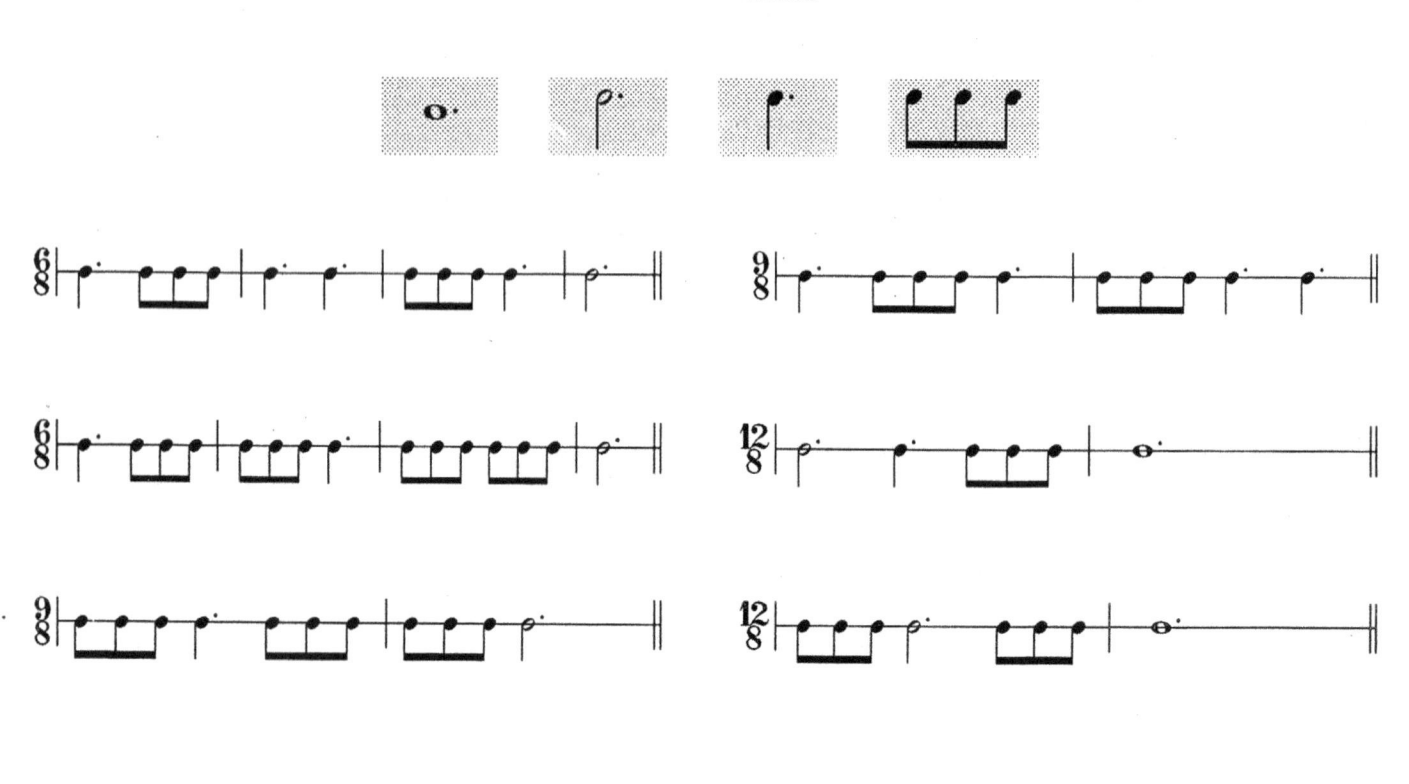

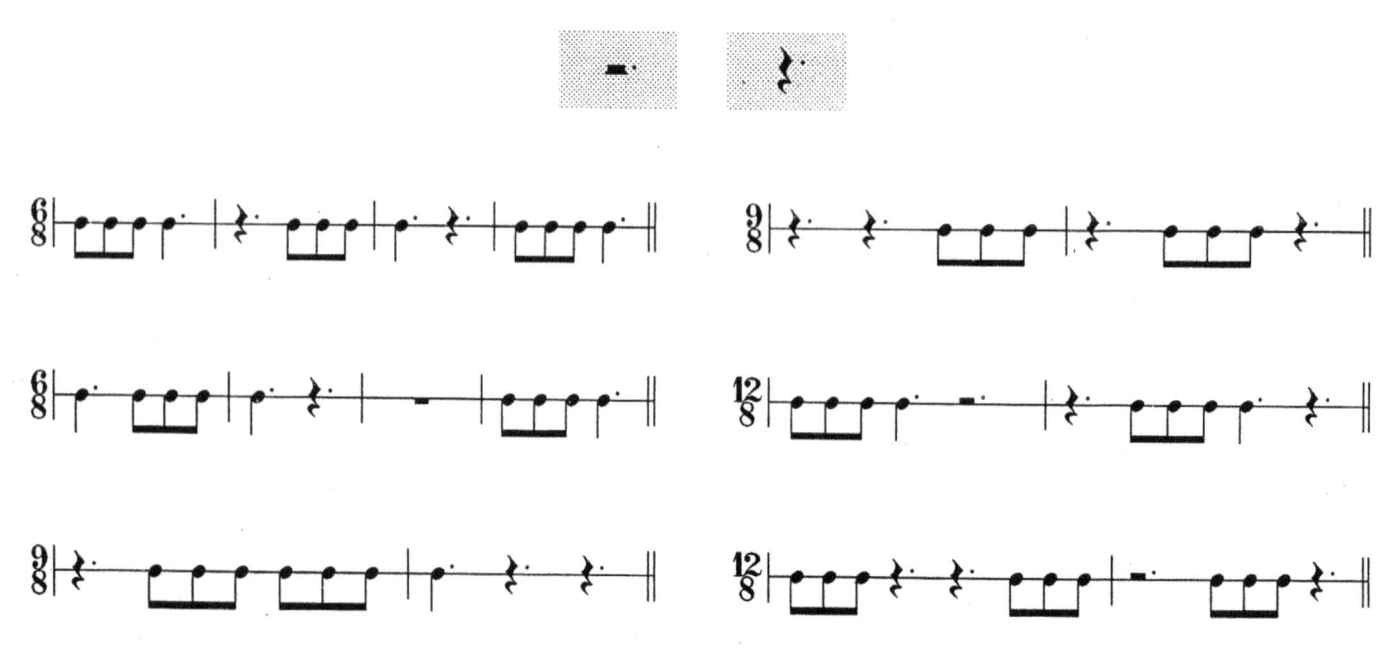

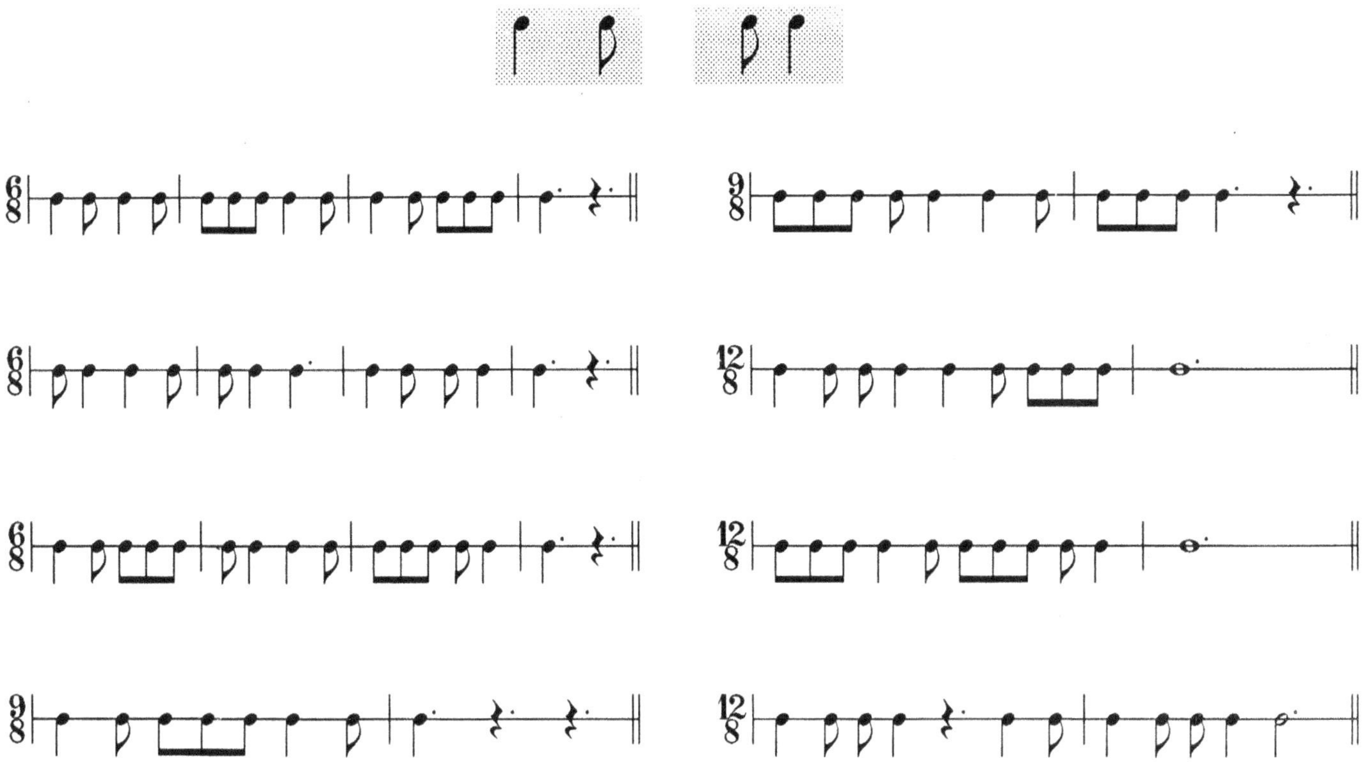

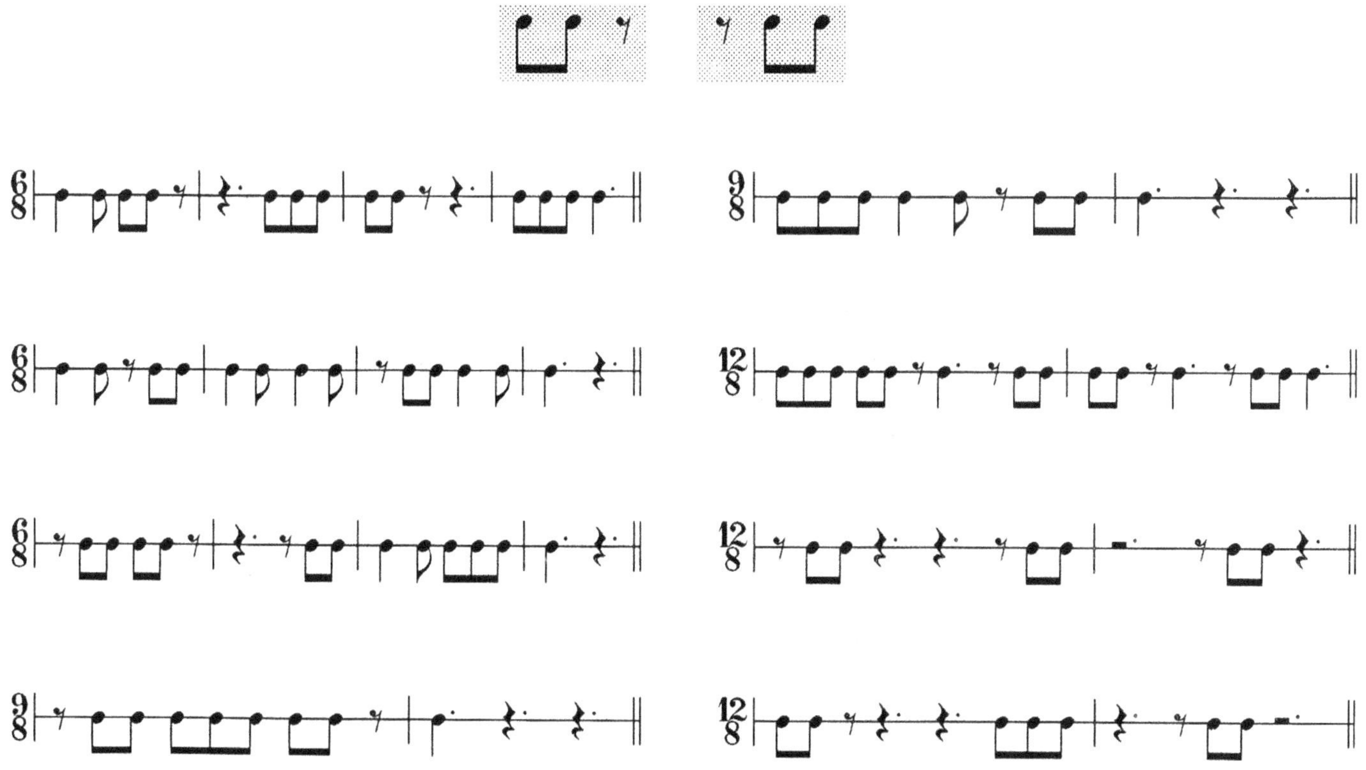

Adamo Prince

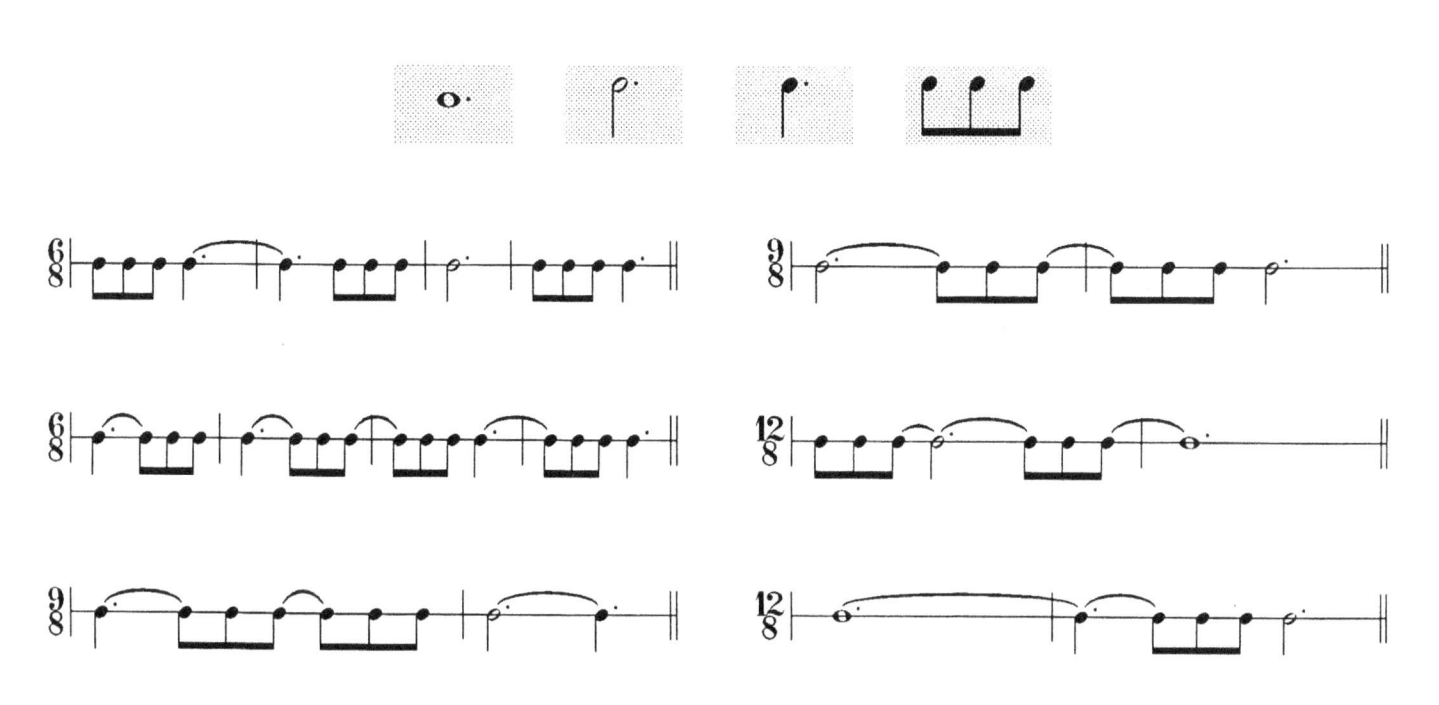

Com ligaduras
With slurs

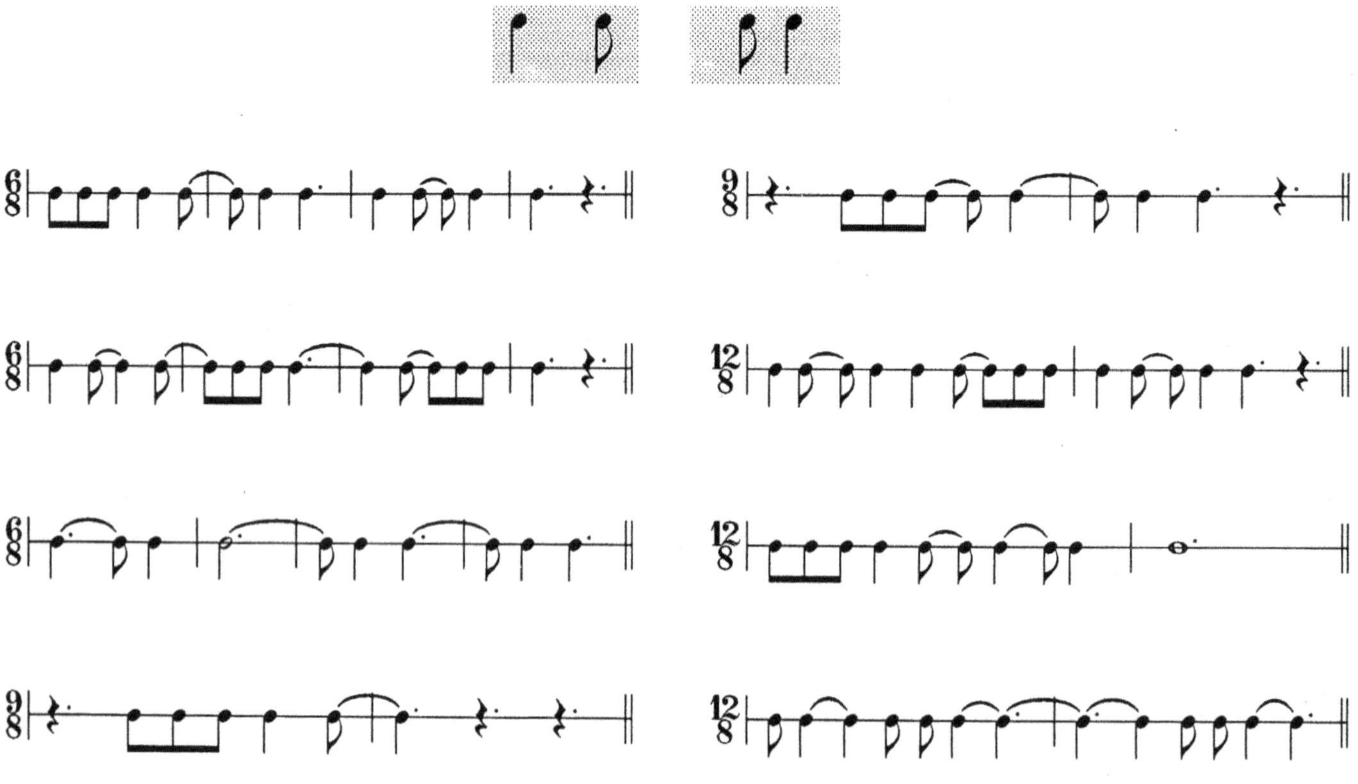

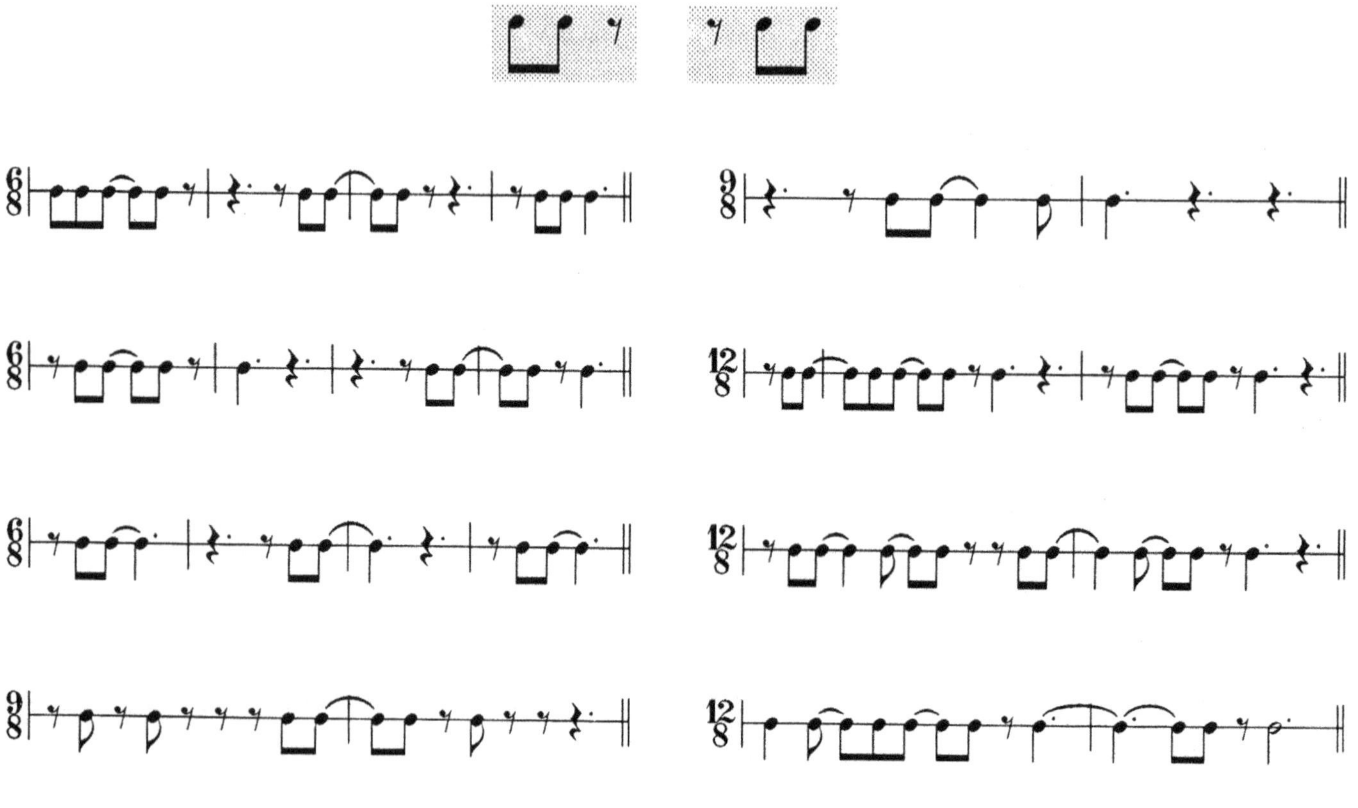

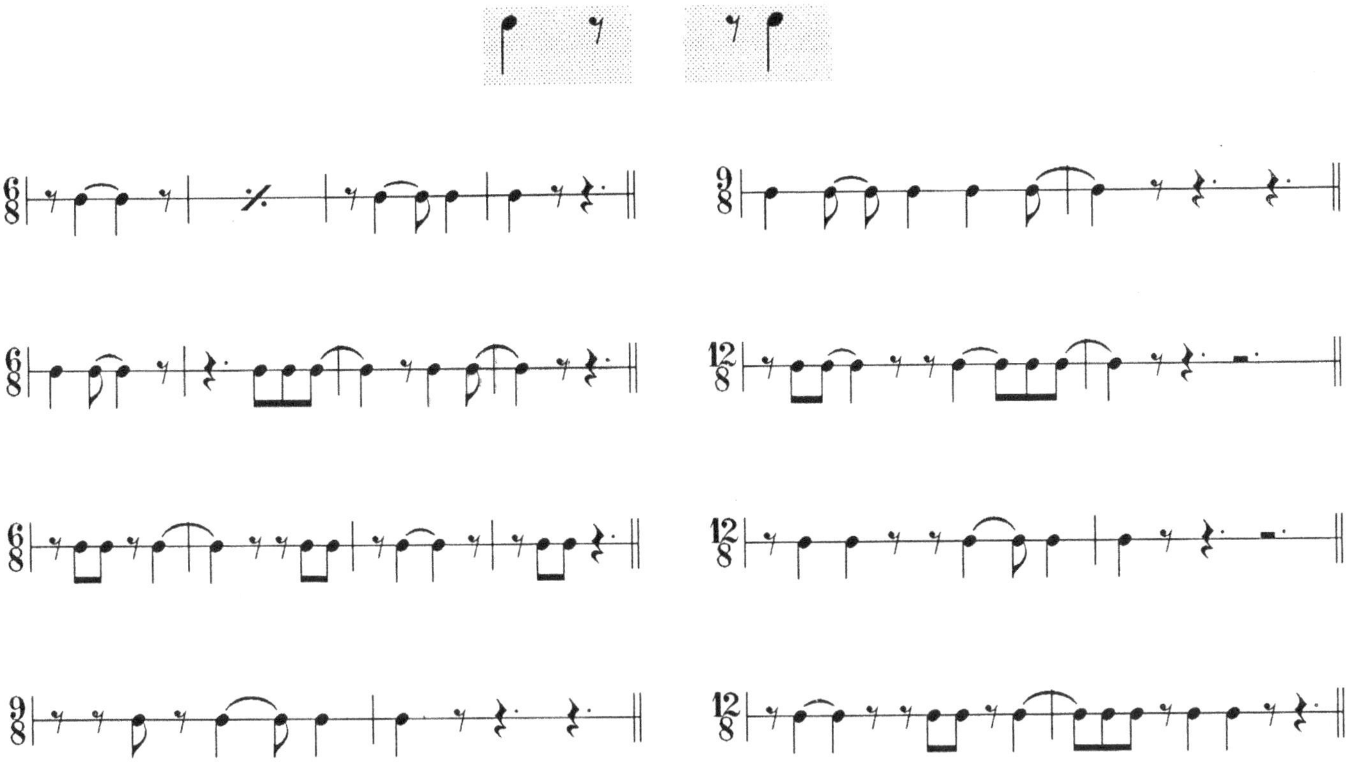

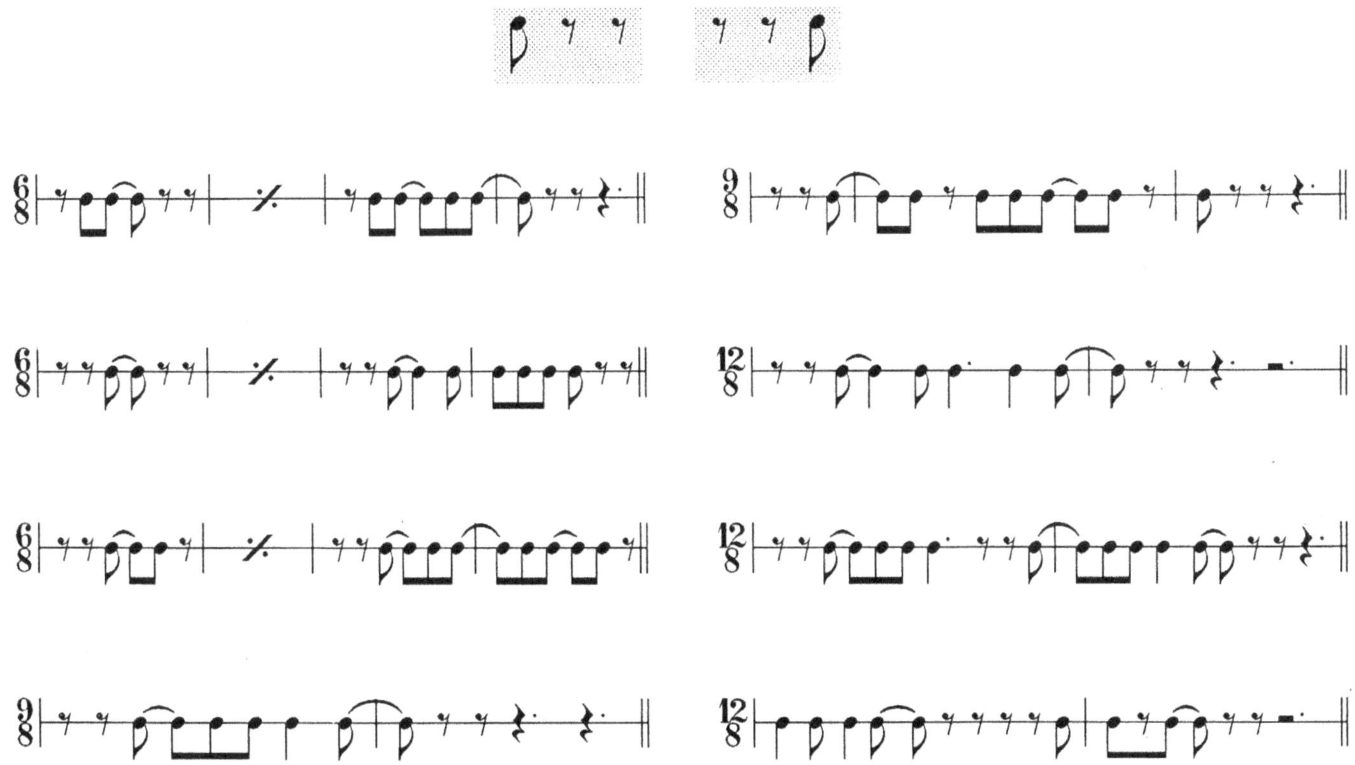

Percepção a duas vozes alternadas
Ear-training in two alternated voices

Professor: executa
Aluno: ouve, memoriza, repete e escreve

Teacher: plays
Student: listens, memorizes, repeats and then writes

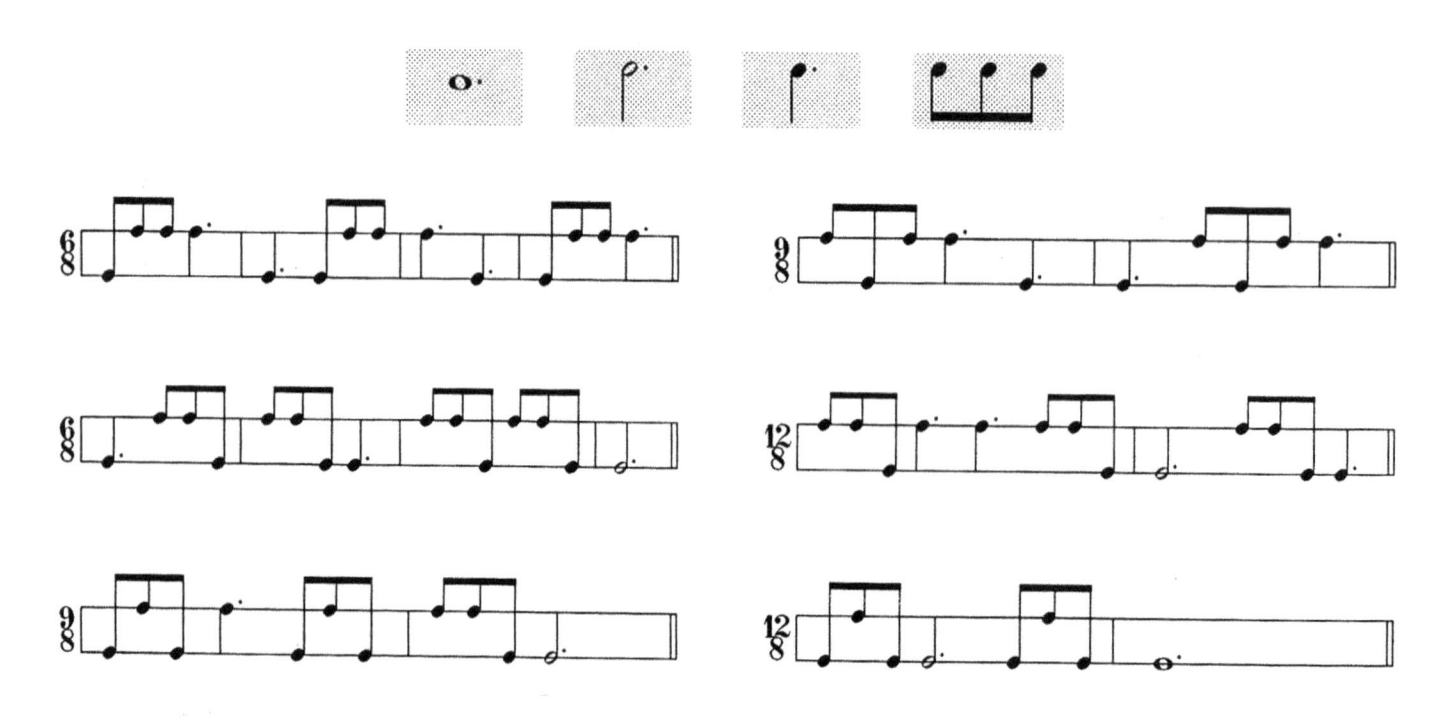

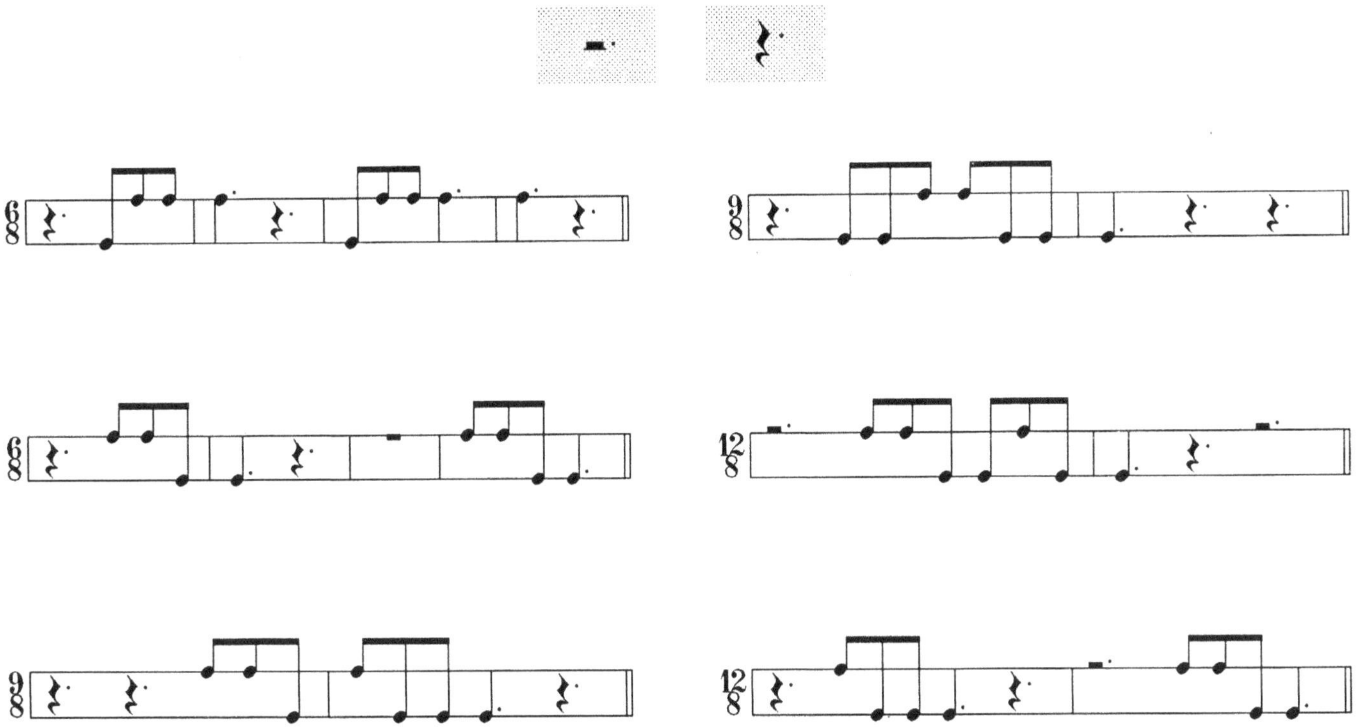

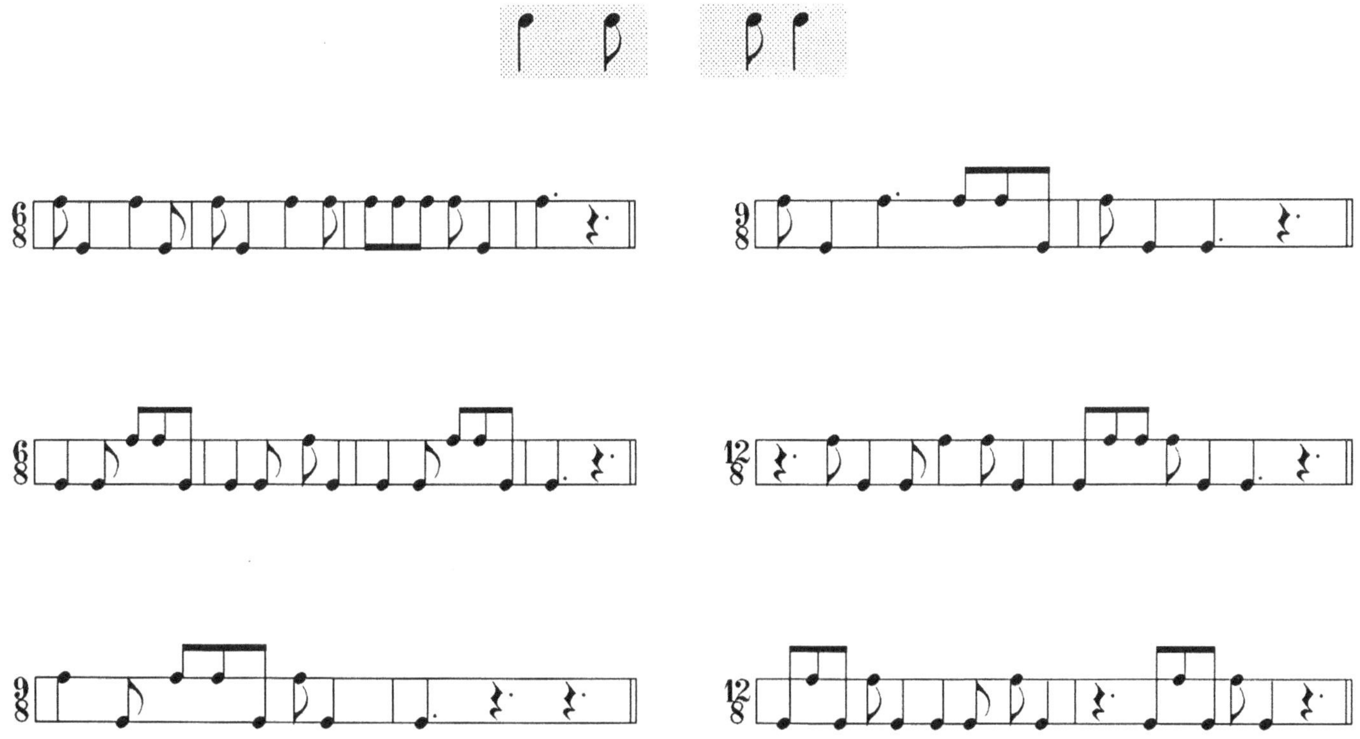

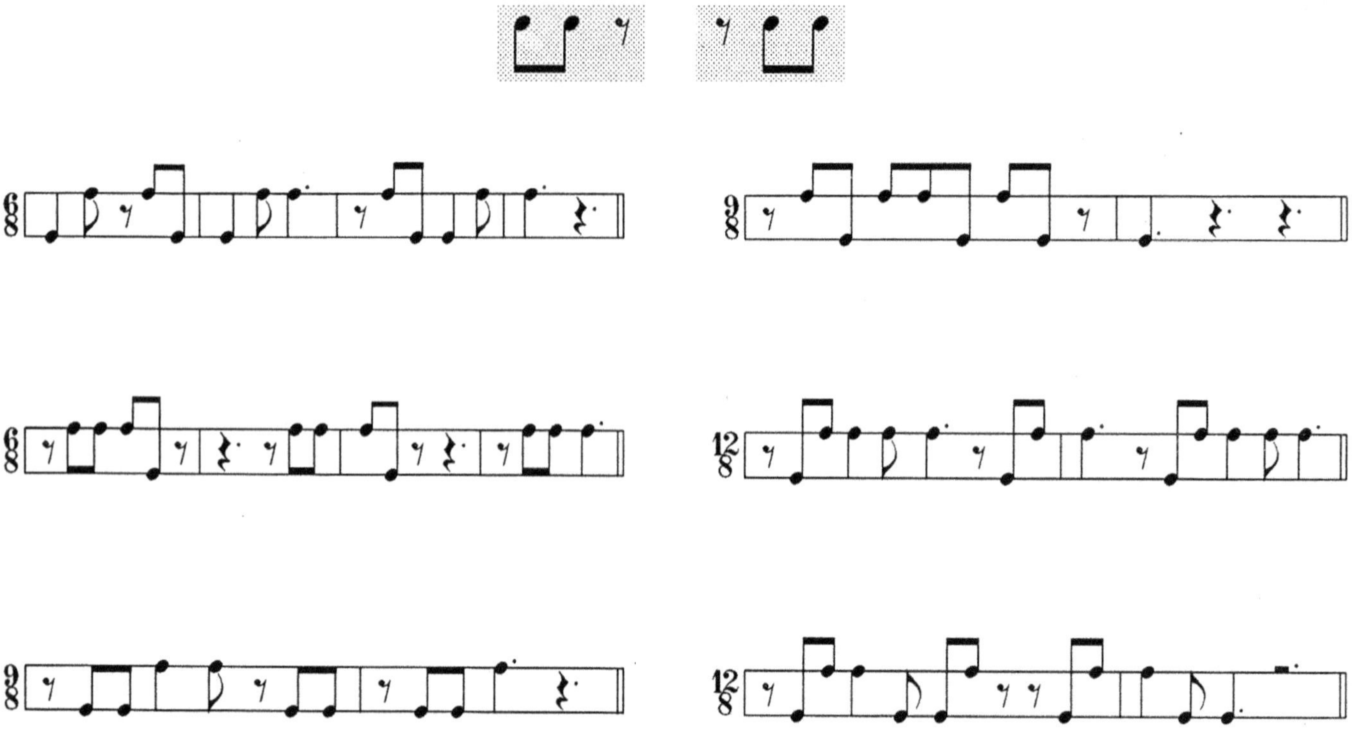

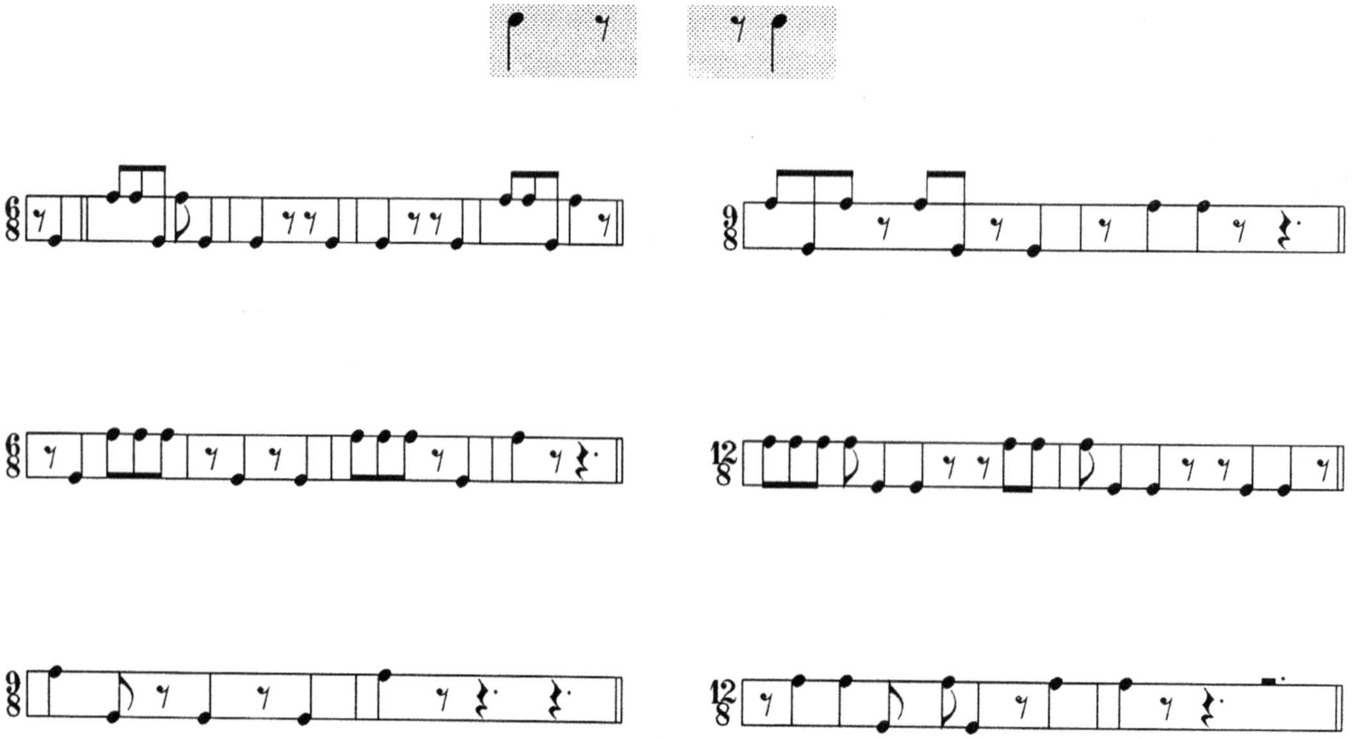

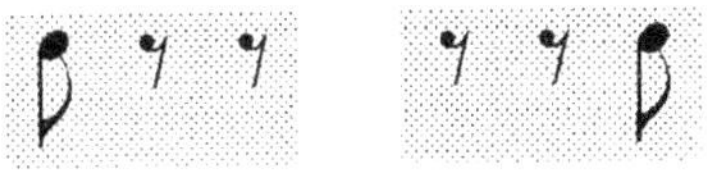

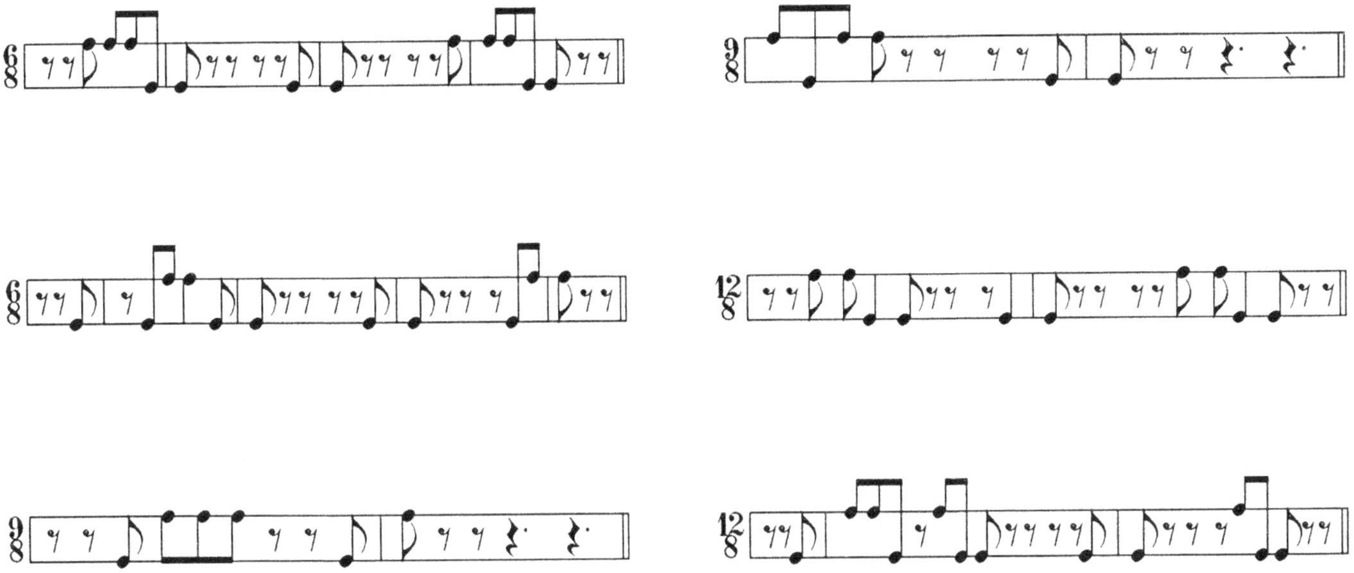

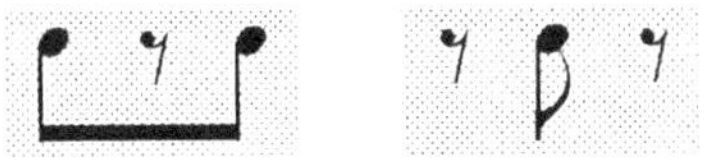

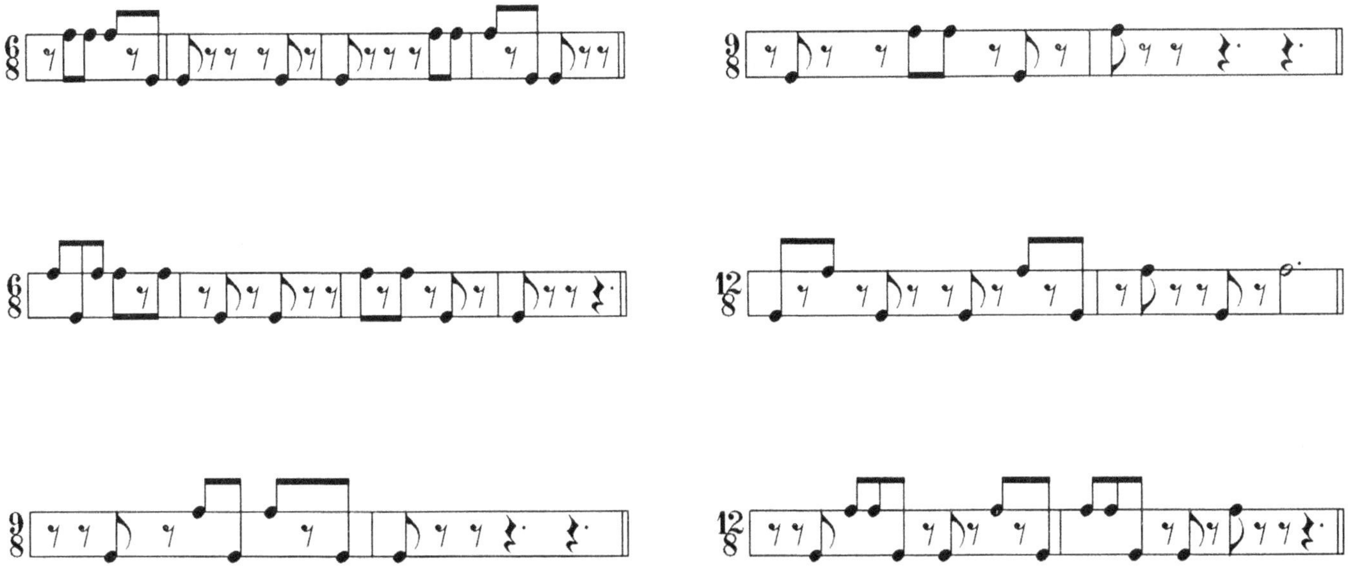

Com ligaduras
With slurs

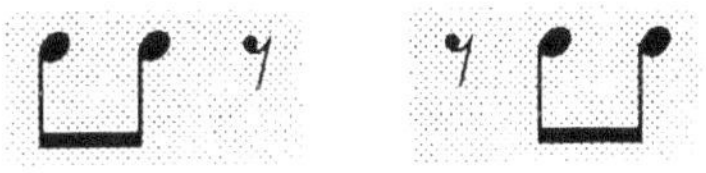

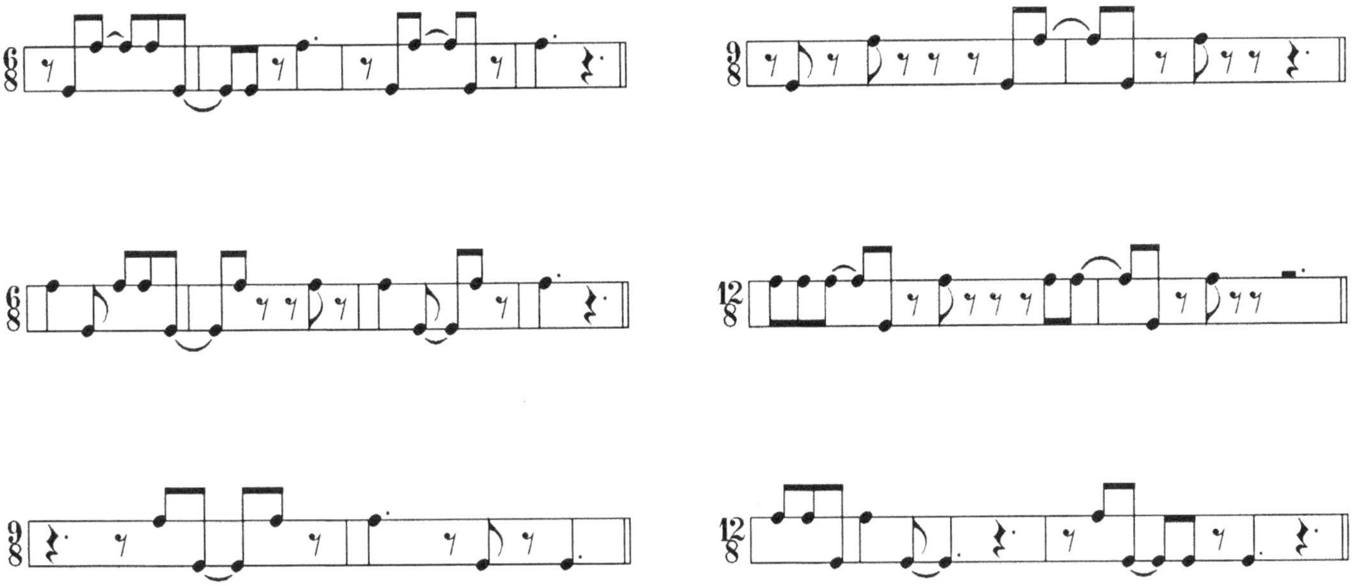

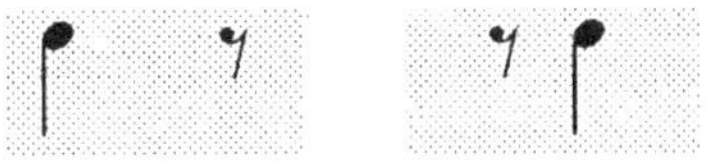

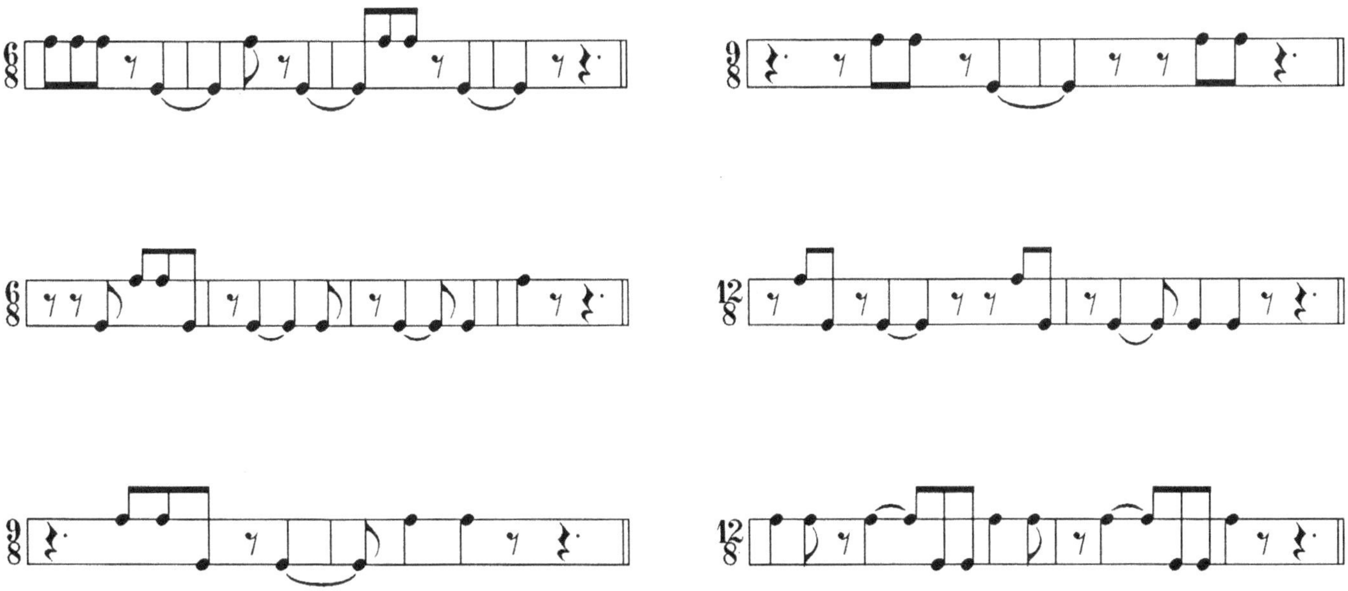

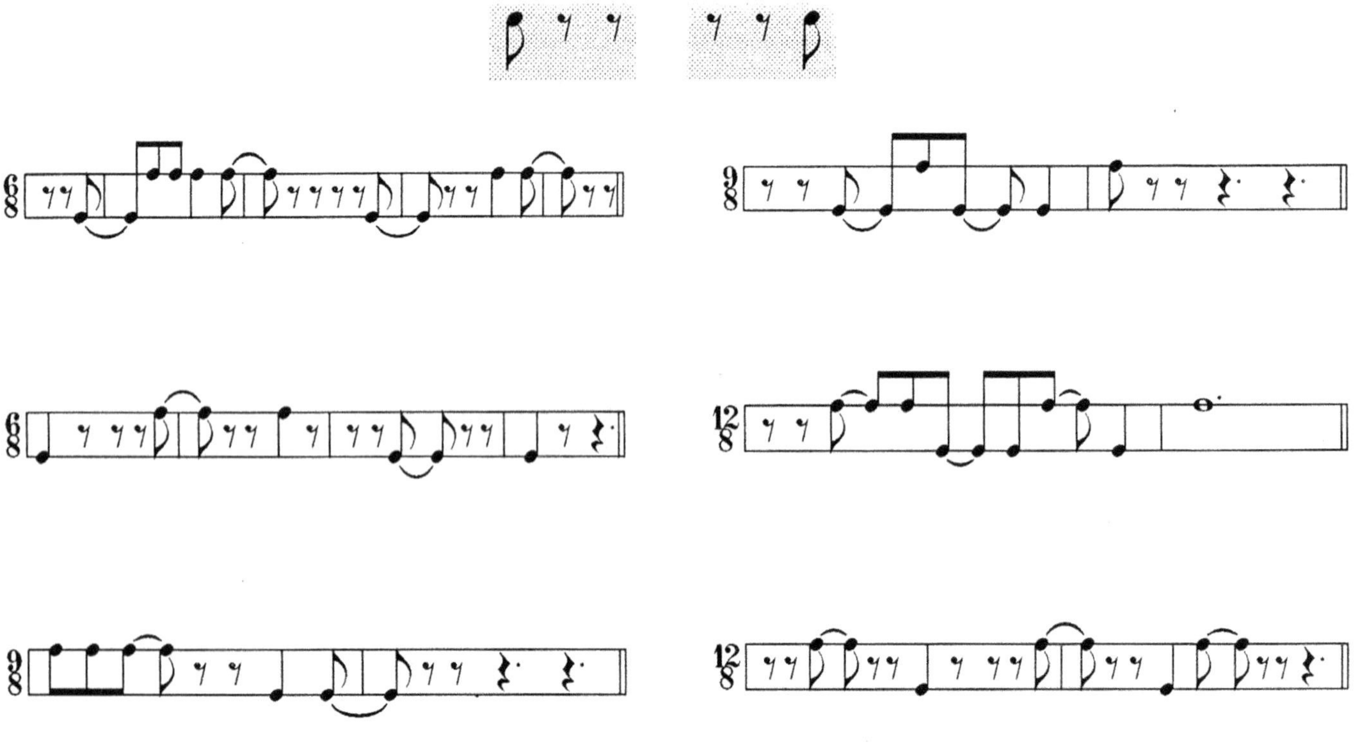

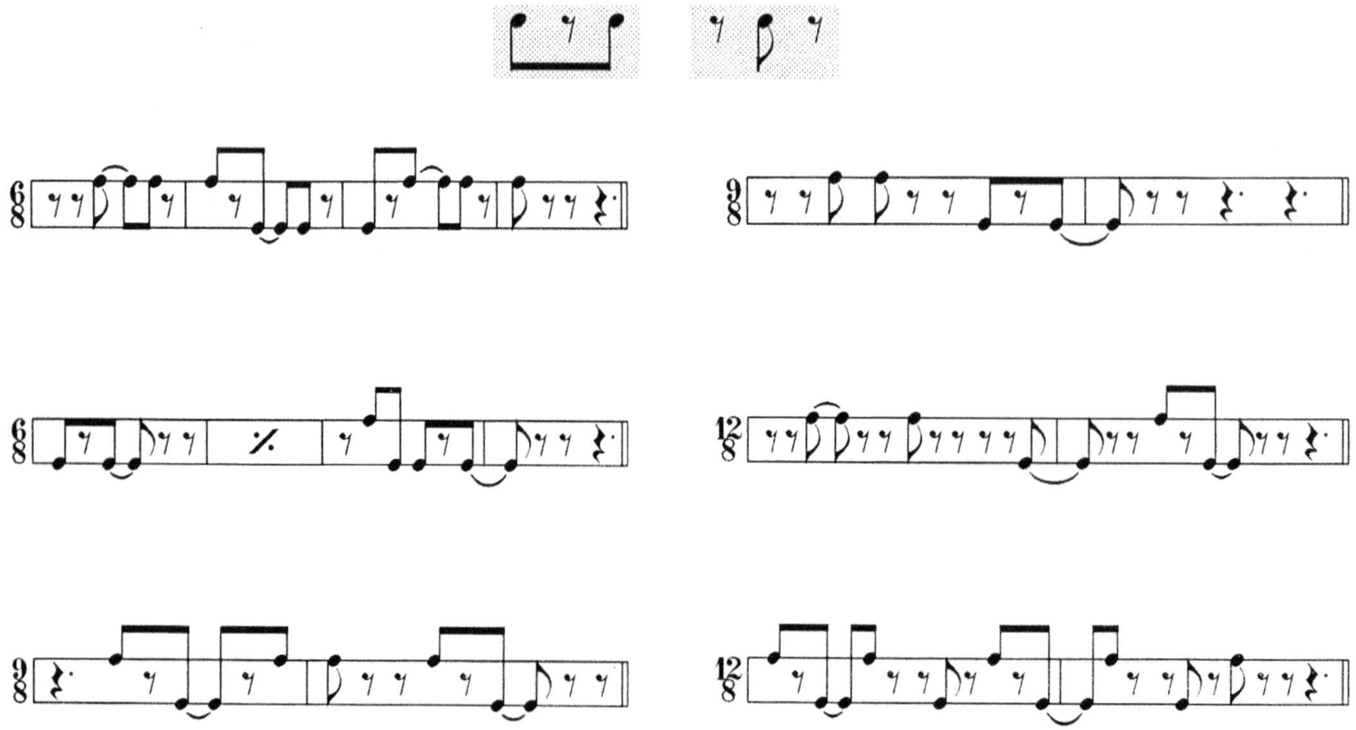

Percepção a duas vozes simultâneas
Ear-training in two simultaneous voices

Professor: executa (sempre simultaneamente)
Aluno: ouve, memoriza, repete e escreve primeiramente a voz de cima e posteriormente a voz de baixo

Teacher: plays (always simultaneously)
Student: listens, memorizes, repeats and then writes the first voice, followed by the second voice

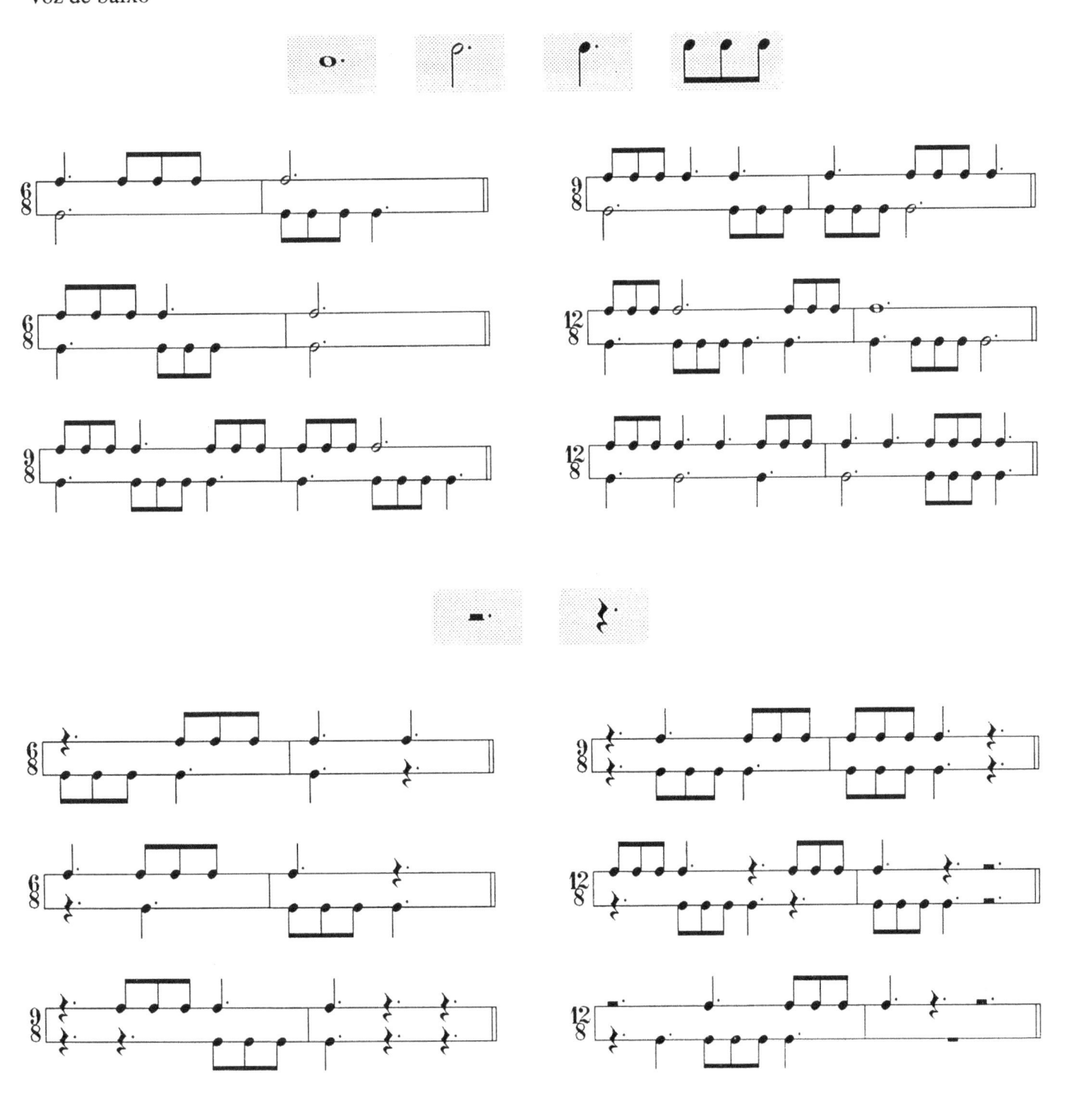

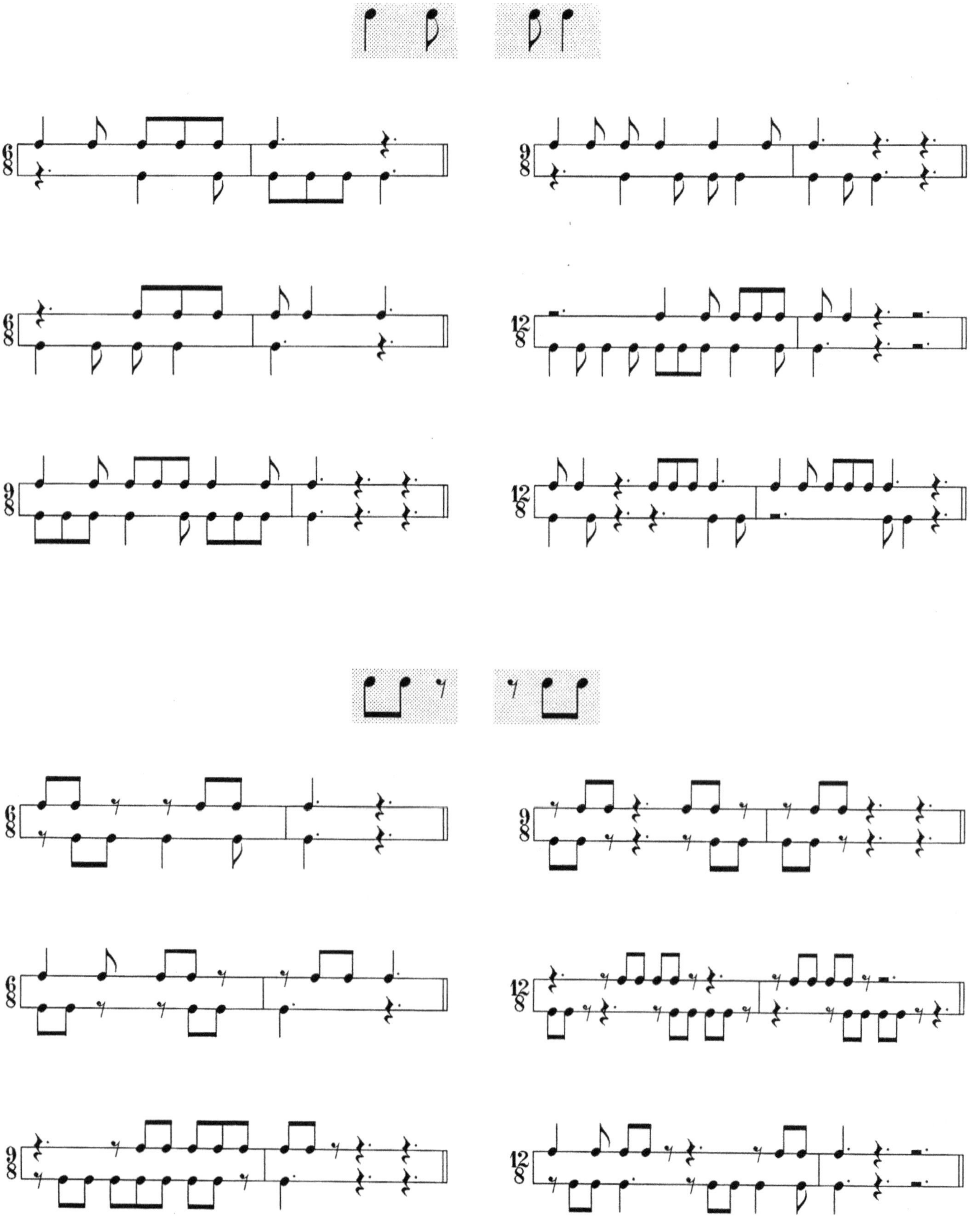

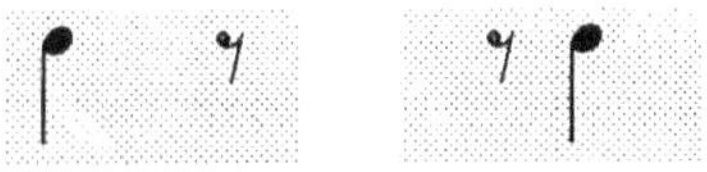

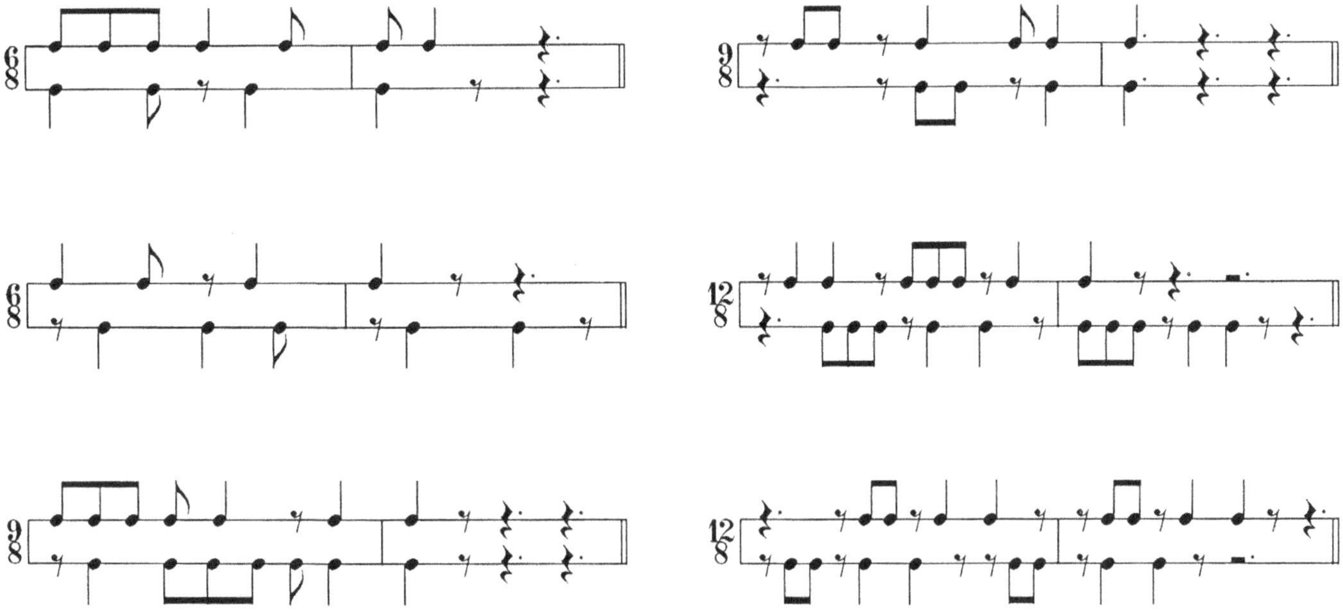

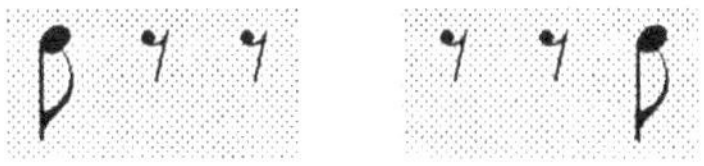

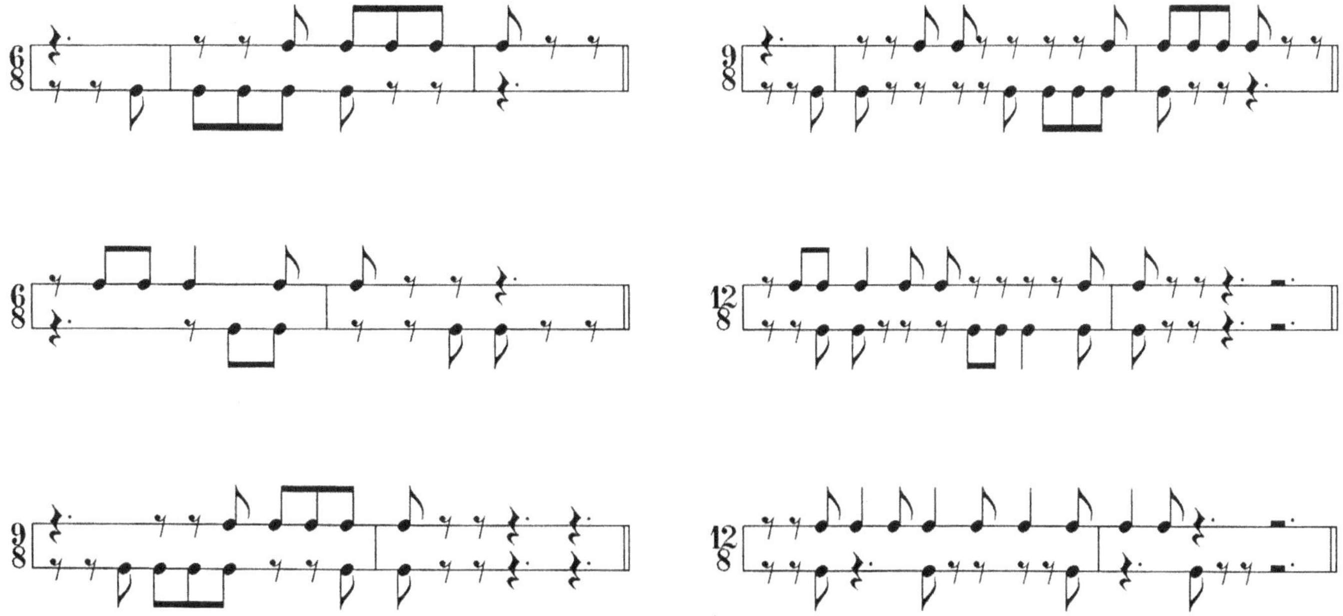

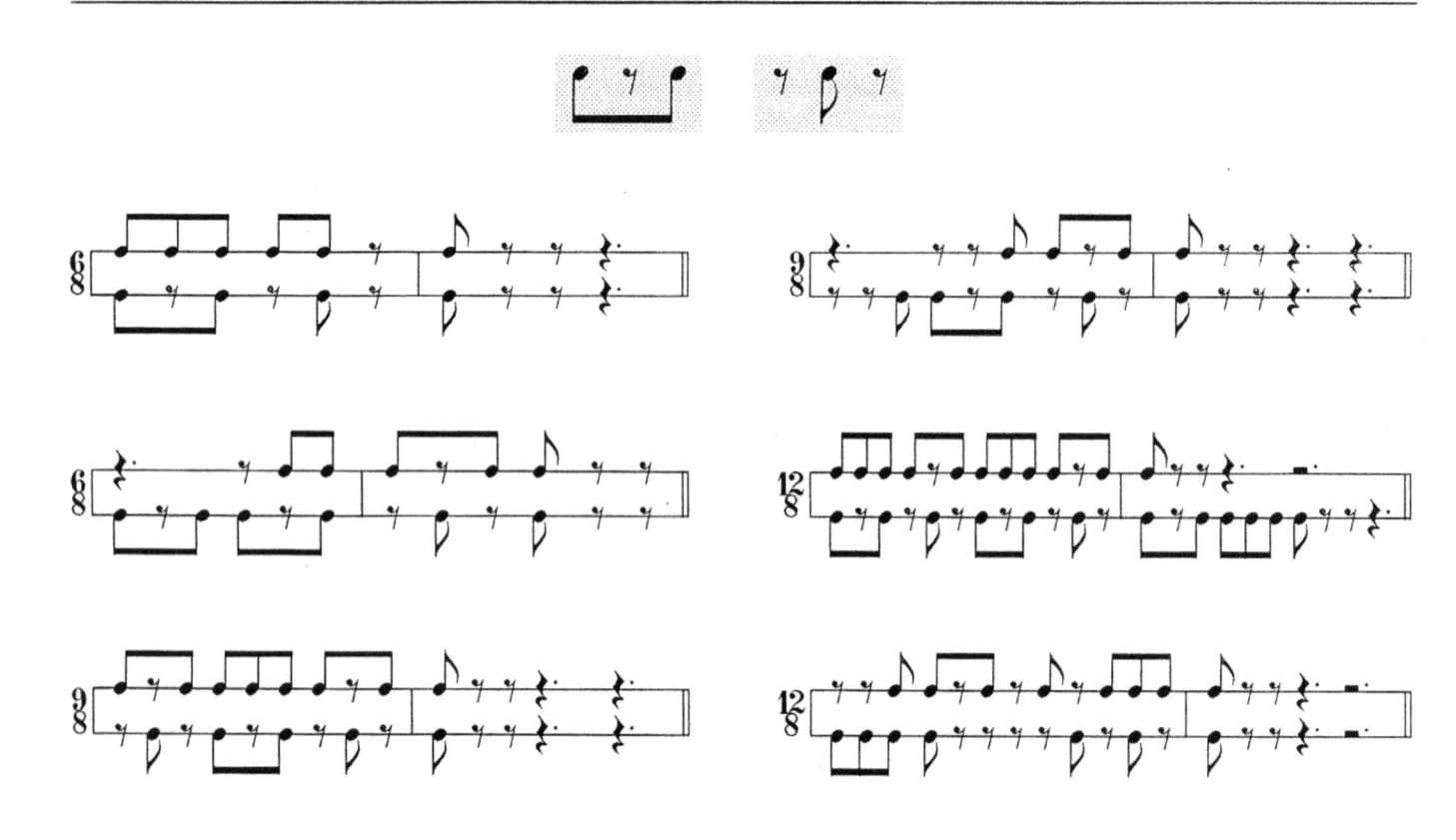

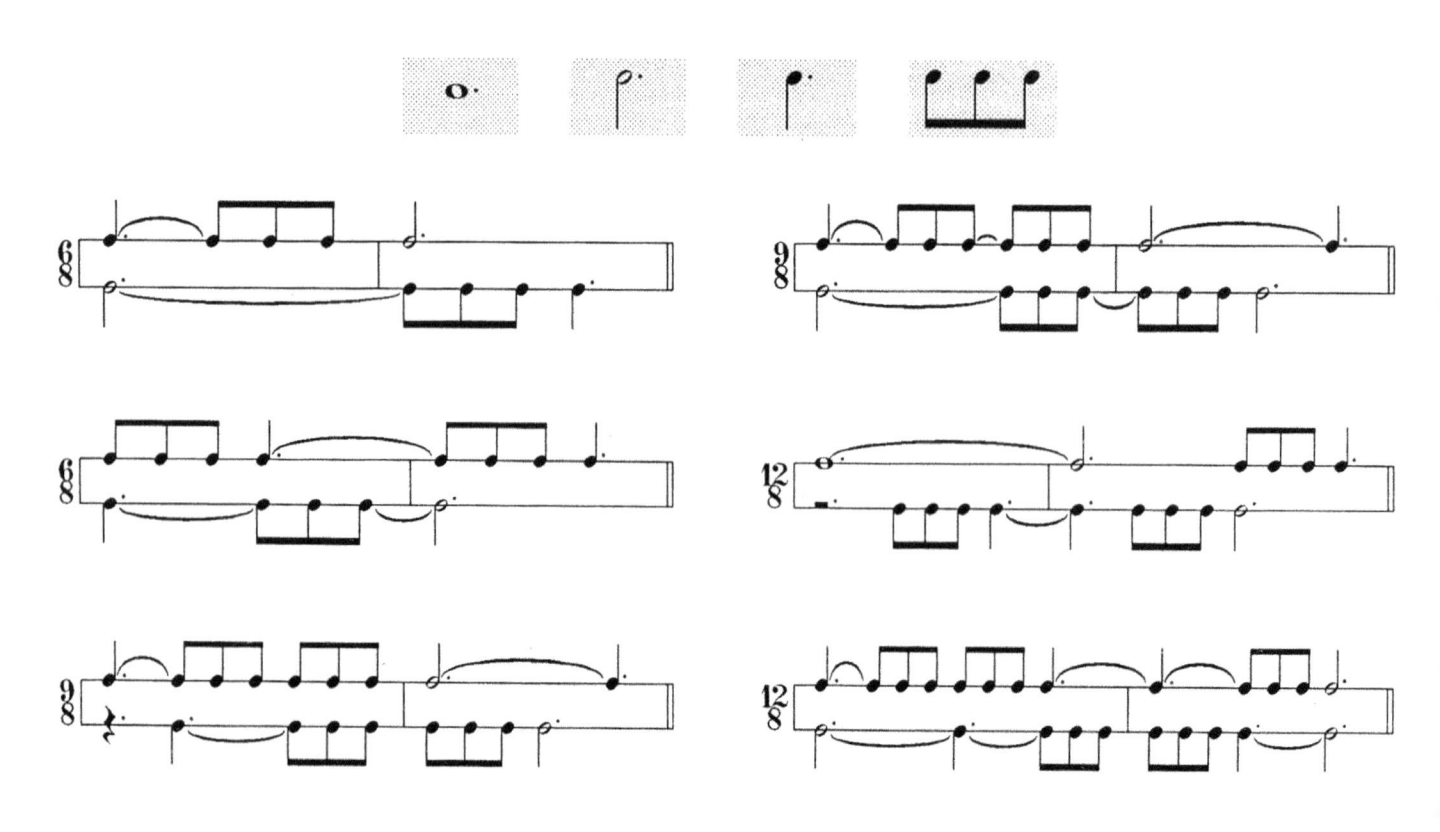

Com ligaduras
With slurs

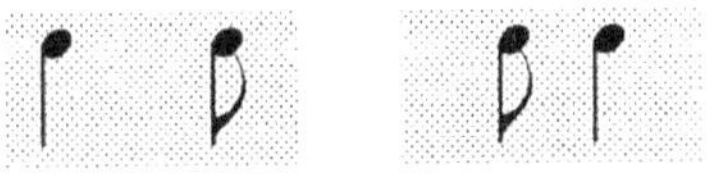

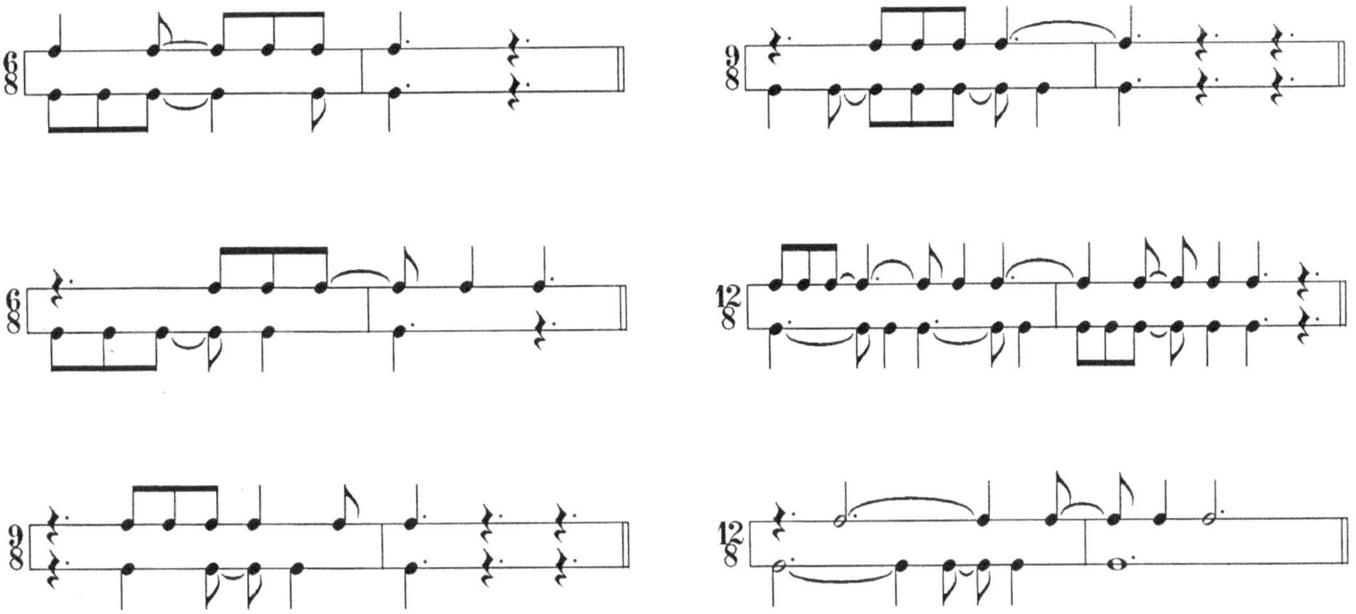

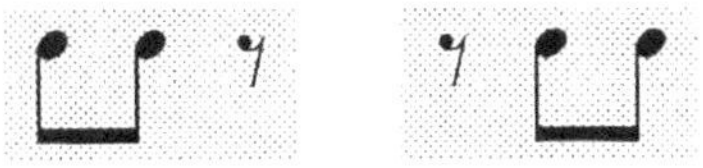

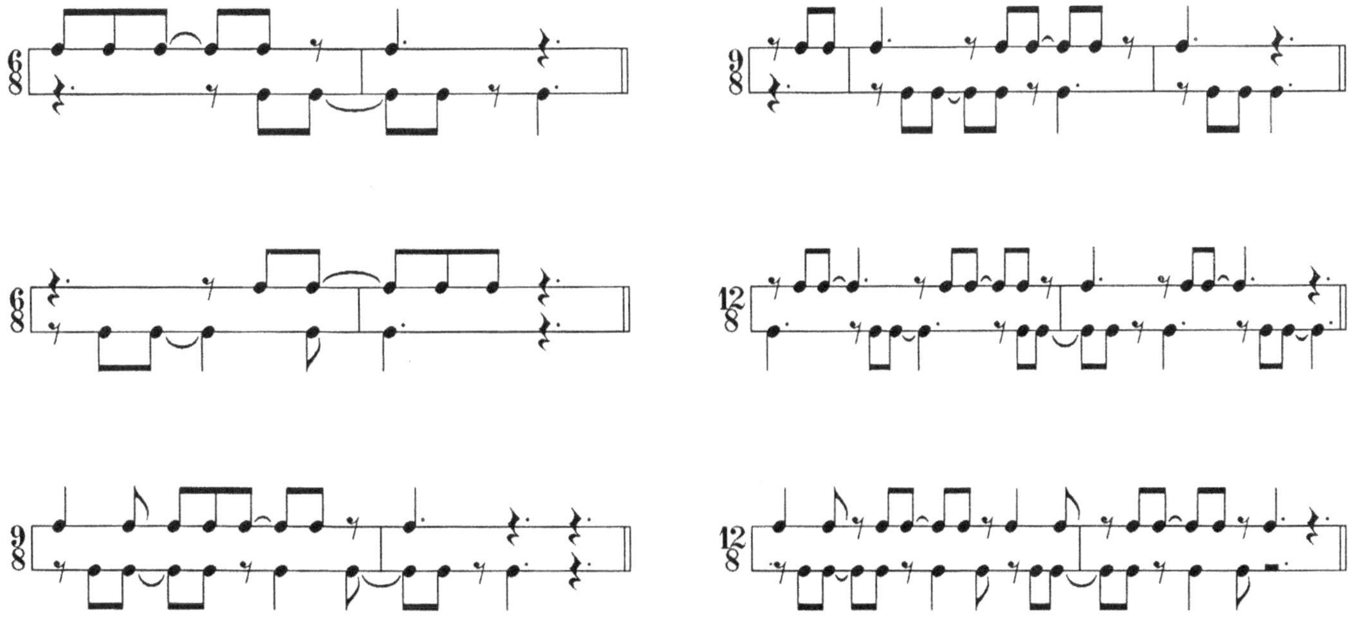

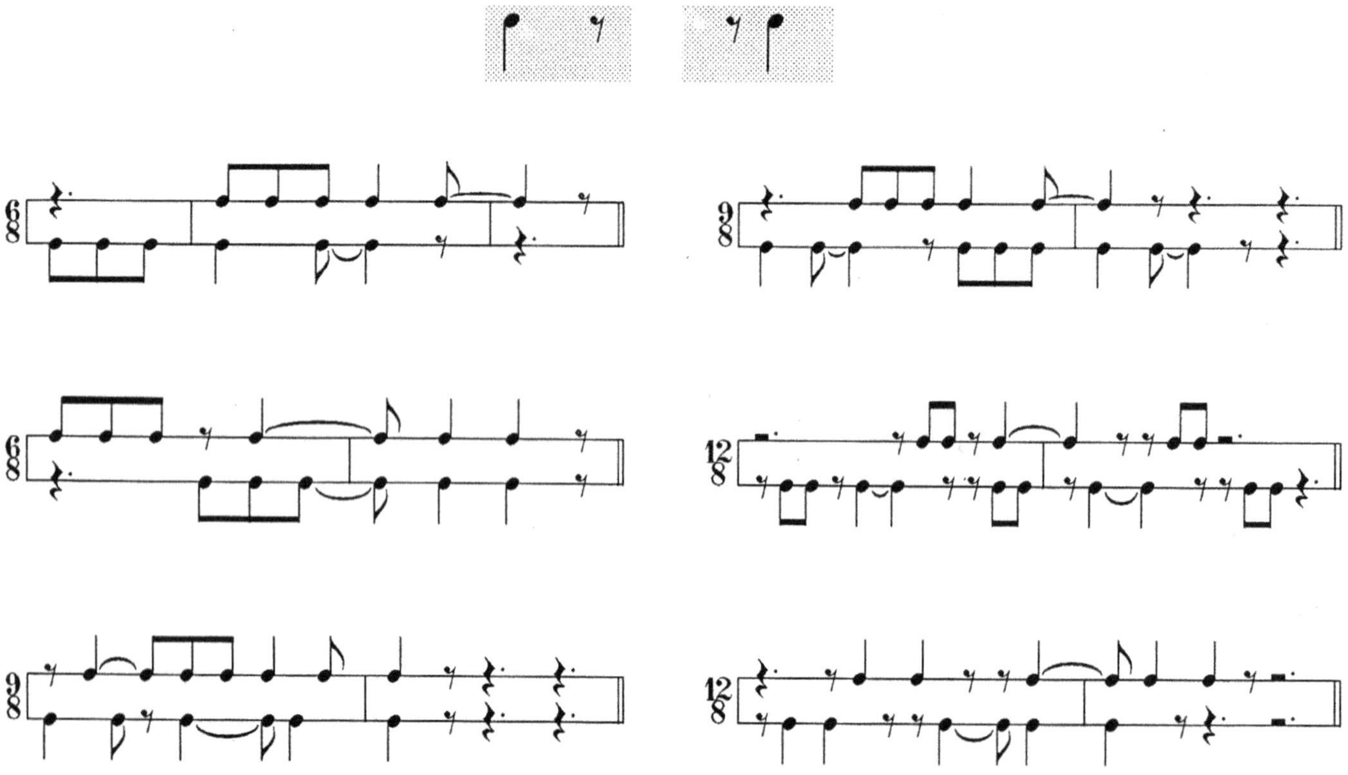

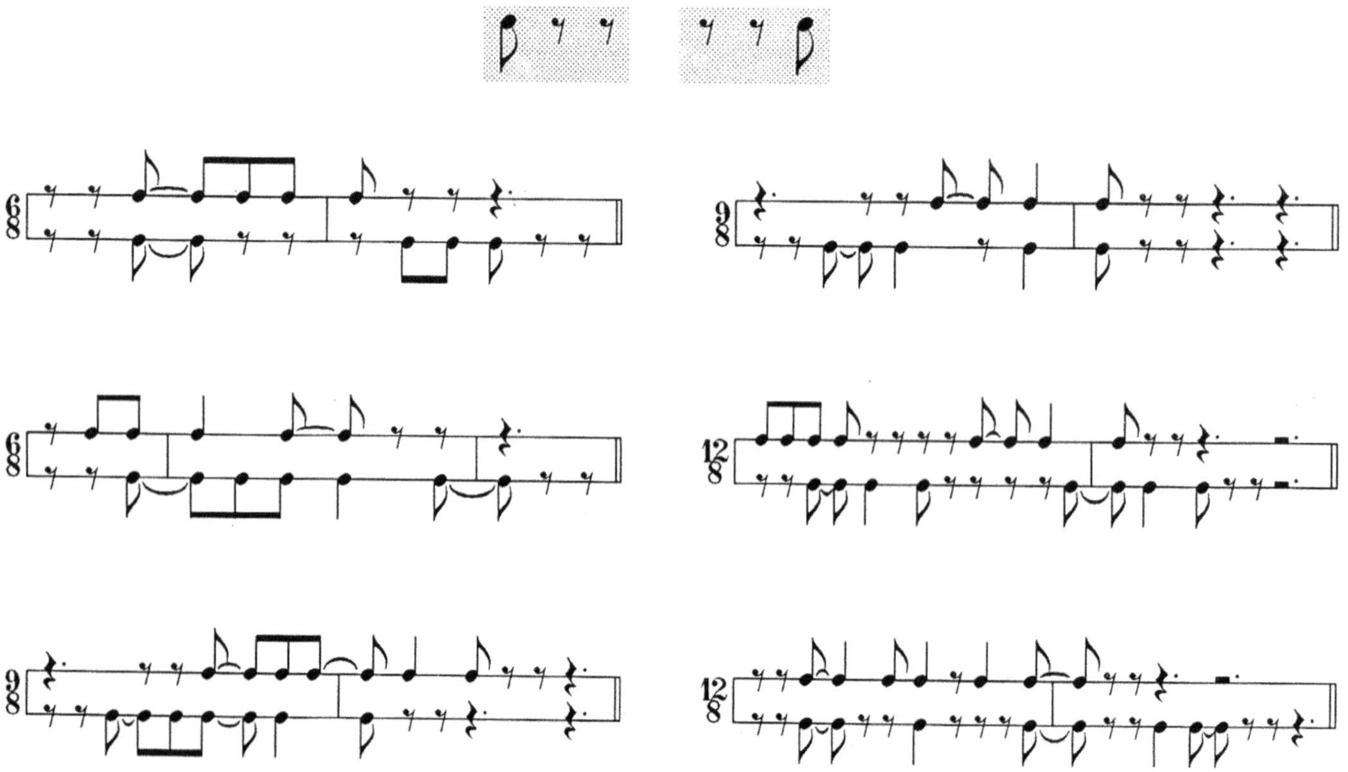

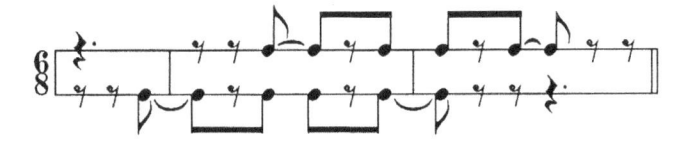

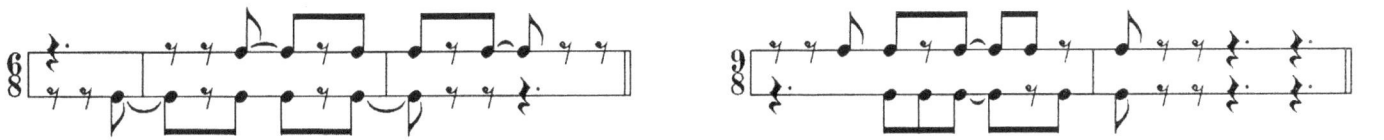

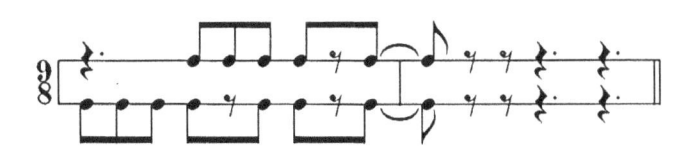

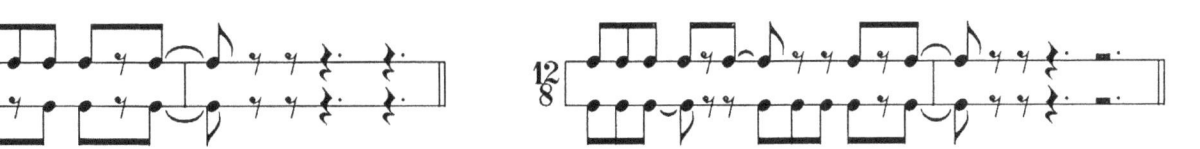

Segunda parte
Part two

em / *in*

| 6/8 | 9/8 | 12/8 |

Leitura a uma voz
Reading in one voice

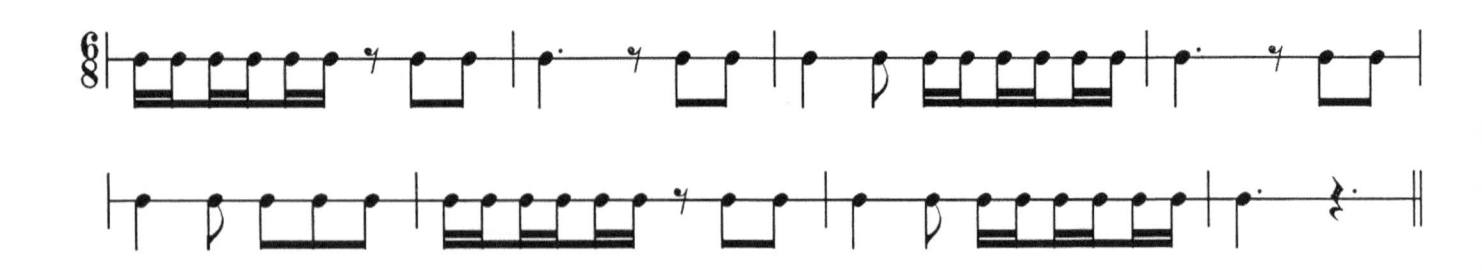

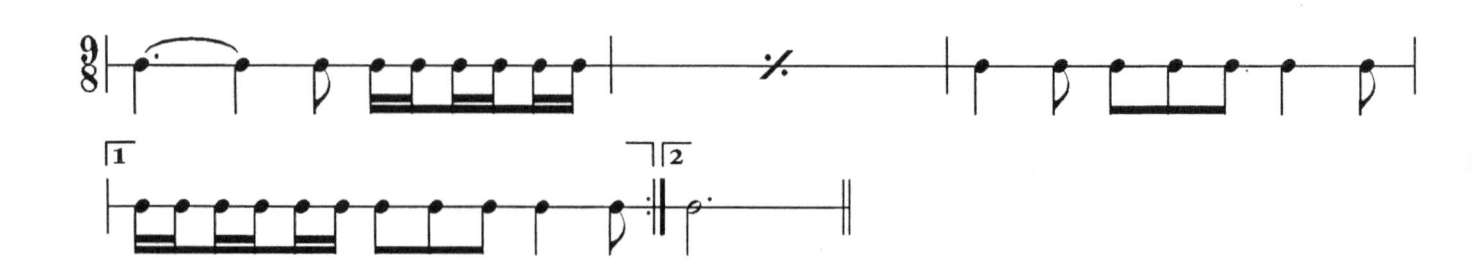

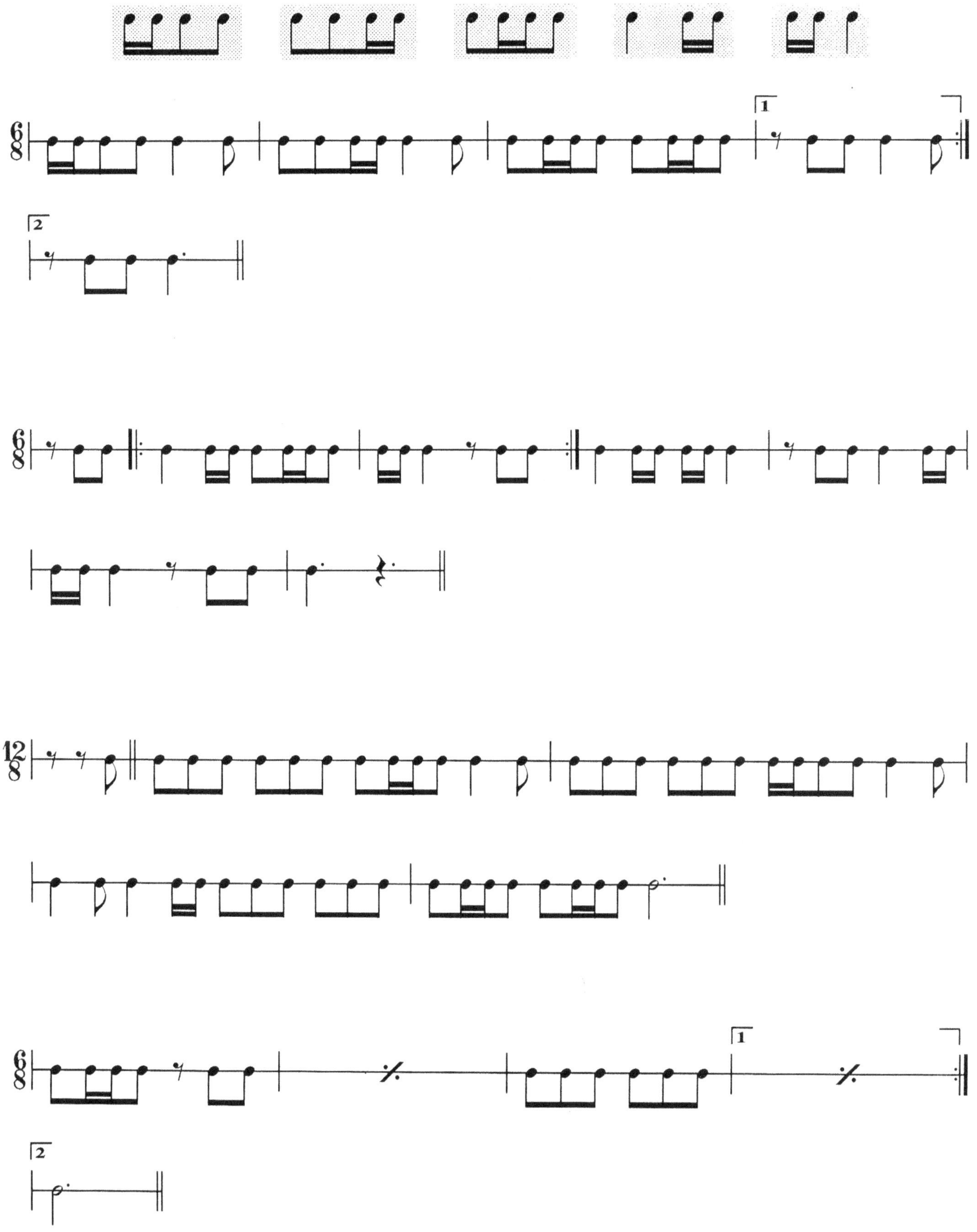

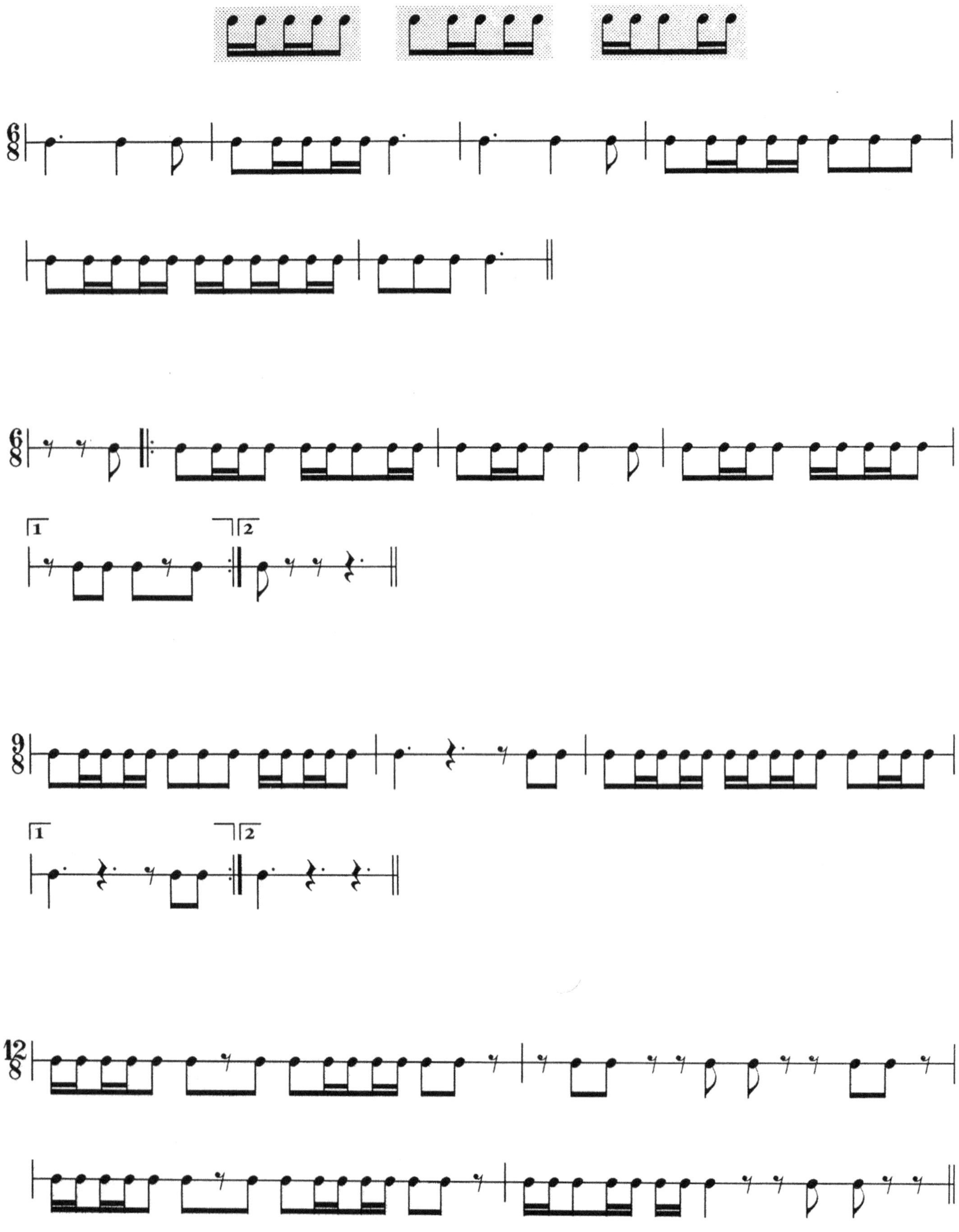

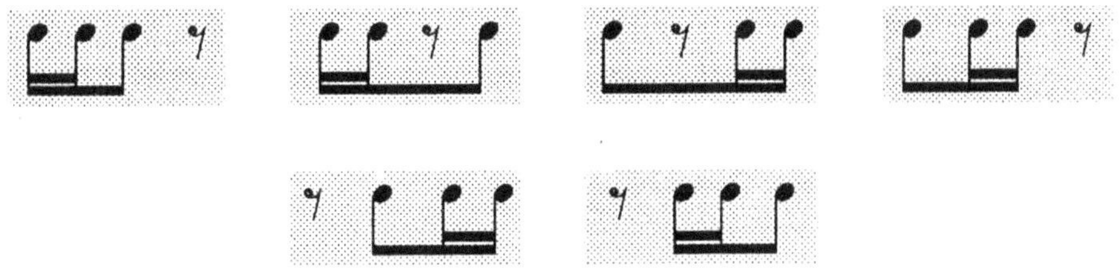

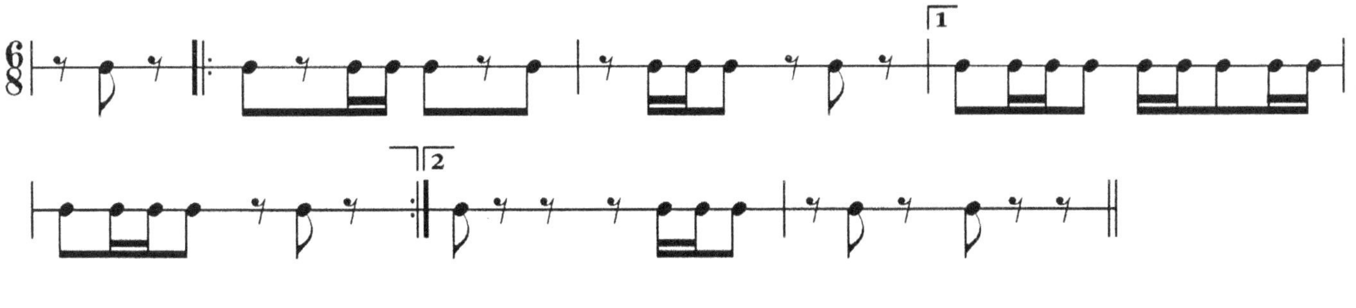

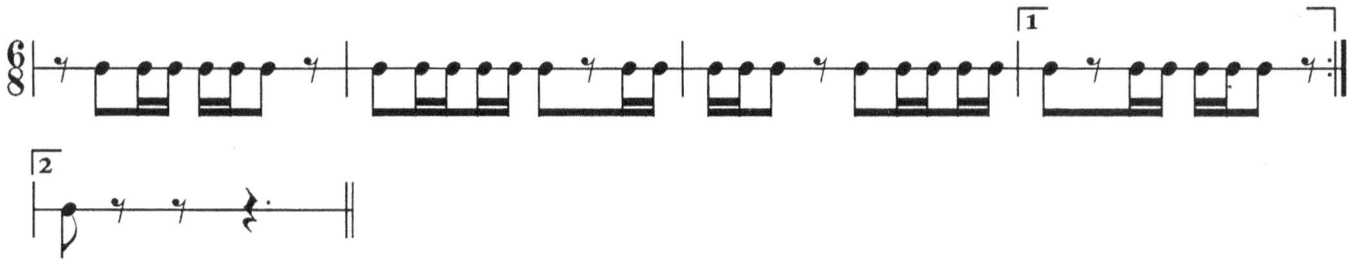

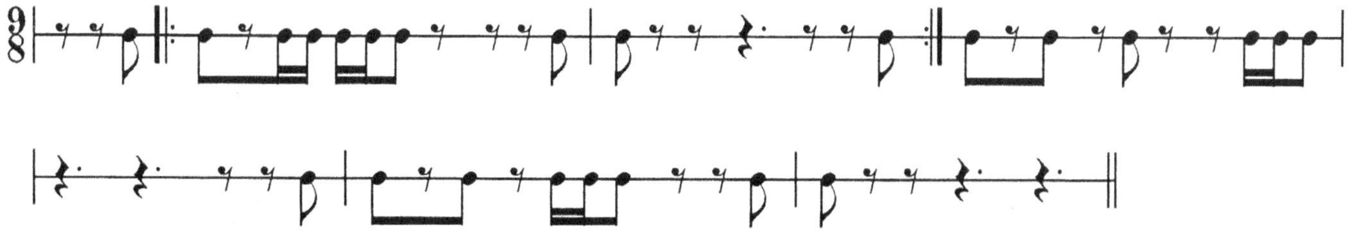

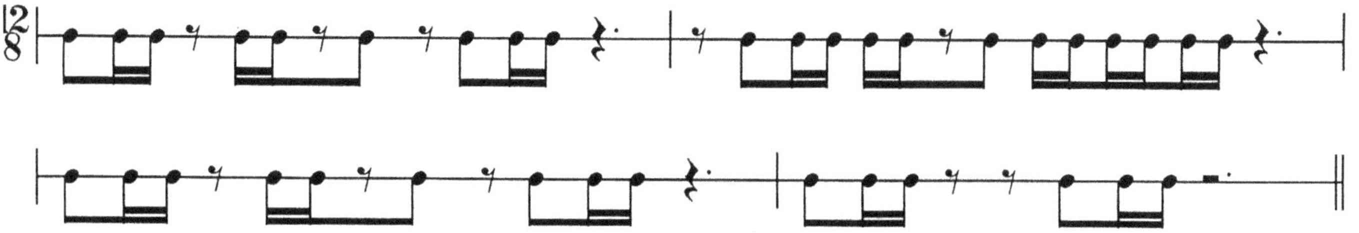

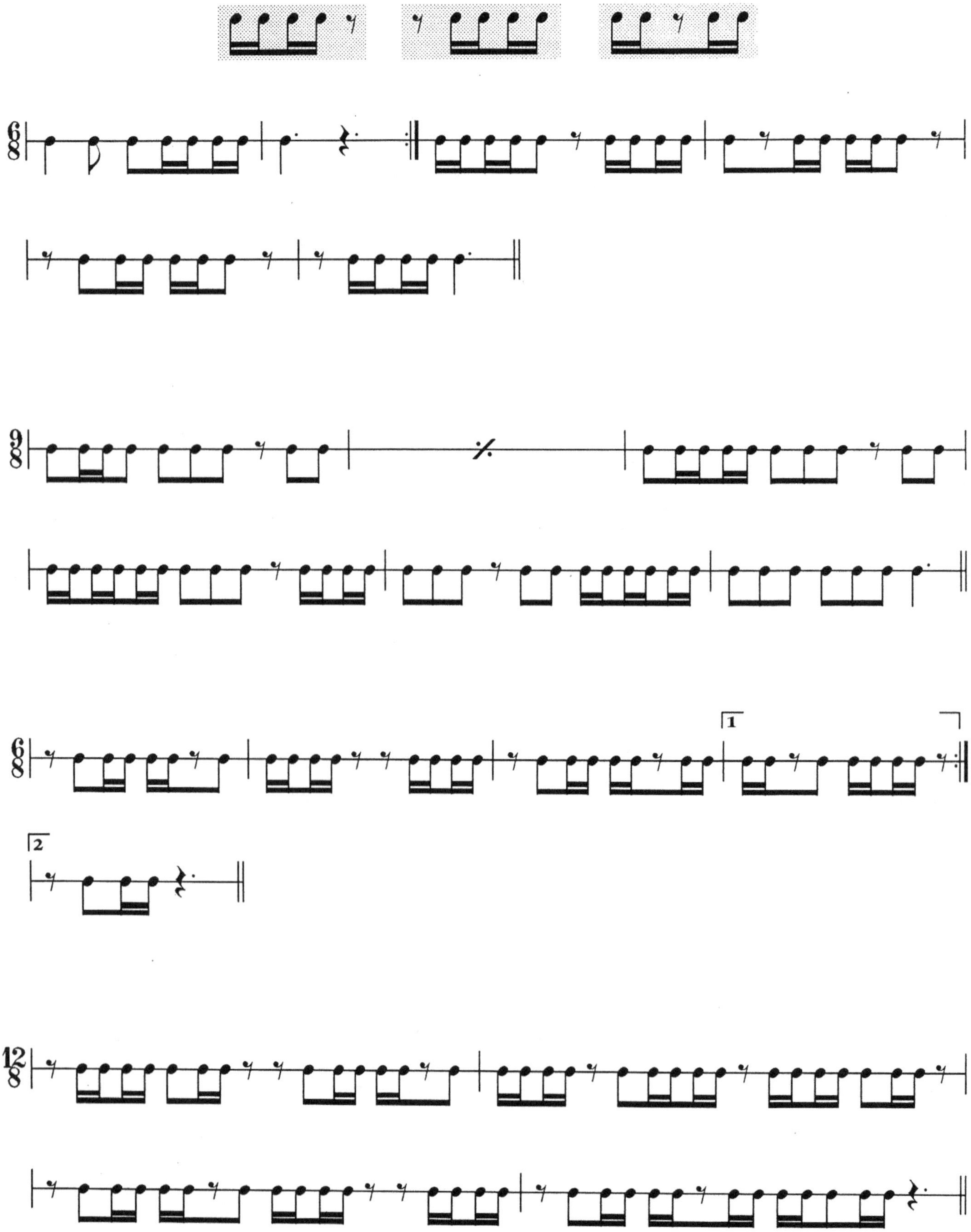

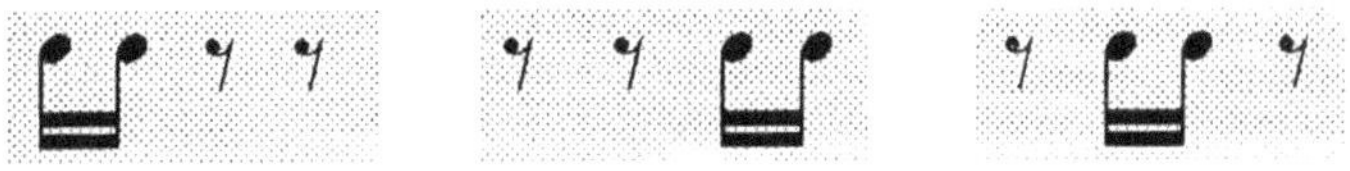

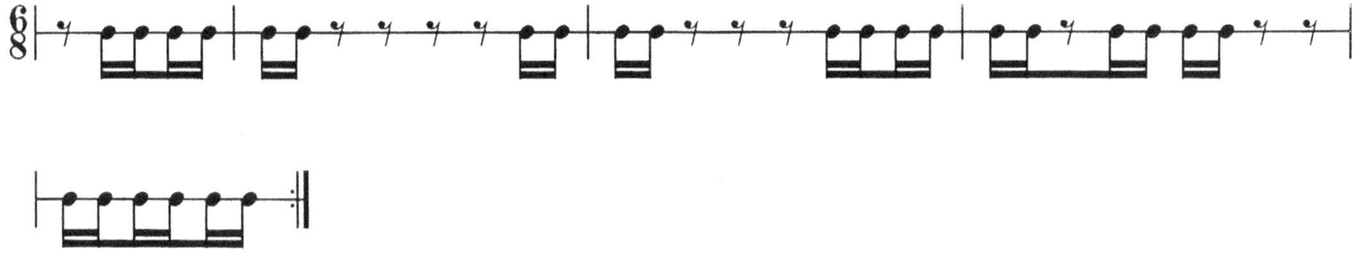

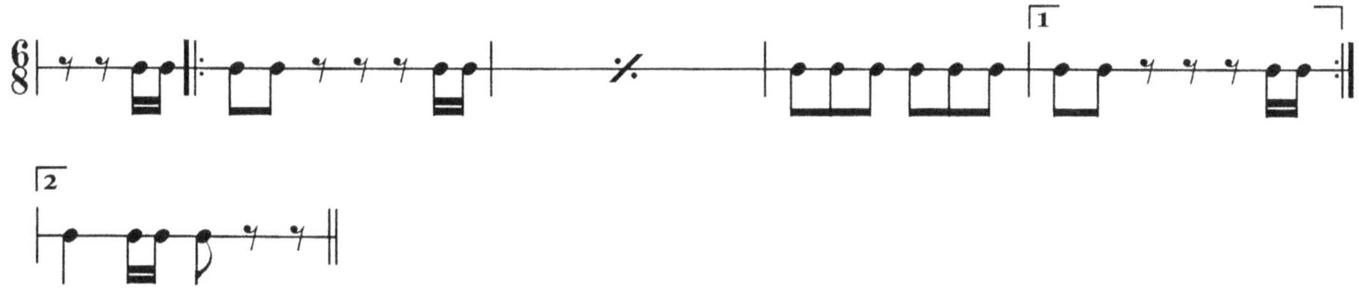

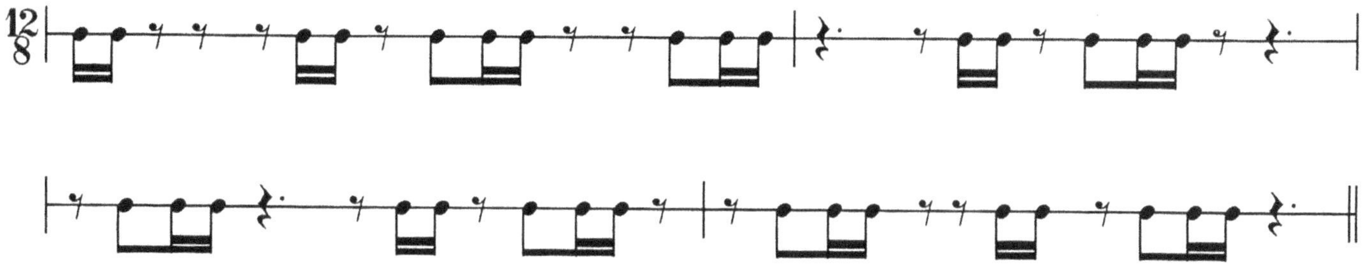

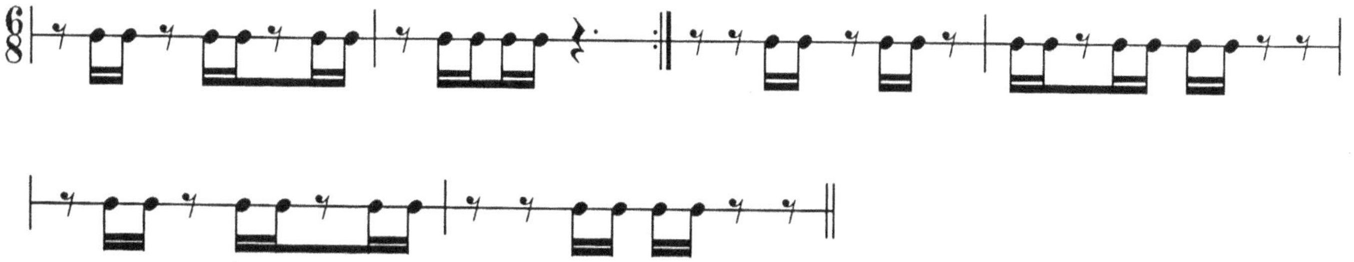

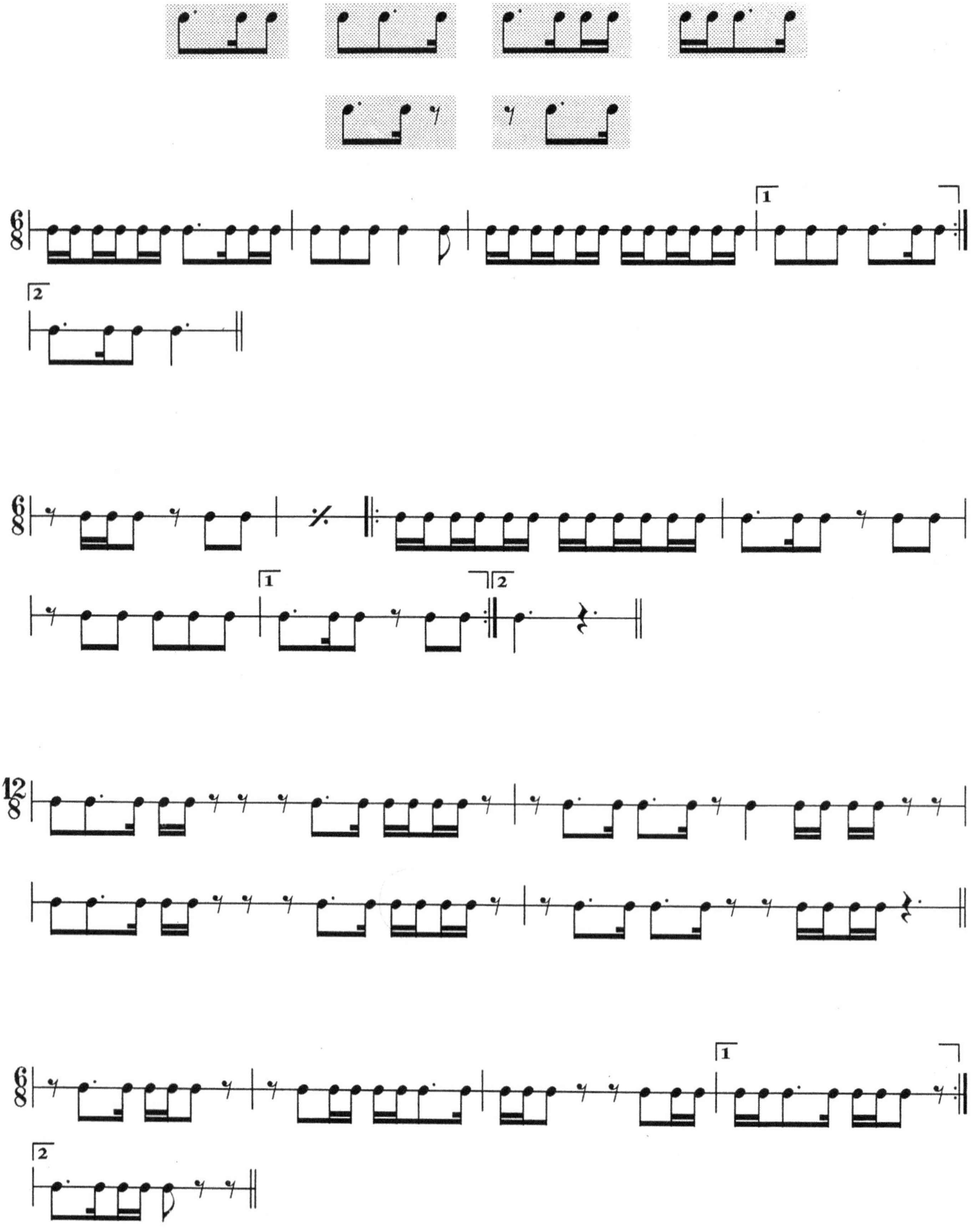

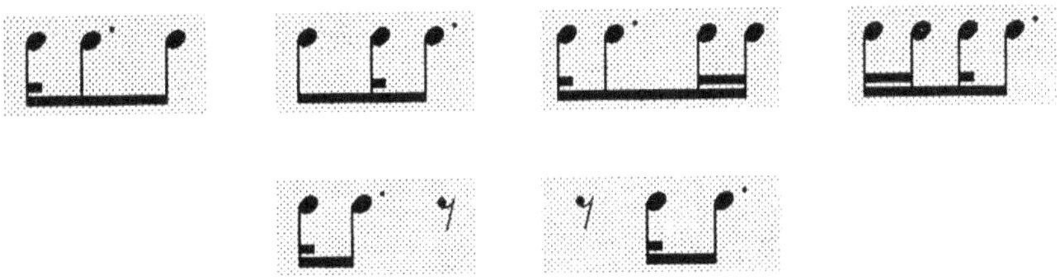

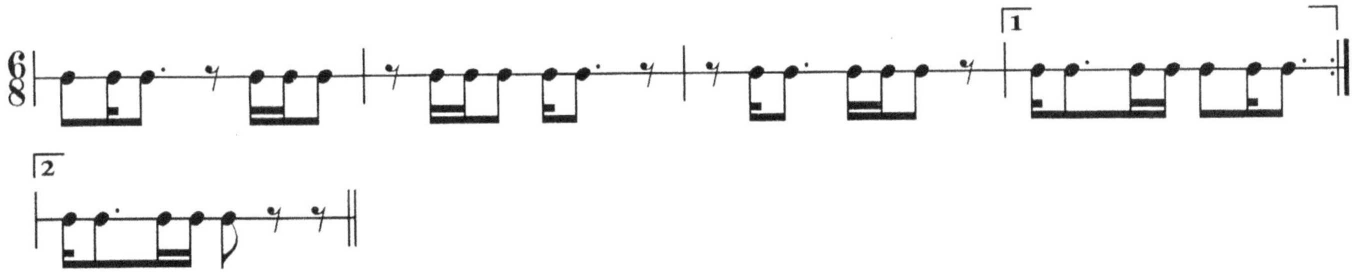

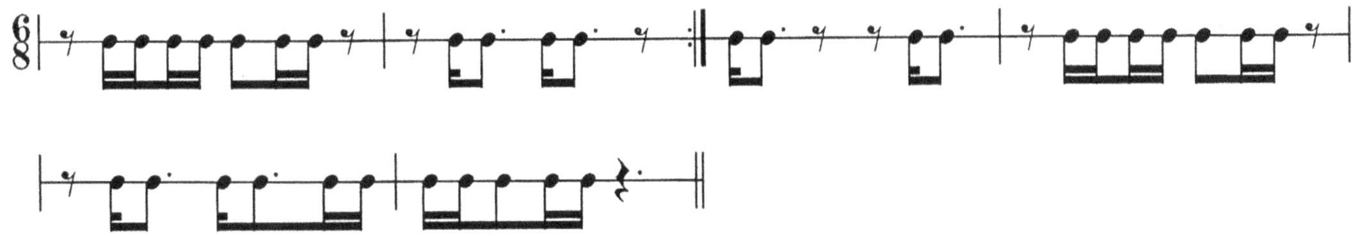

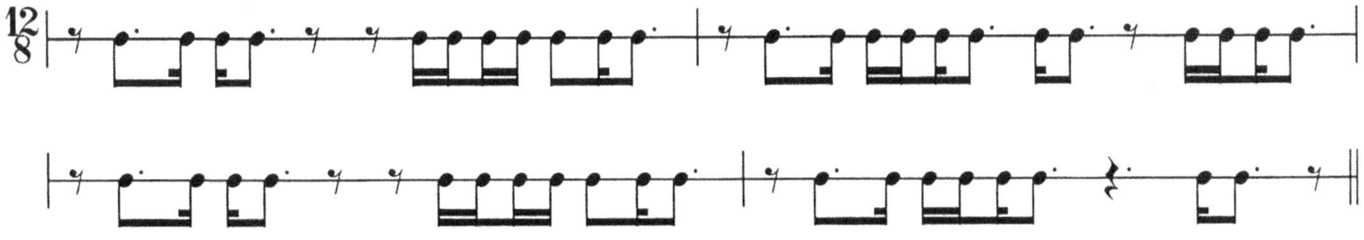

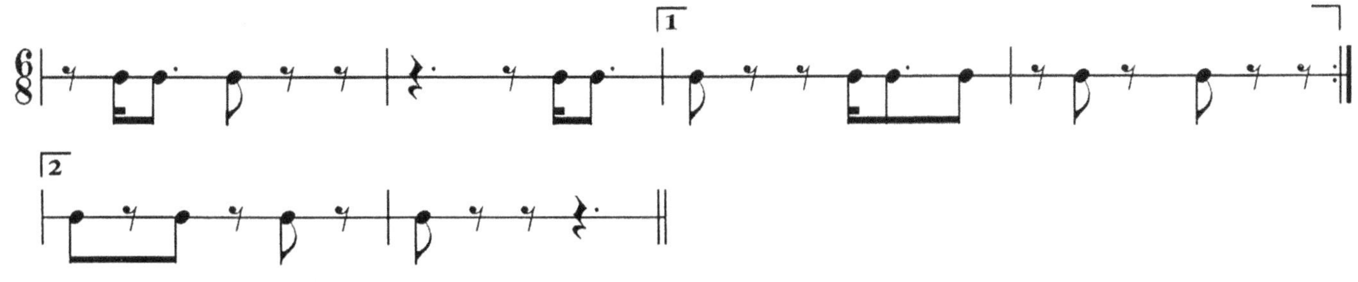

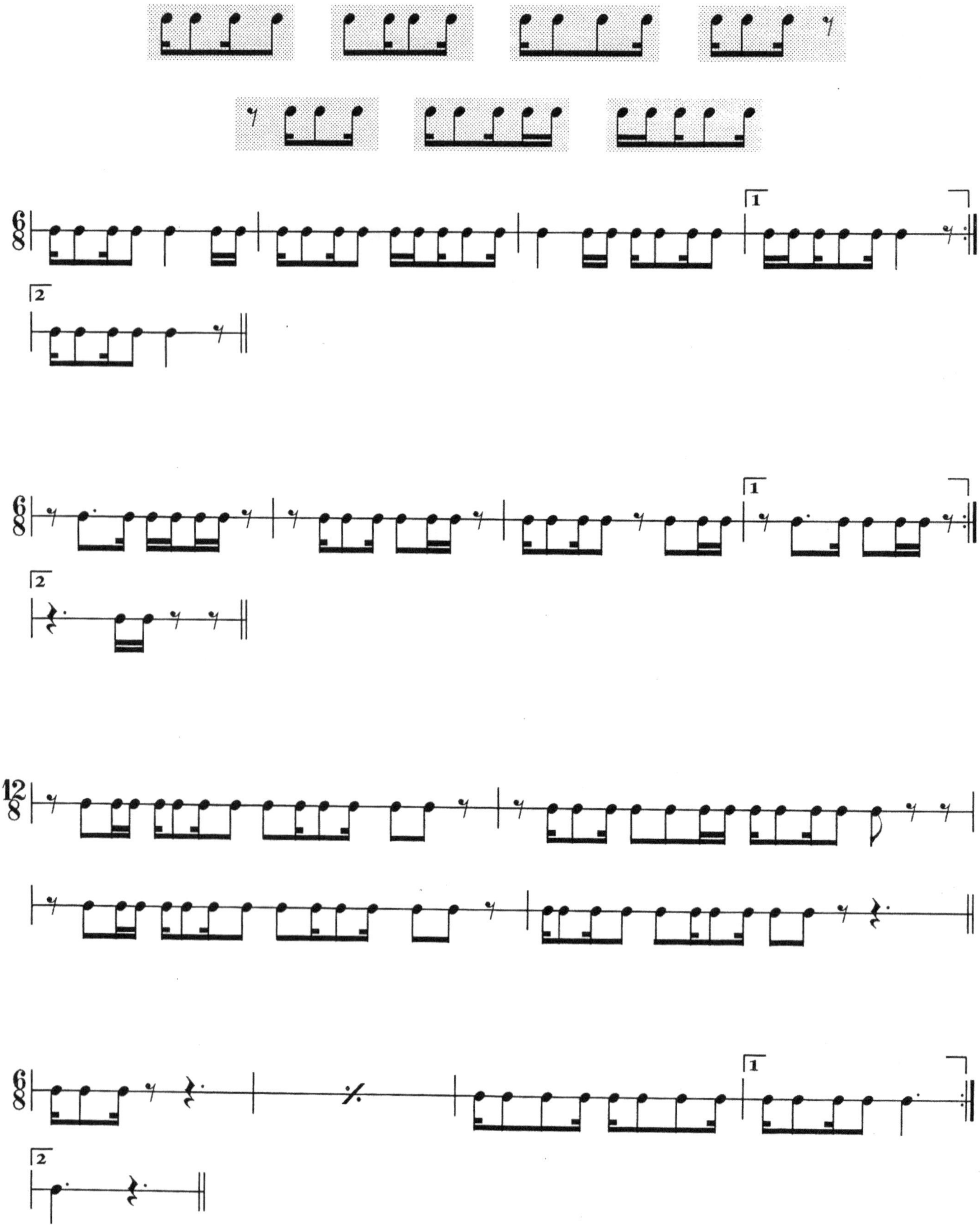
6/8
1
2
6/8
1
2
12/8
6/8
1
2

Com pausas de semicolcheia
With pauses of sixteenth note

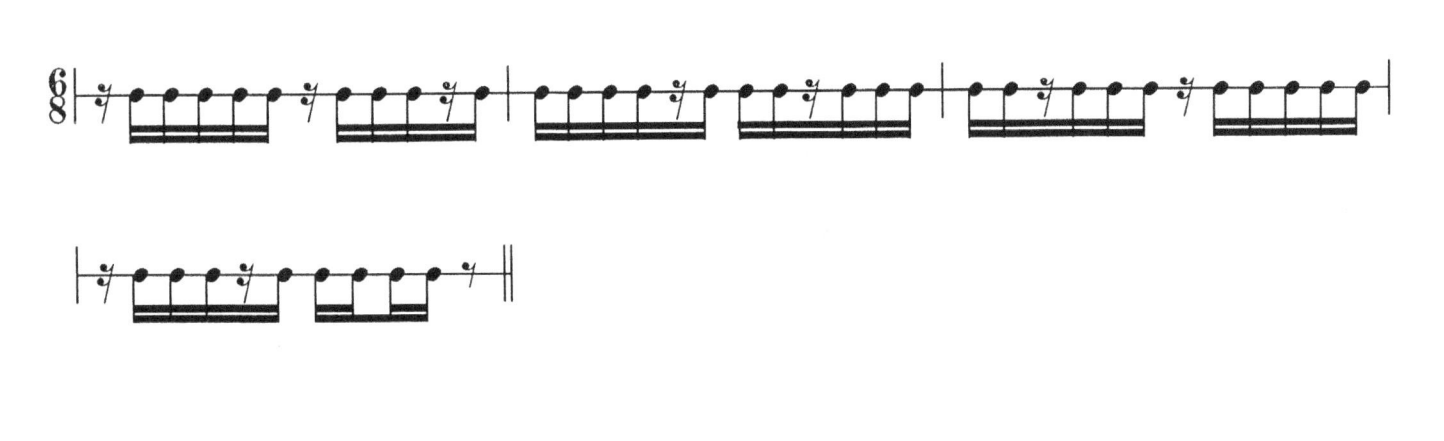

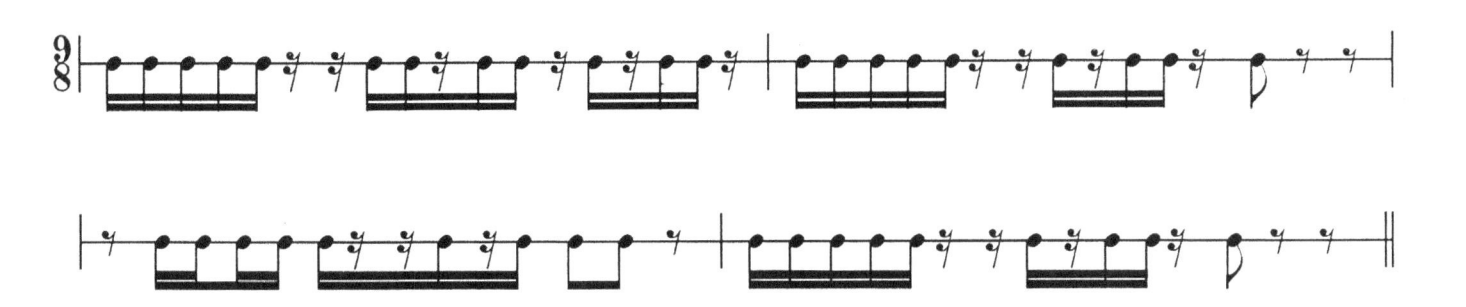

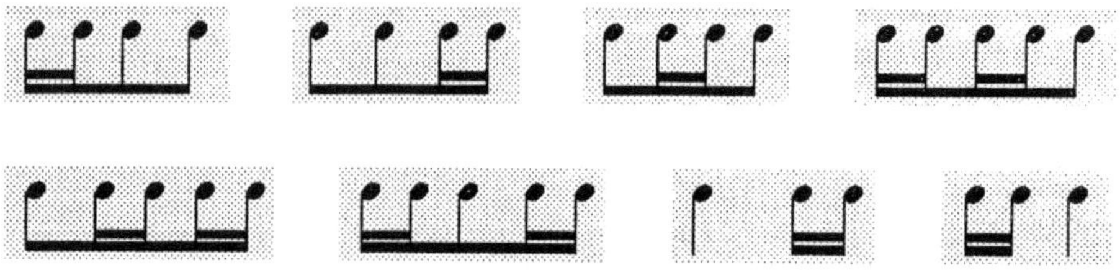

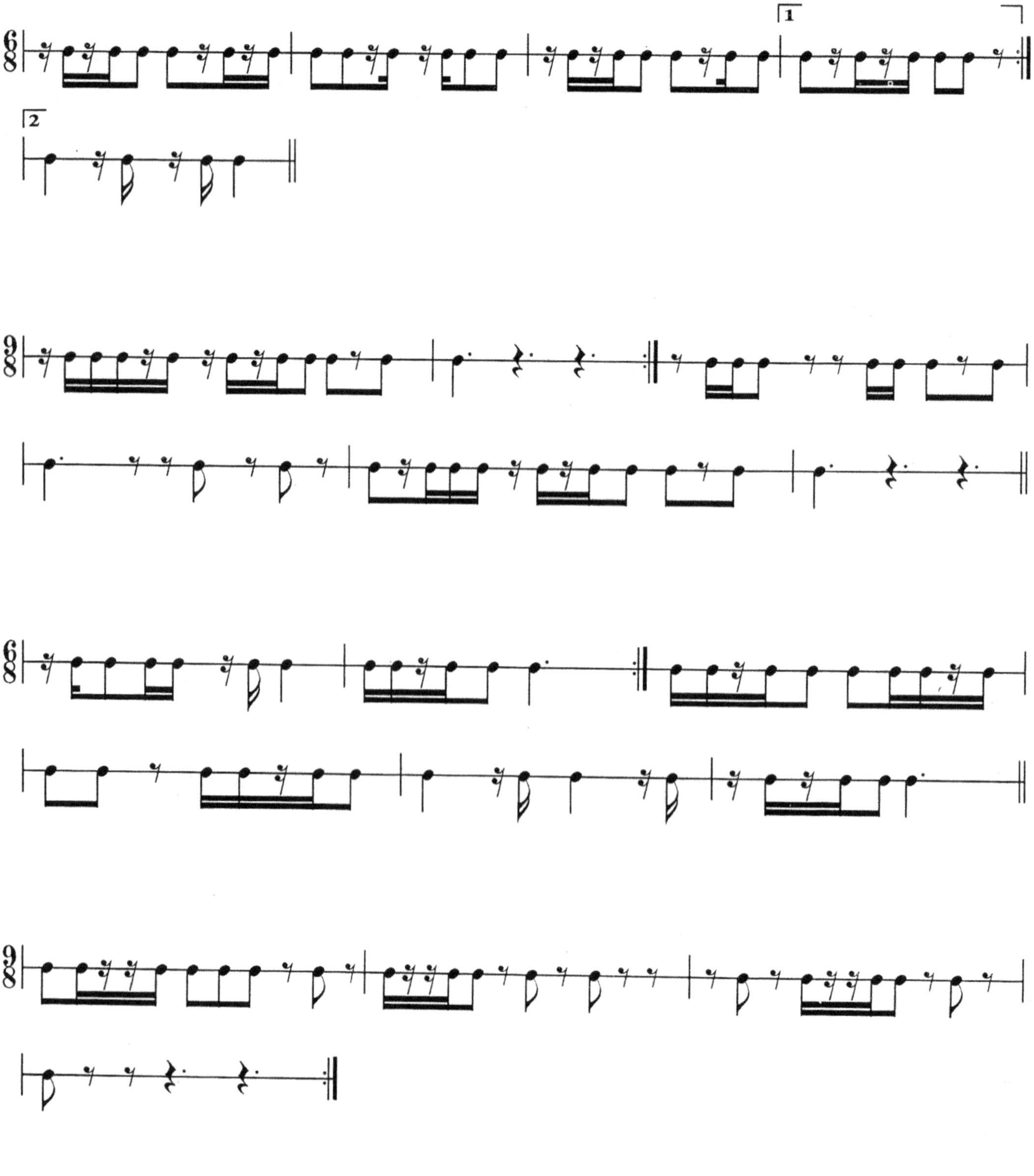

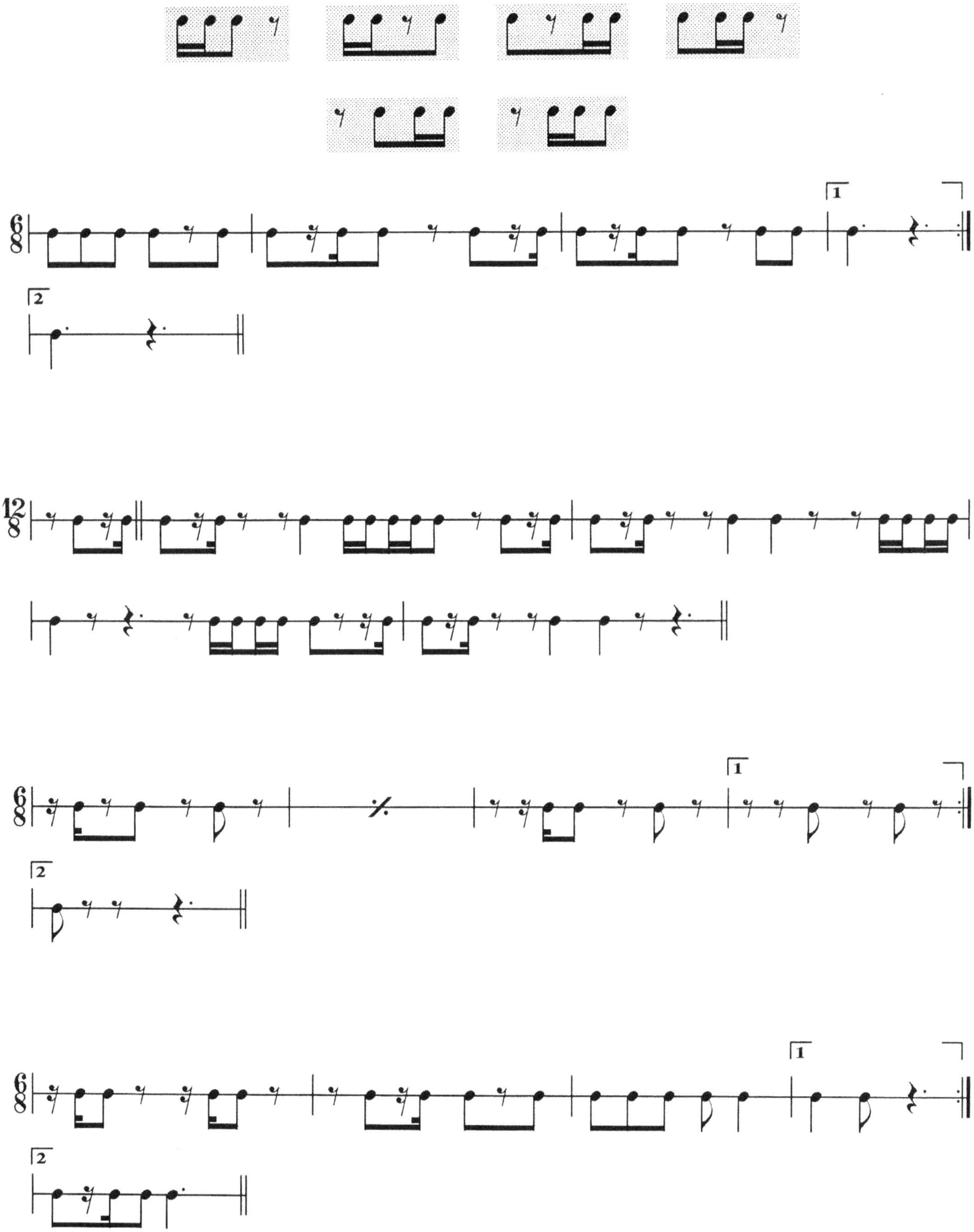

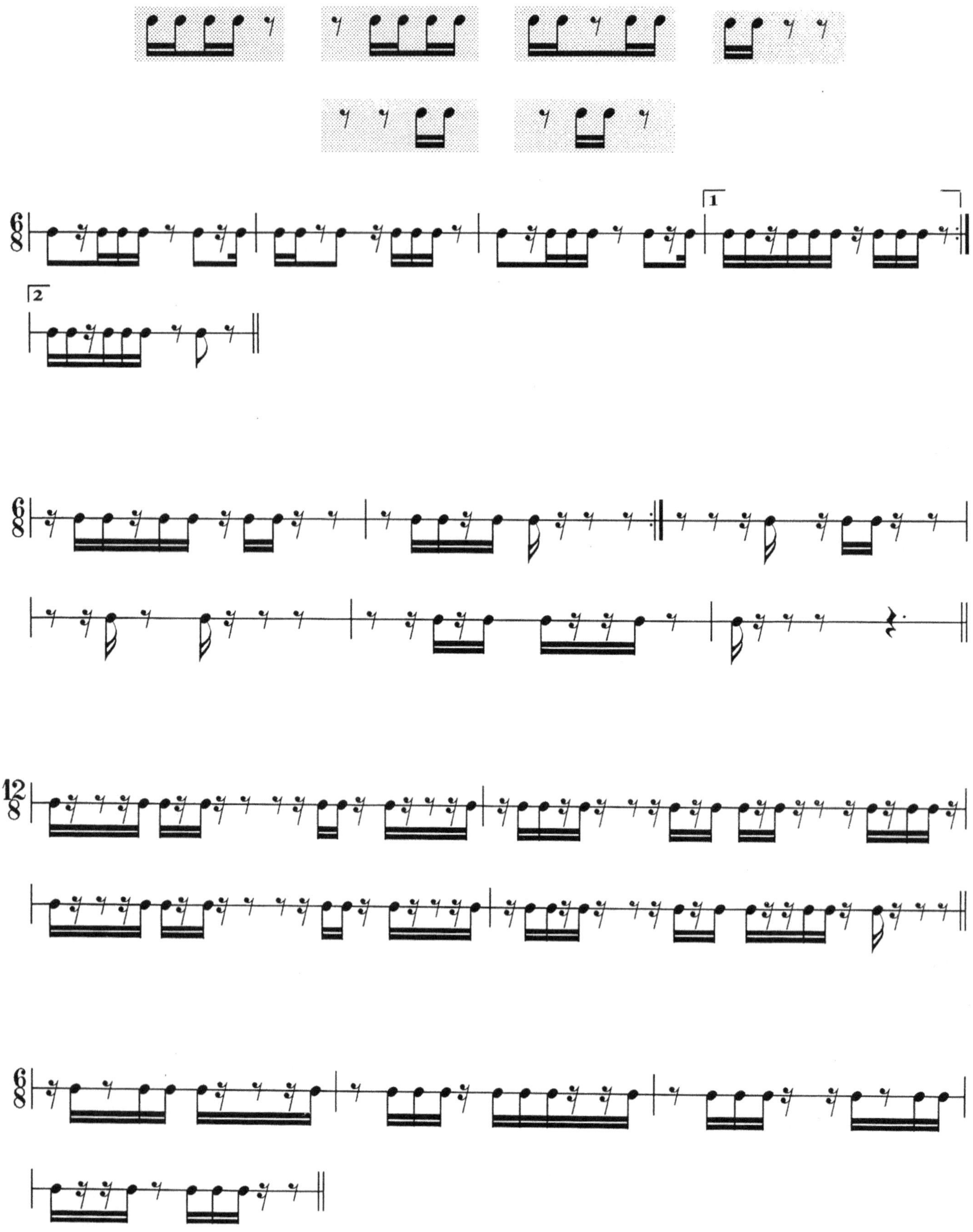

Pausa de semicolcheia nos clichês pontuados e sincopados
Pause of sixteenth note on the syncopated and dotted clichés

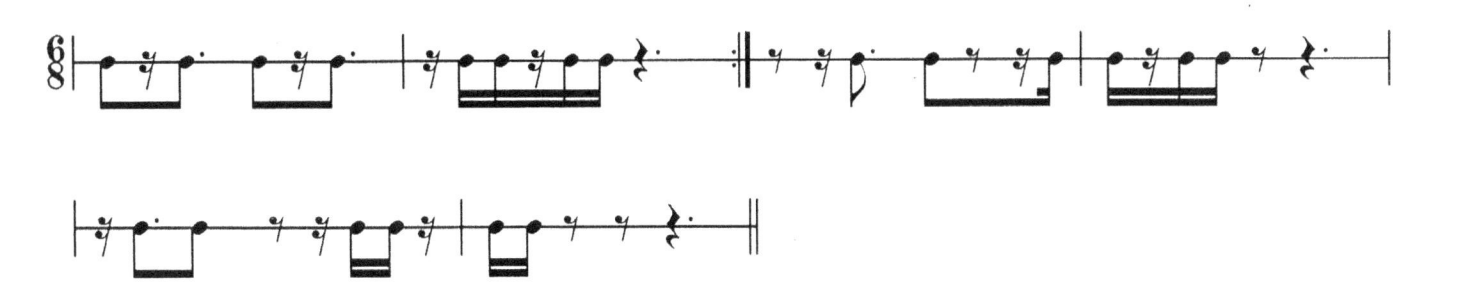

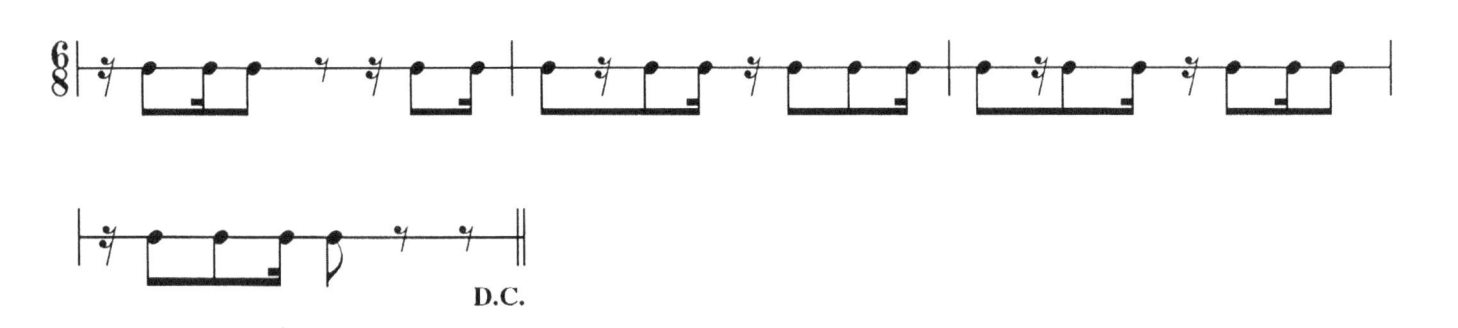

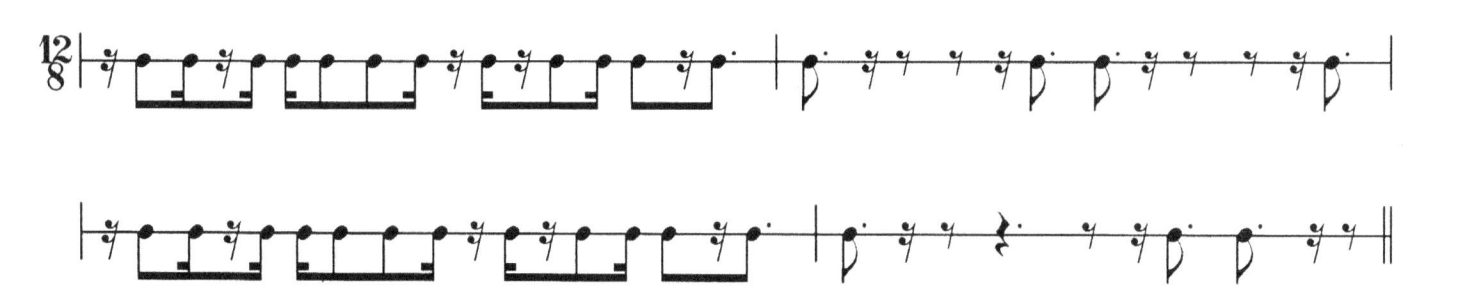

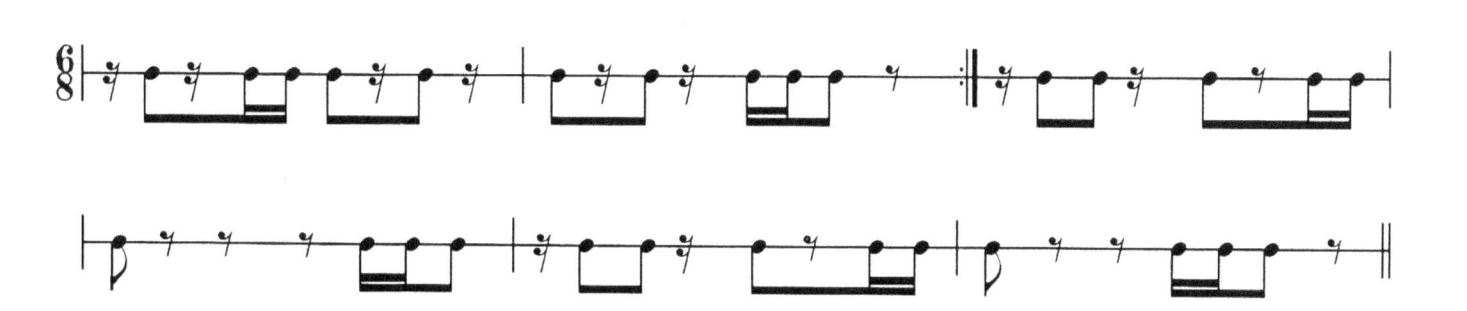

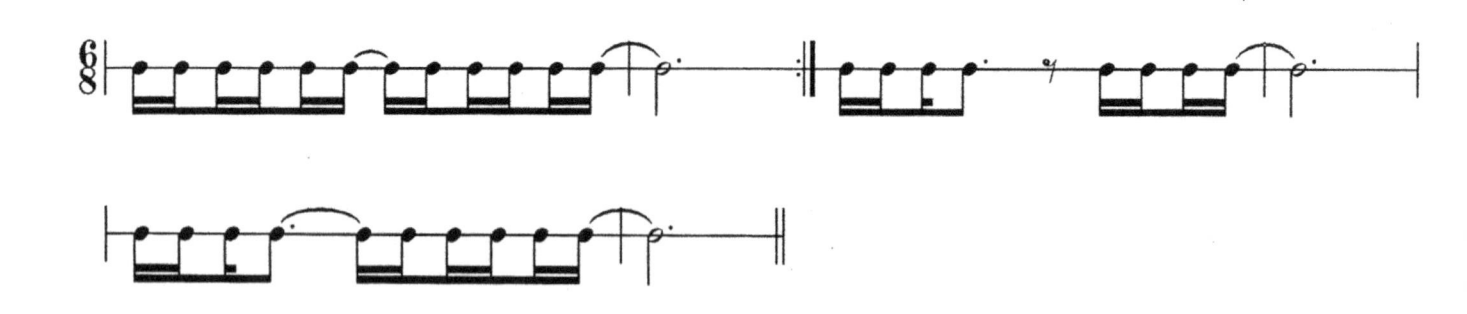

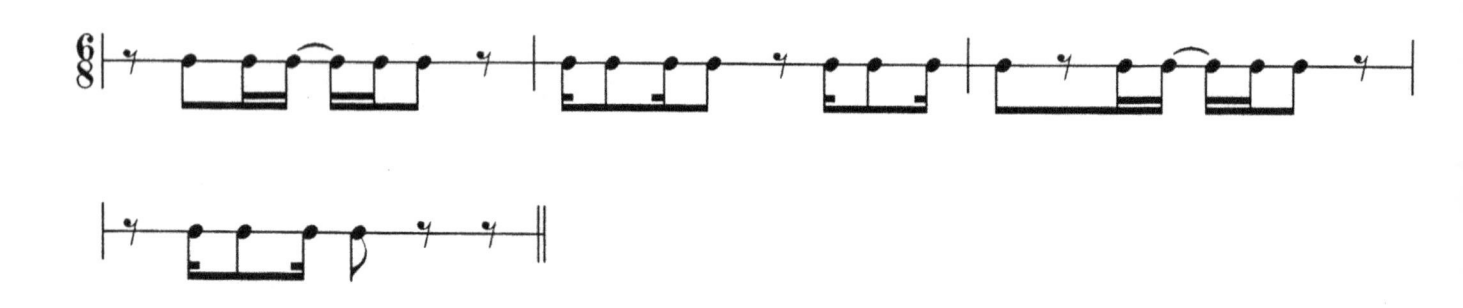

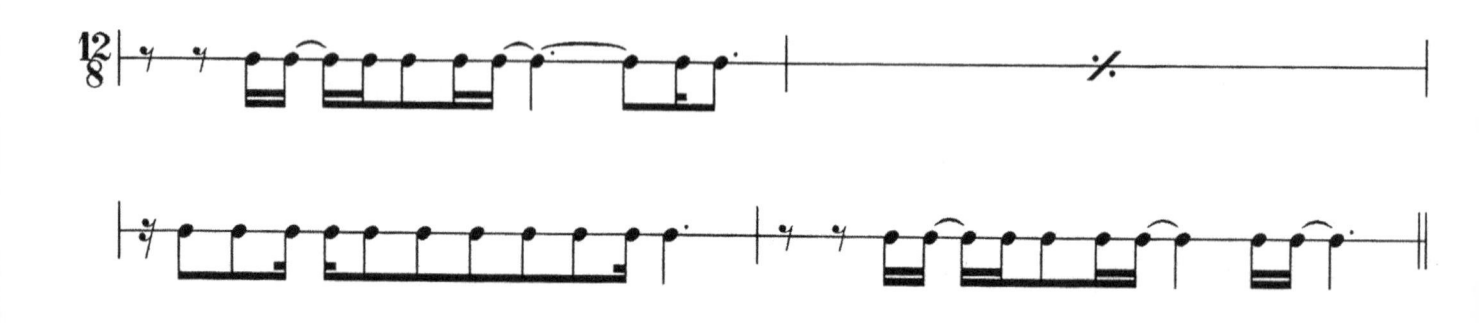

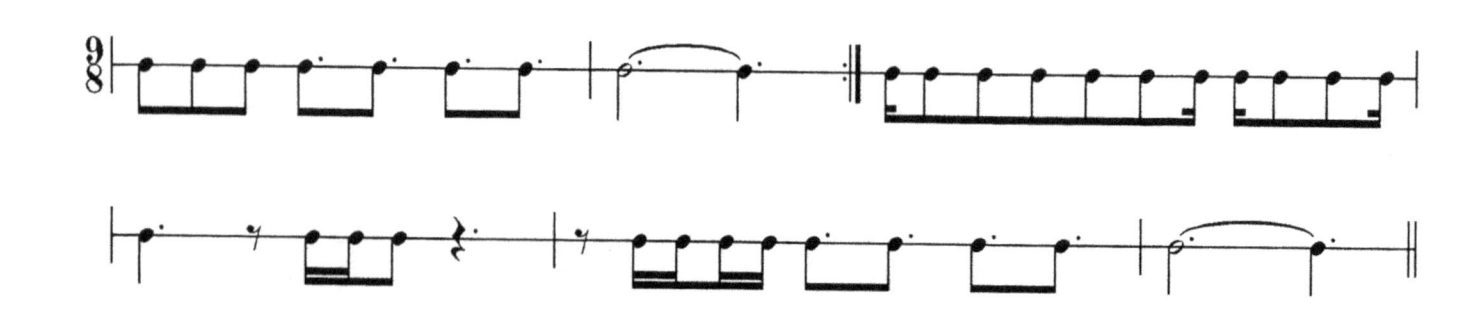

Com ligaduras
With slurs

D.C. al F.
(sem rep.)
(without rep.)

Com ligaduras e pausas de semicolcheia
With slurs and pauses of sixteenth note

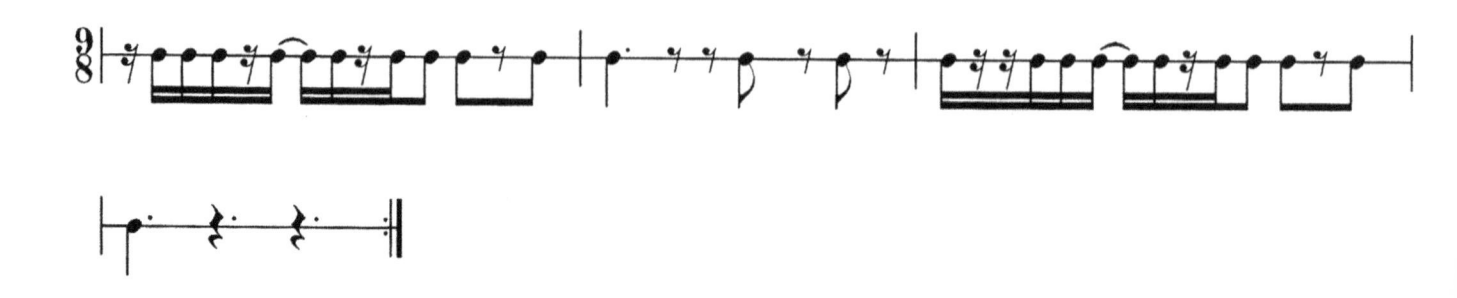

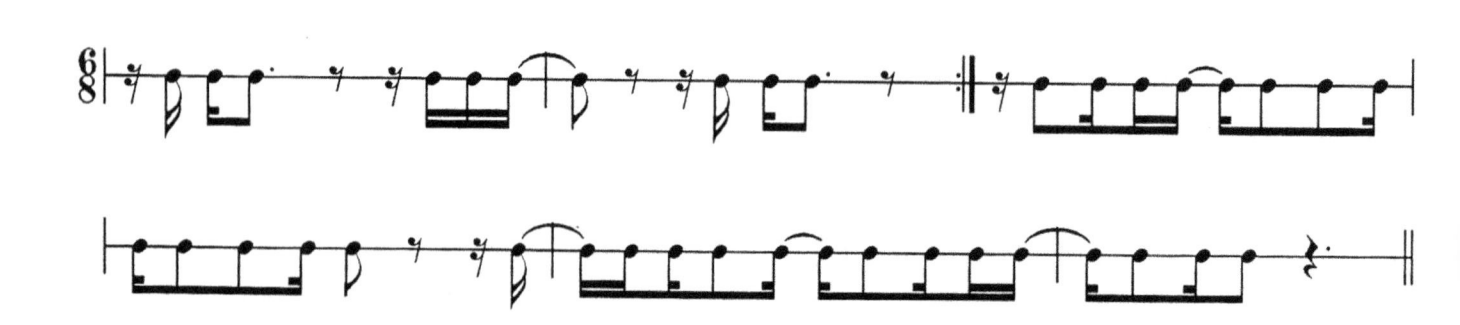

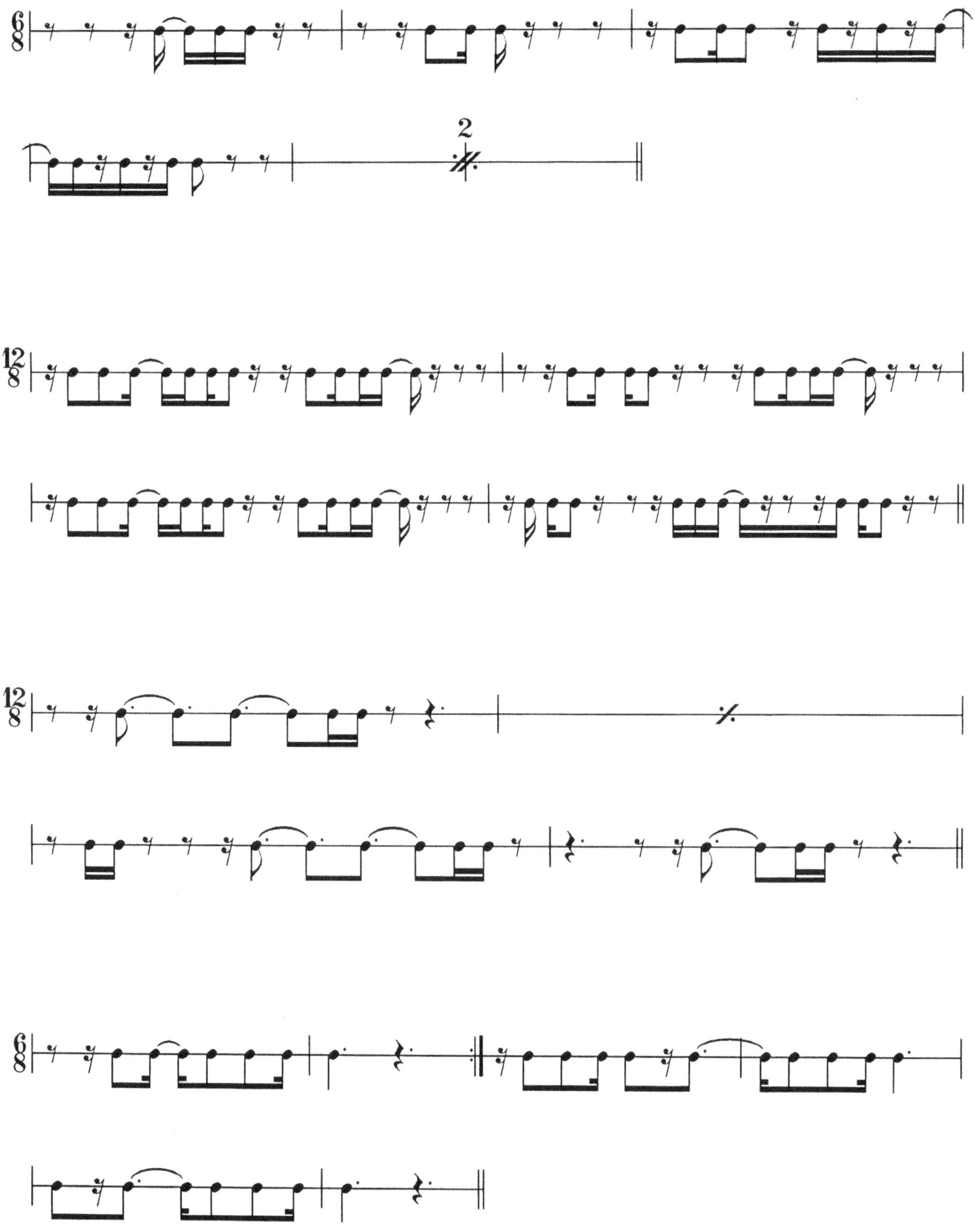
2

Leitura a duas vozes alternadas
Reading in two alternated voices

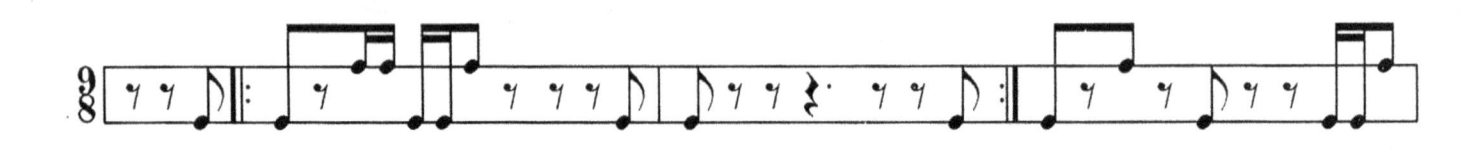

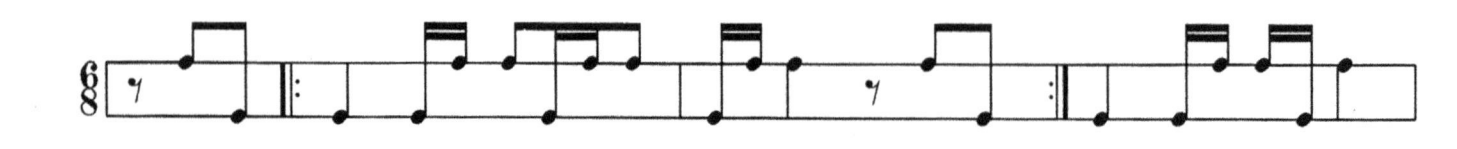

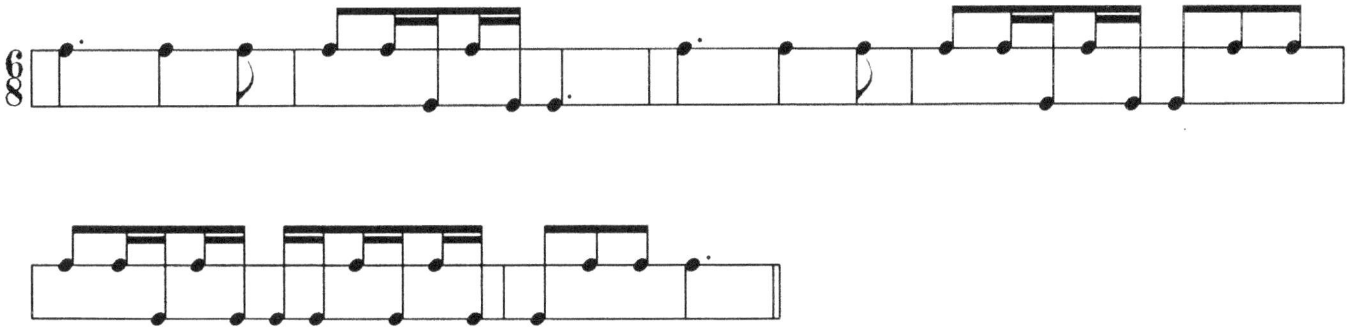

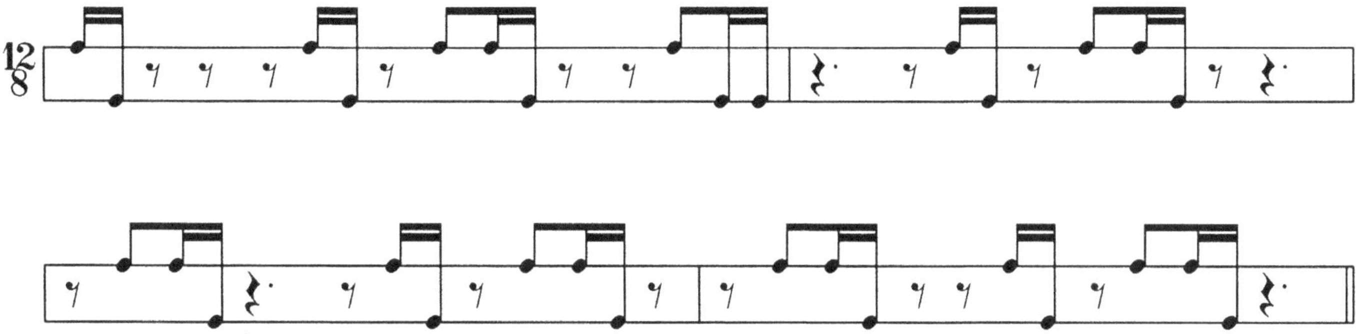

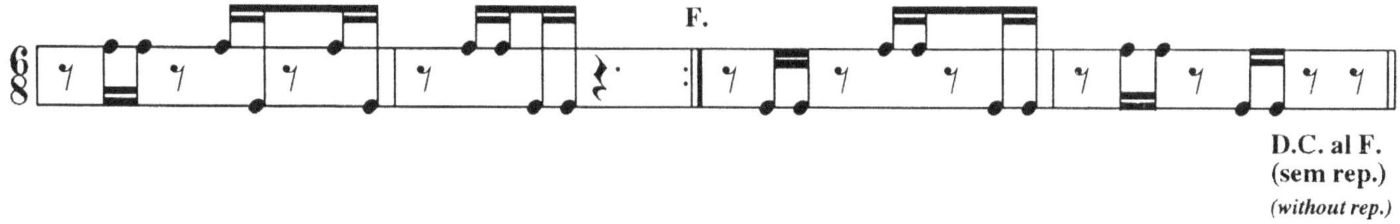
F.
D.C. al F.
(sem rep.)
(without rep.)

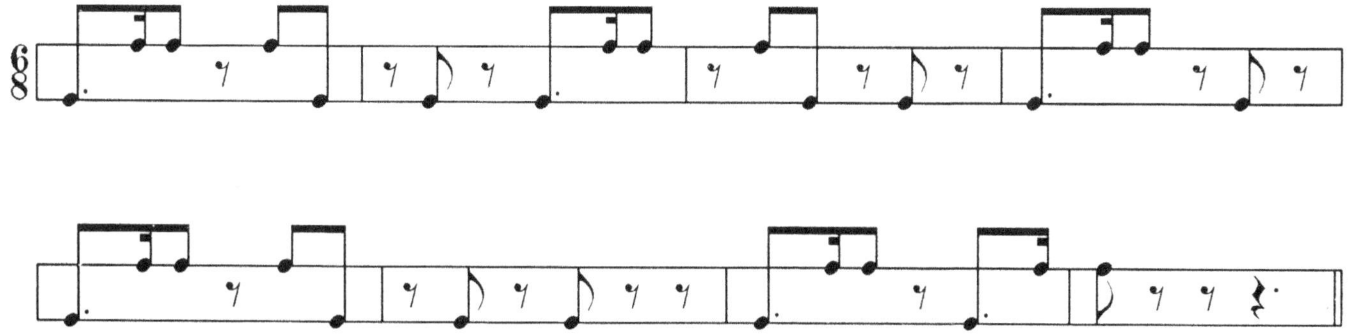

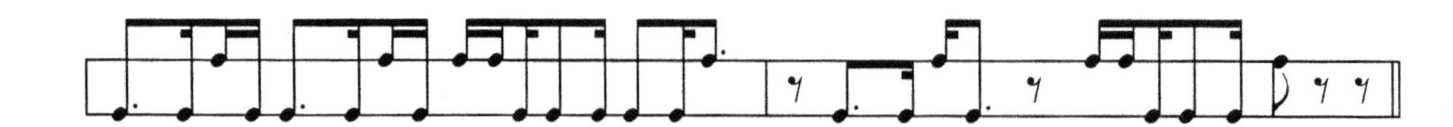

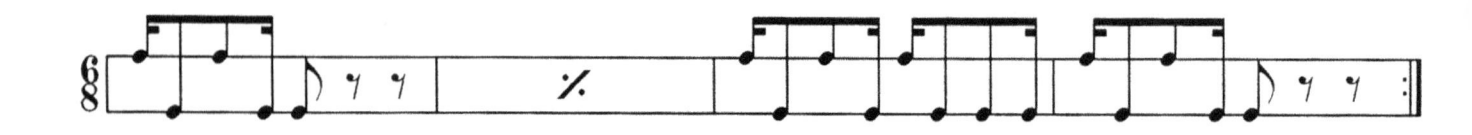

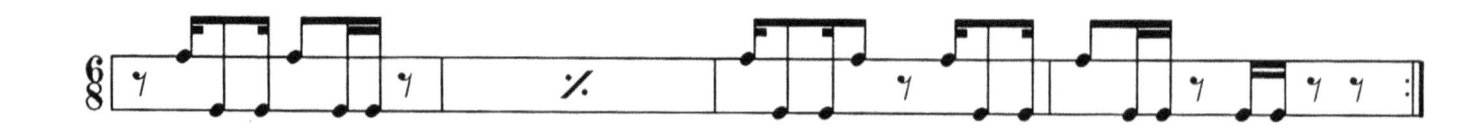

Com pausas de semicolcheia
With pauses of sixteenth note

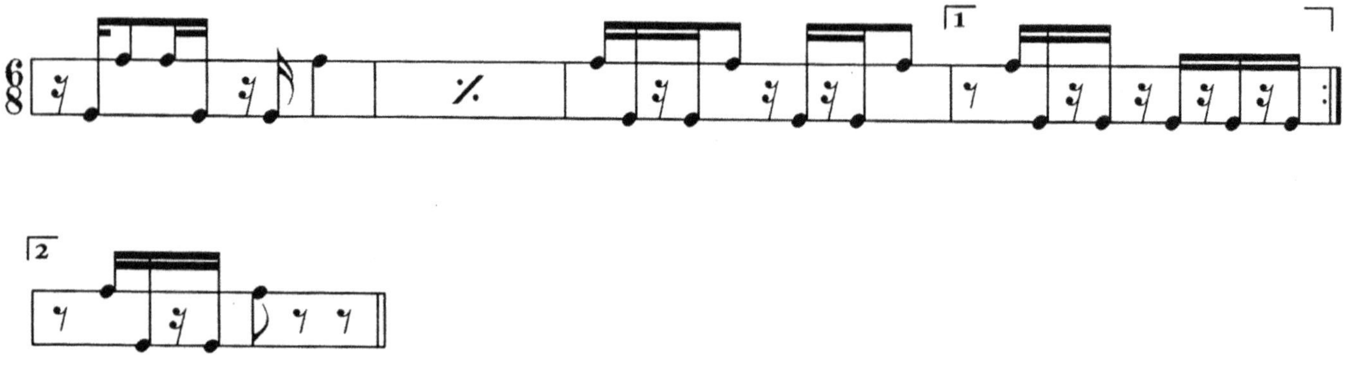

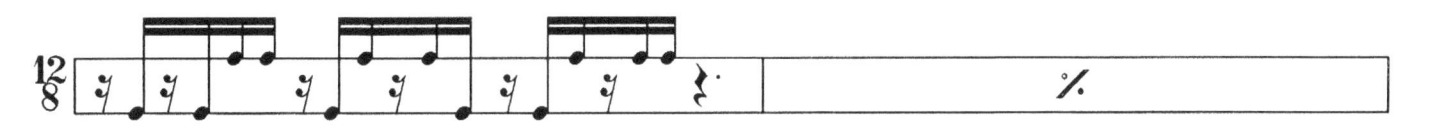

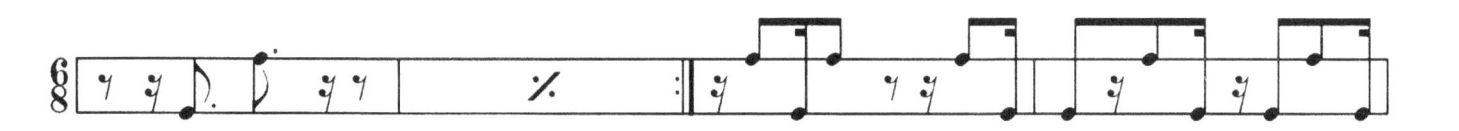

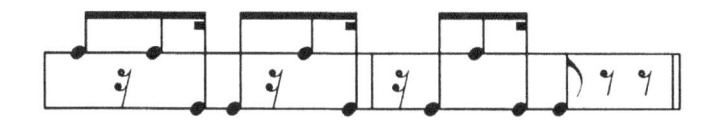

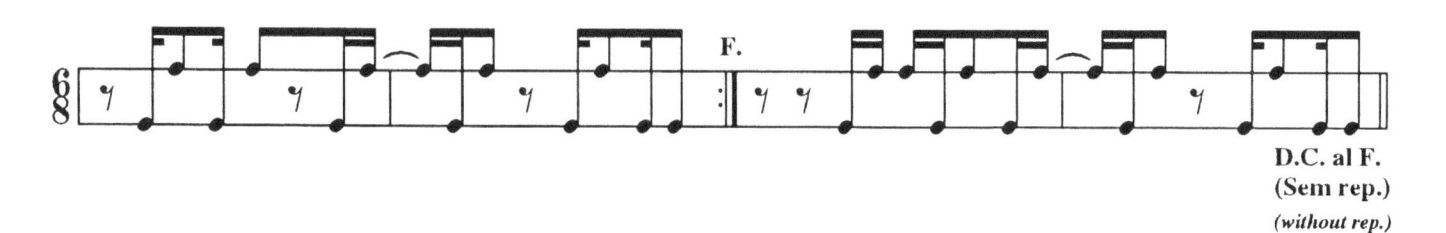

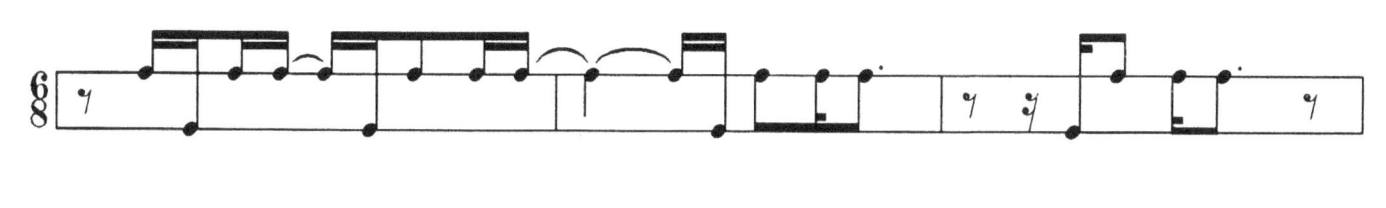

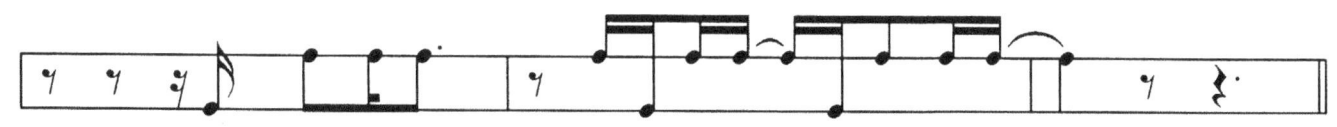

Com ligaduras
With slurs

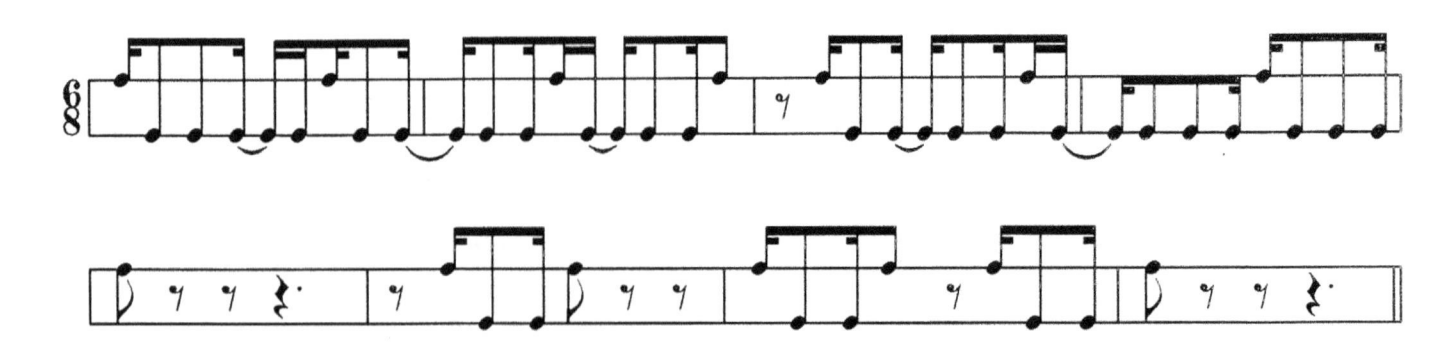

Com ligaduras e pausas de semicolcheia
With slurs and pauses of sixteenth note

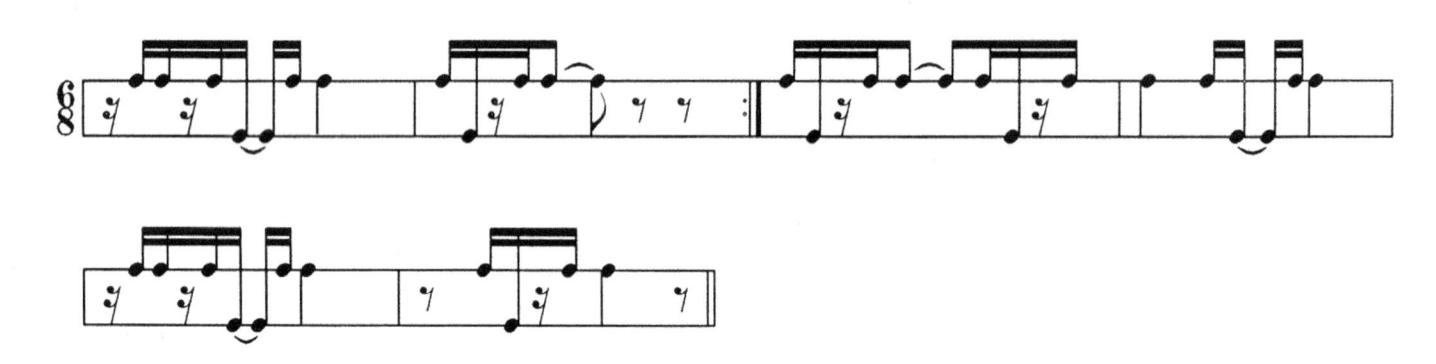

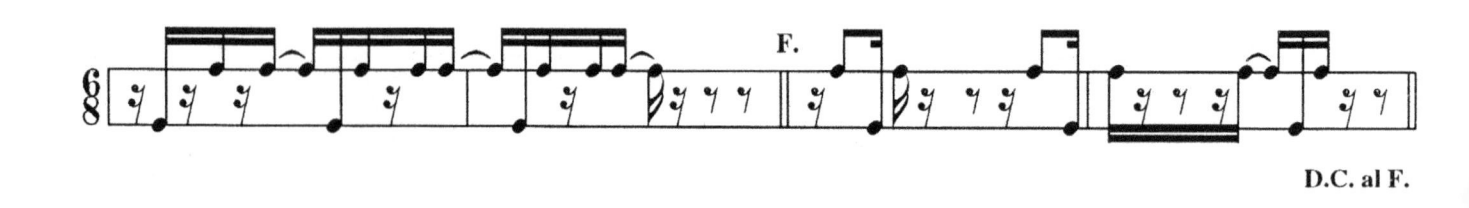

Leitura a duas vozes simultâneas
Reading in two simultaneous voices

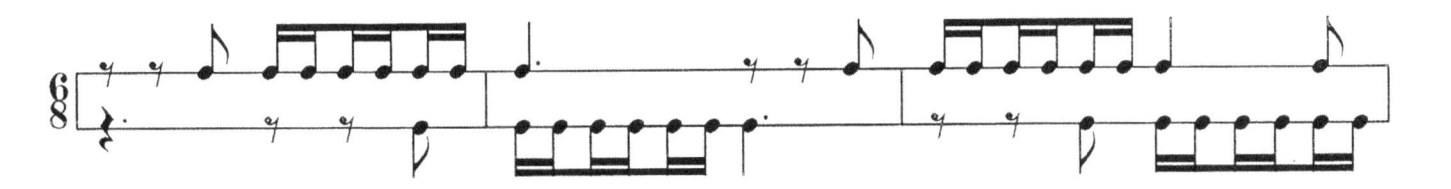

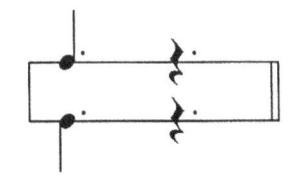

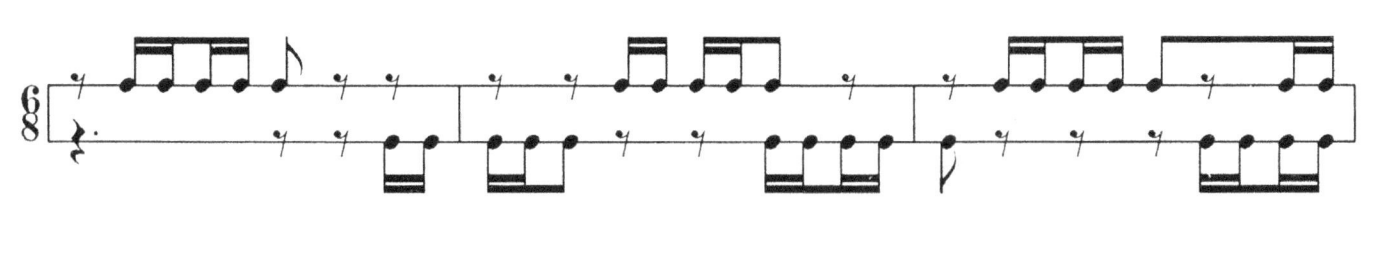

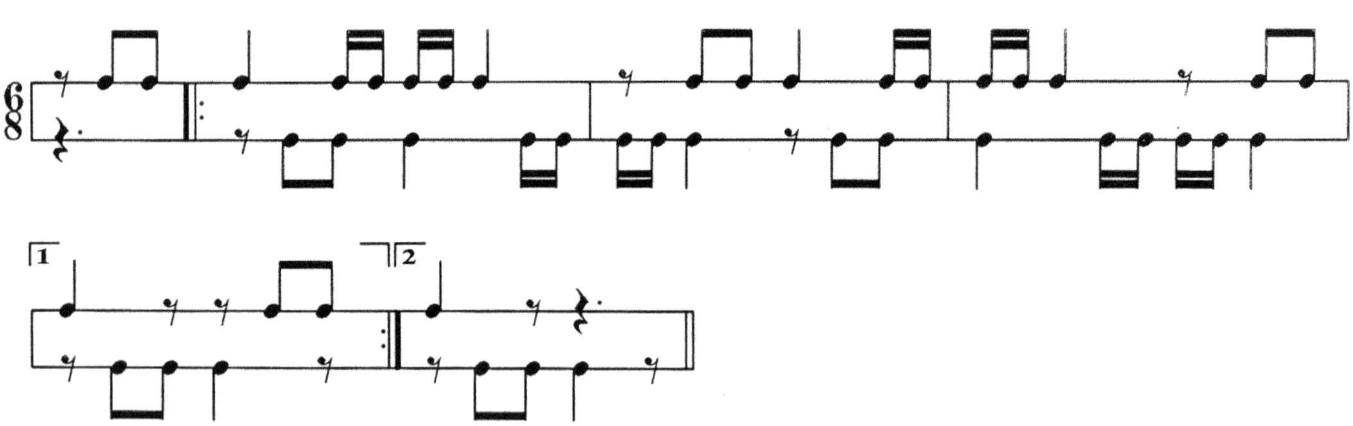
6
8
1
2

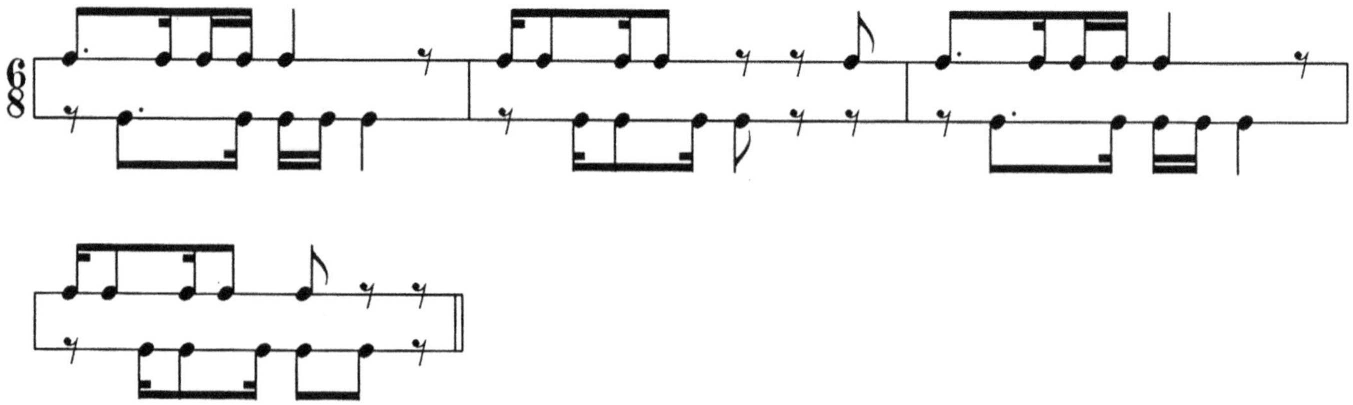
6
8

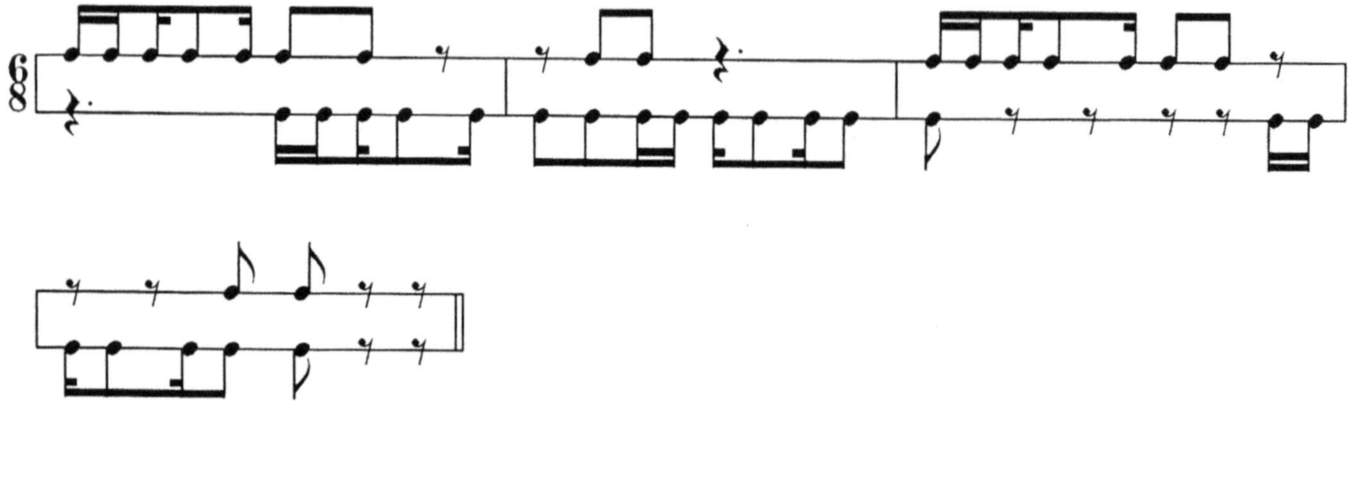
6
8

Com pausas de semicolcheia
With pauses of sixteenth note

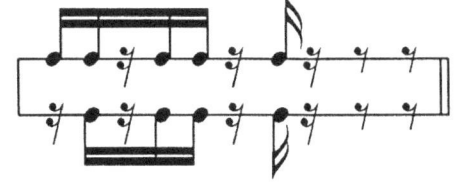

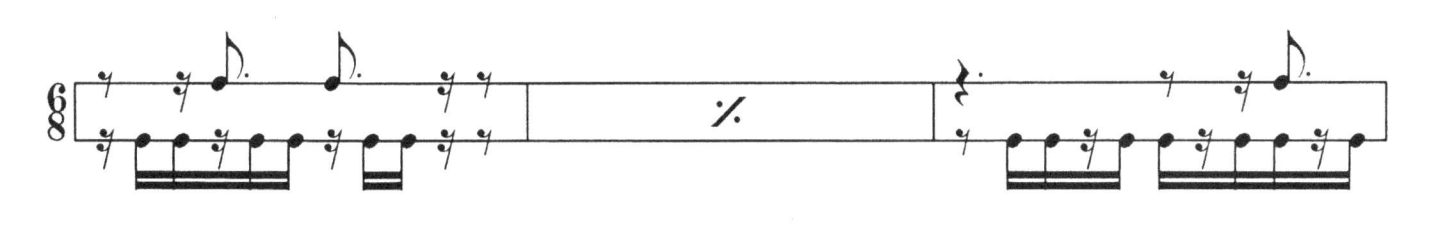

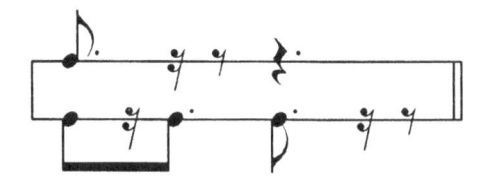

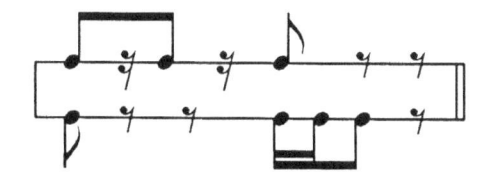

Com ligaduras
With slurs

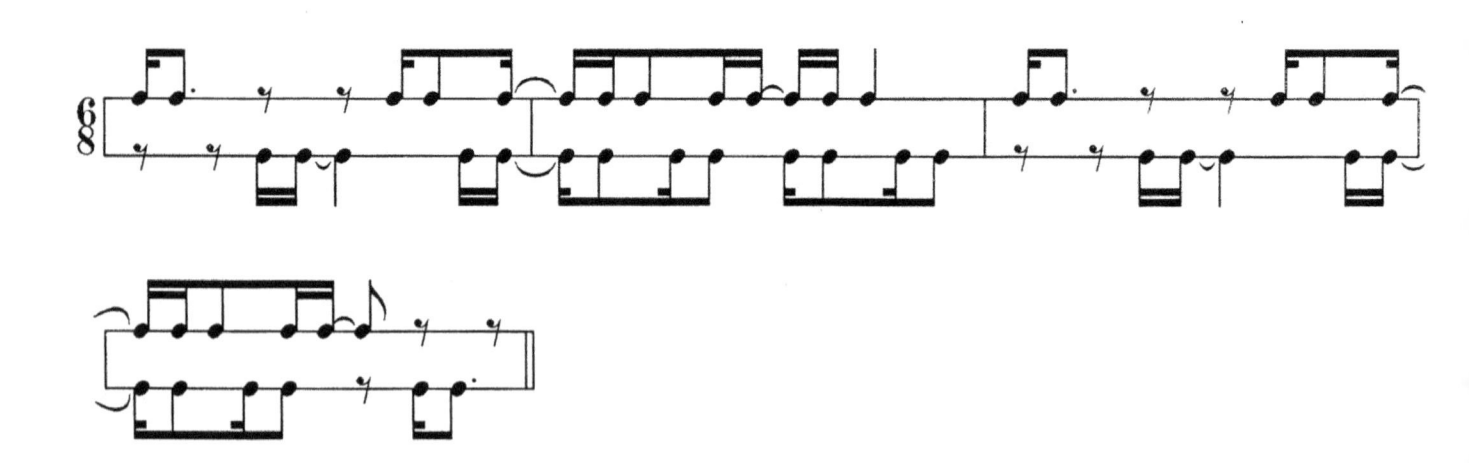

Com ligaduras e pausas de semicolcheia
With slurs and pauses of sixteenth note

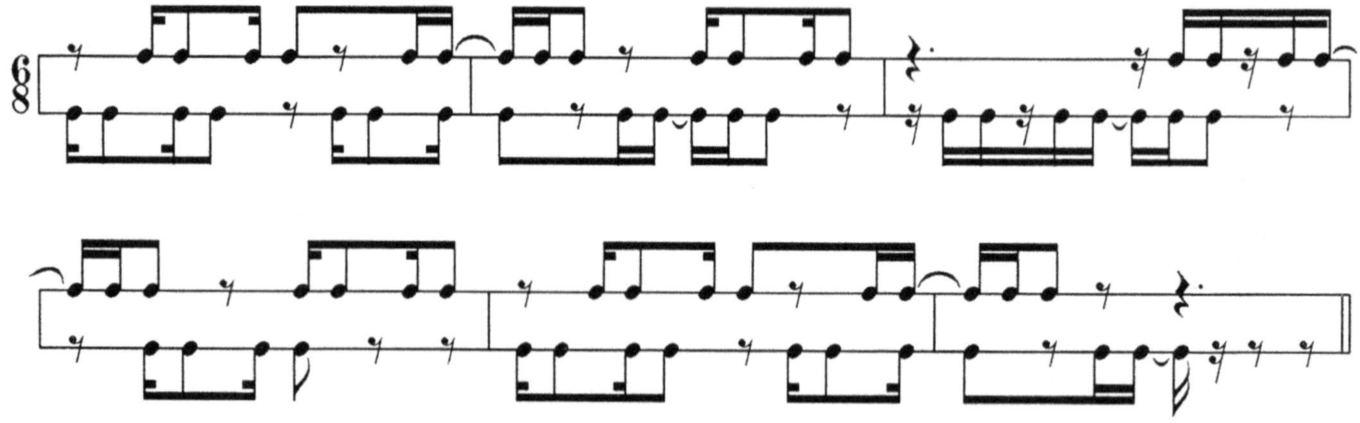

Percepção a uma voz
Ear-training in one voice

Professor: executa
Aluno: ouve, memoriza, repete e escreve

Teacher: plays
Student: listens, memorizes, repeats and then writes

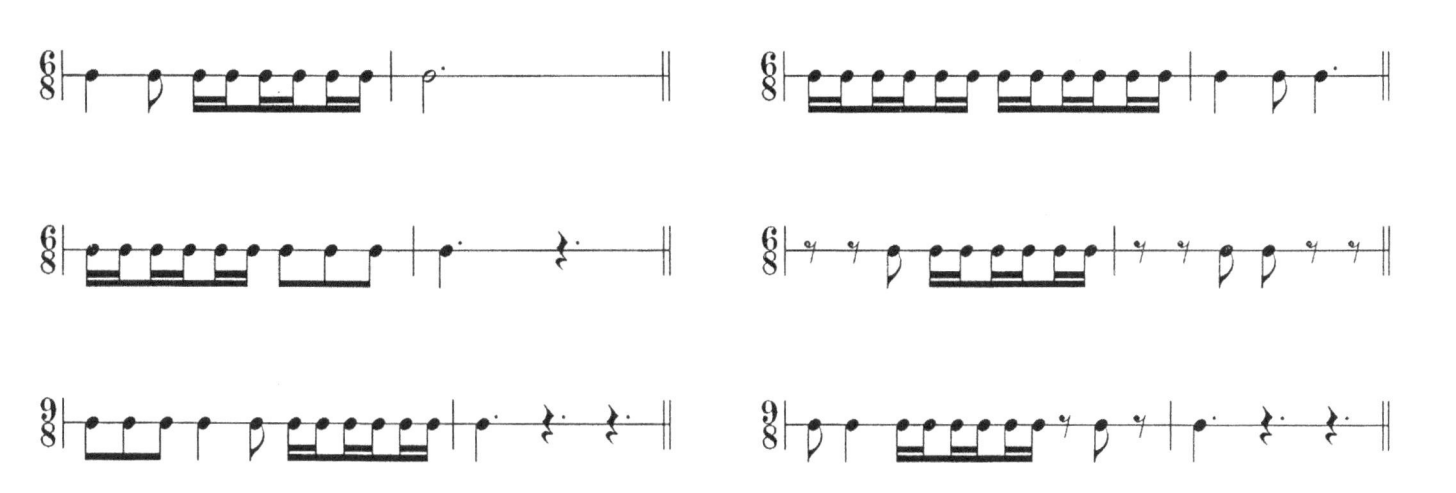

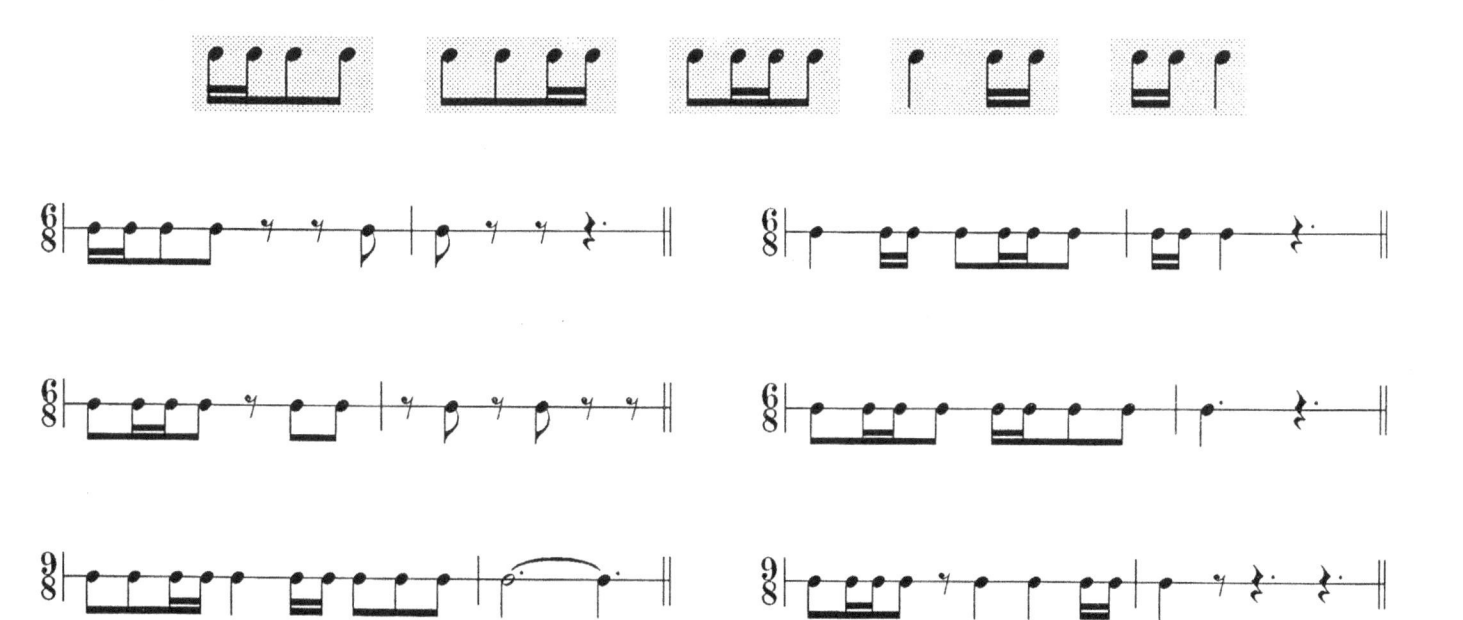

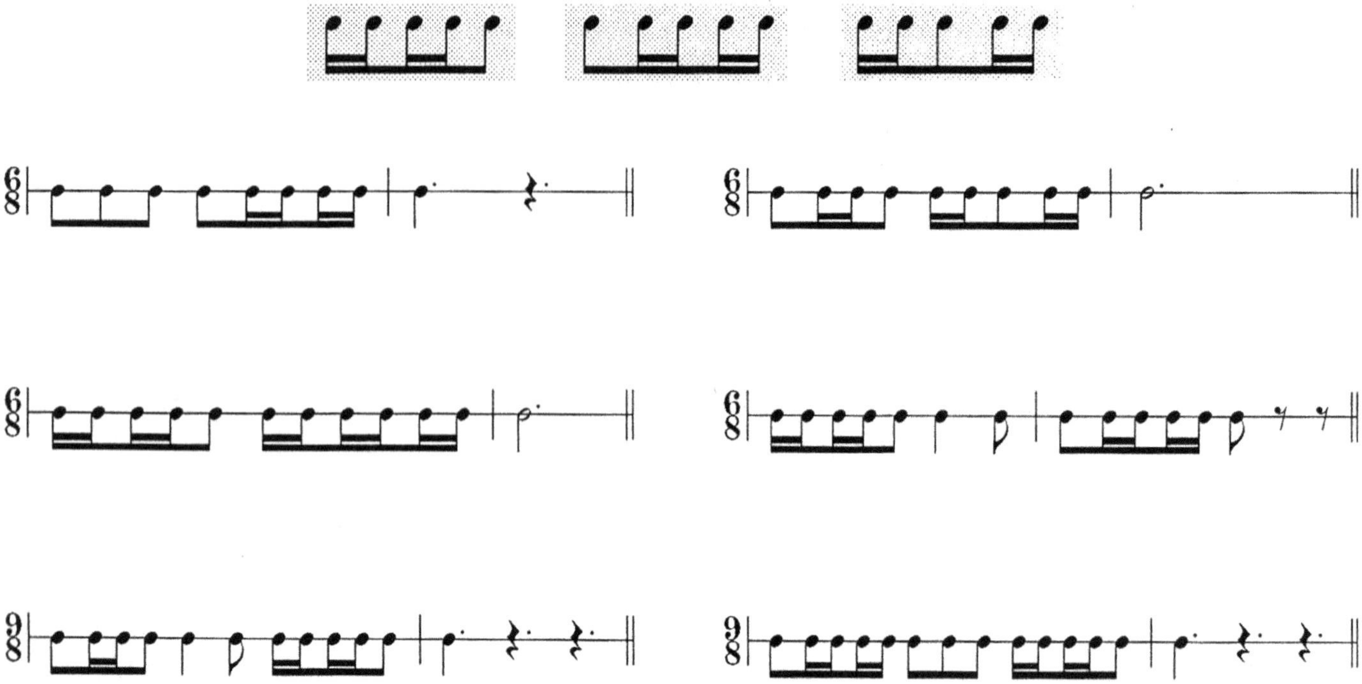
6
8
6
8
6
8
6
8
9
8
9
8

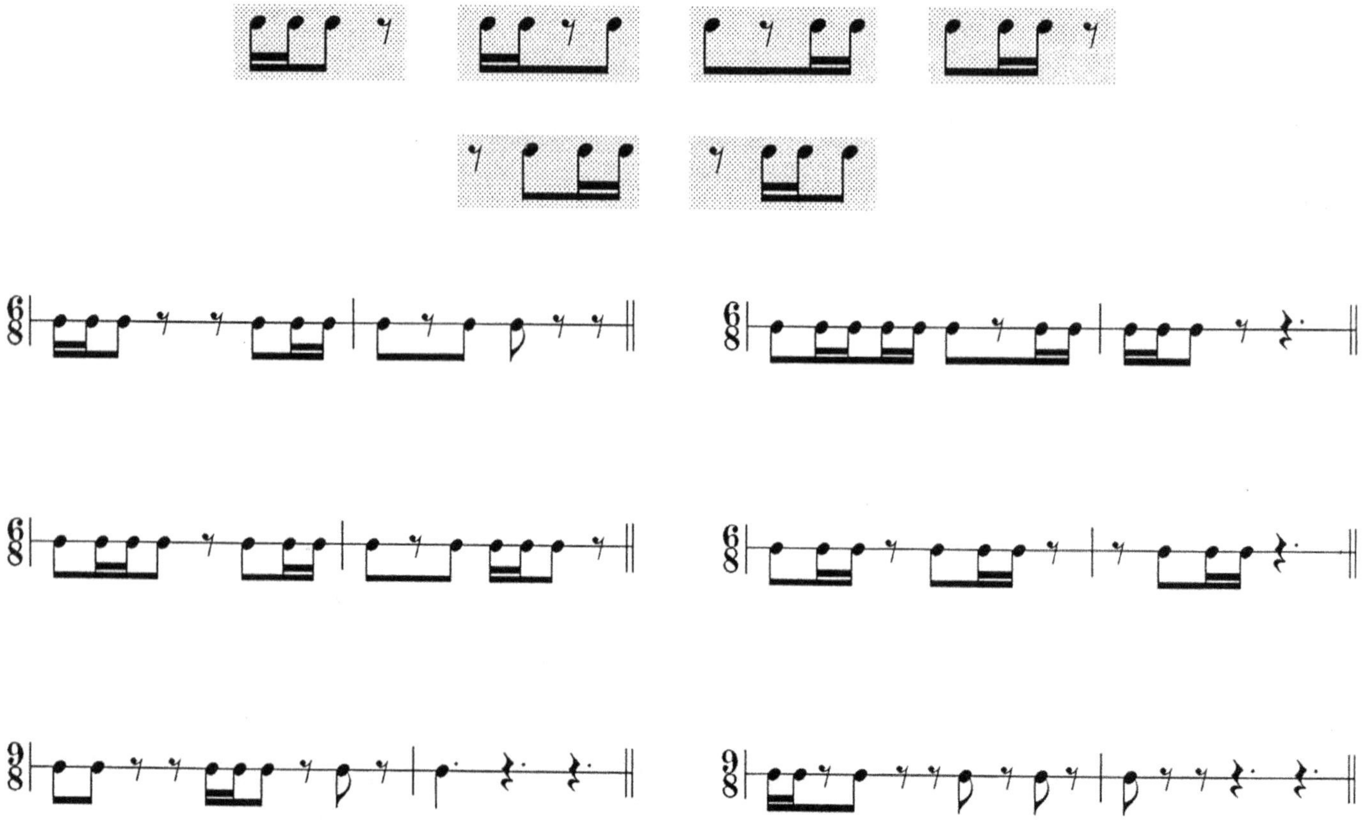
6
8
6
8
6
8
6
8
9
8
9
8

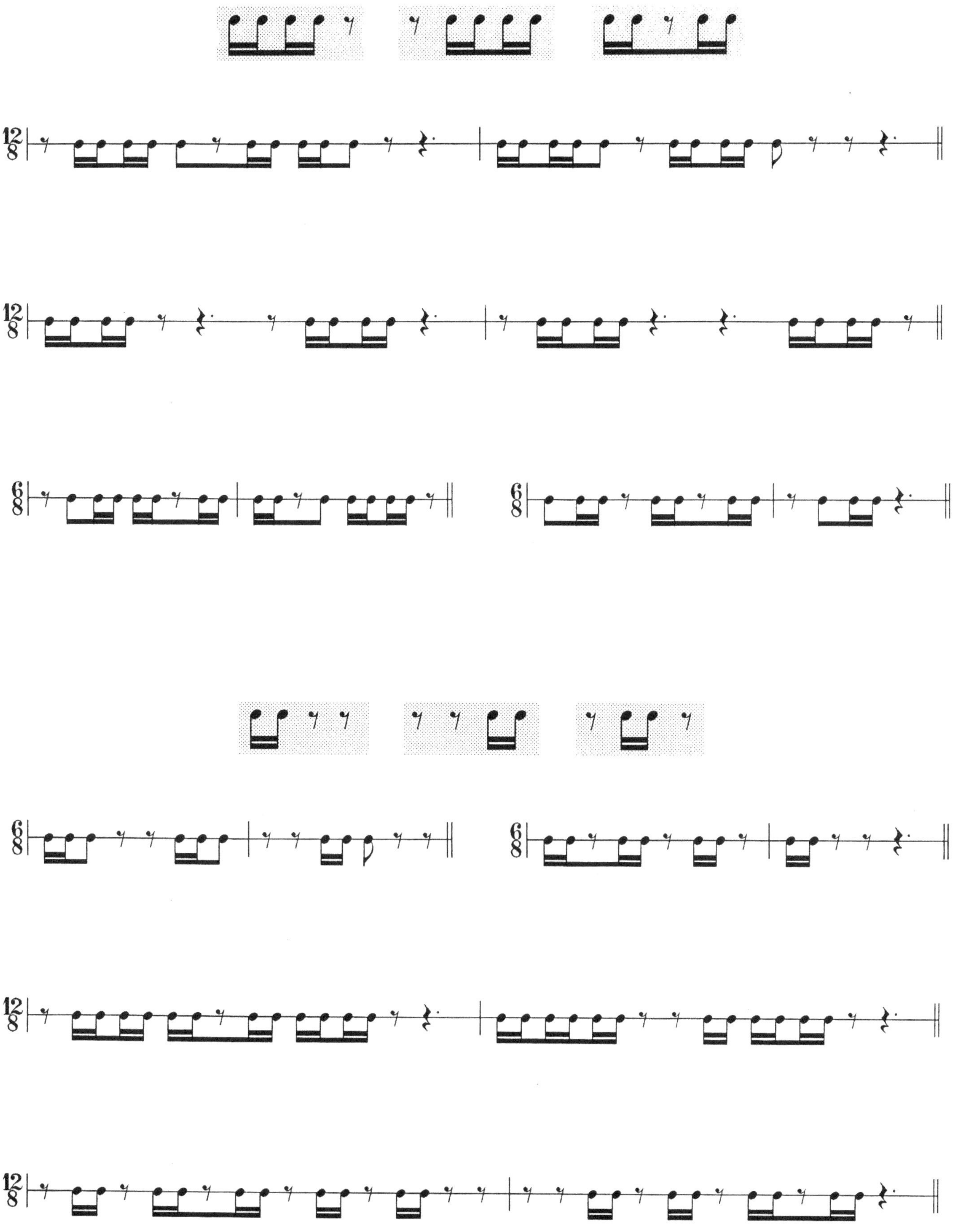

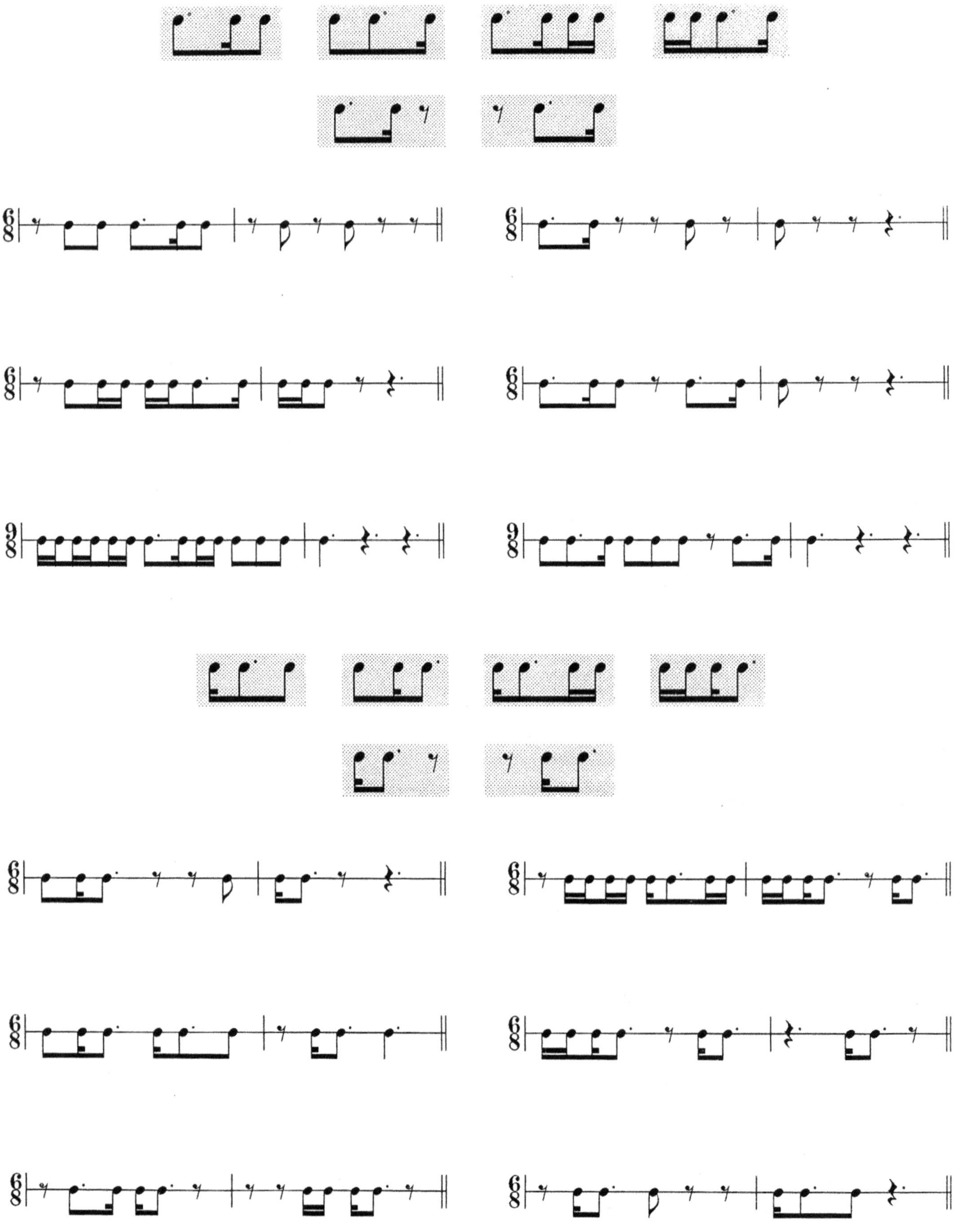

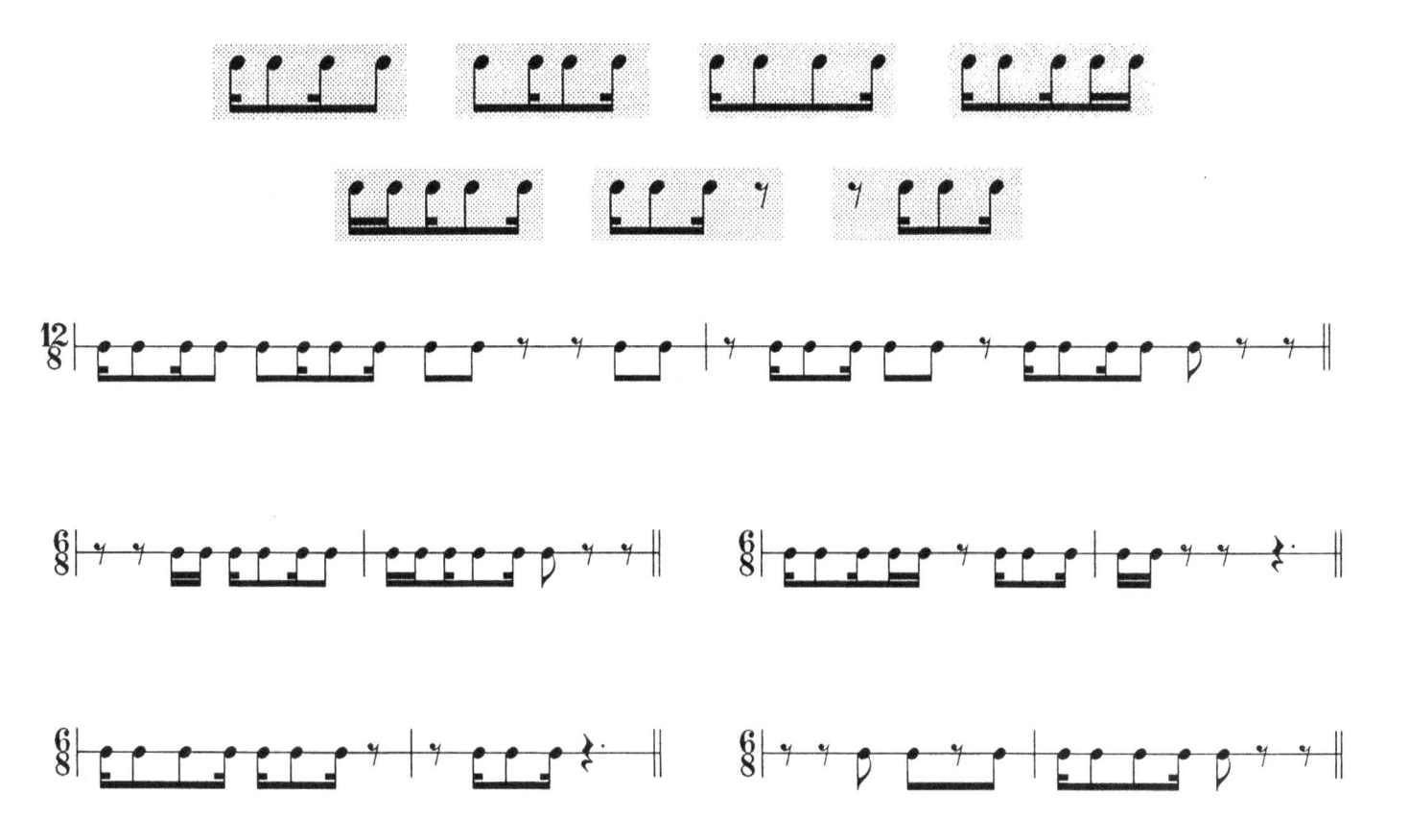

Com pausas de semicolcheia
With pauses of sixteenth note

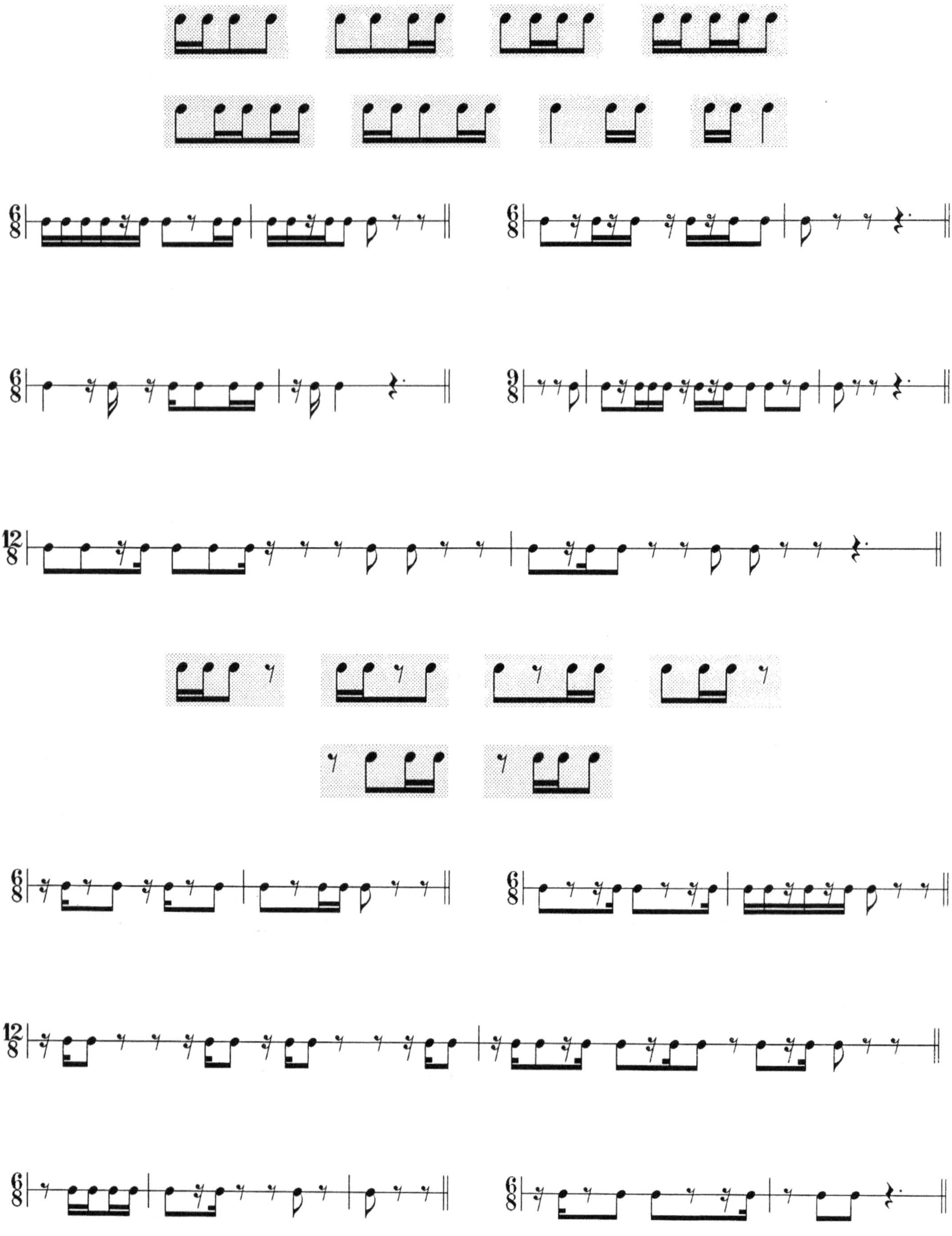

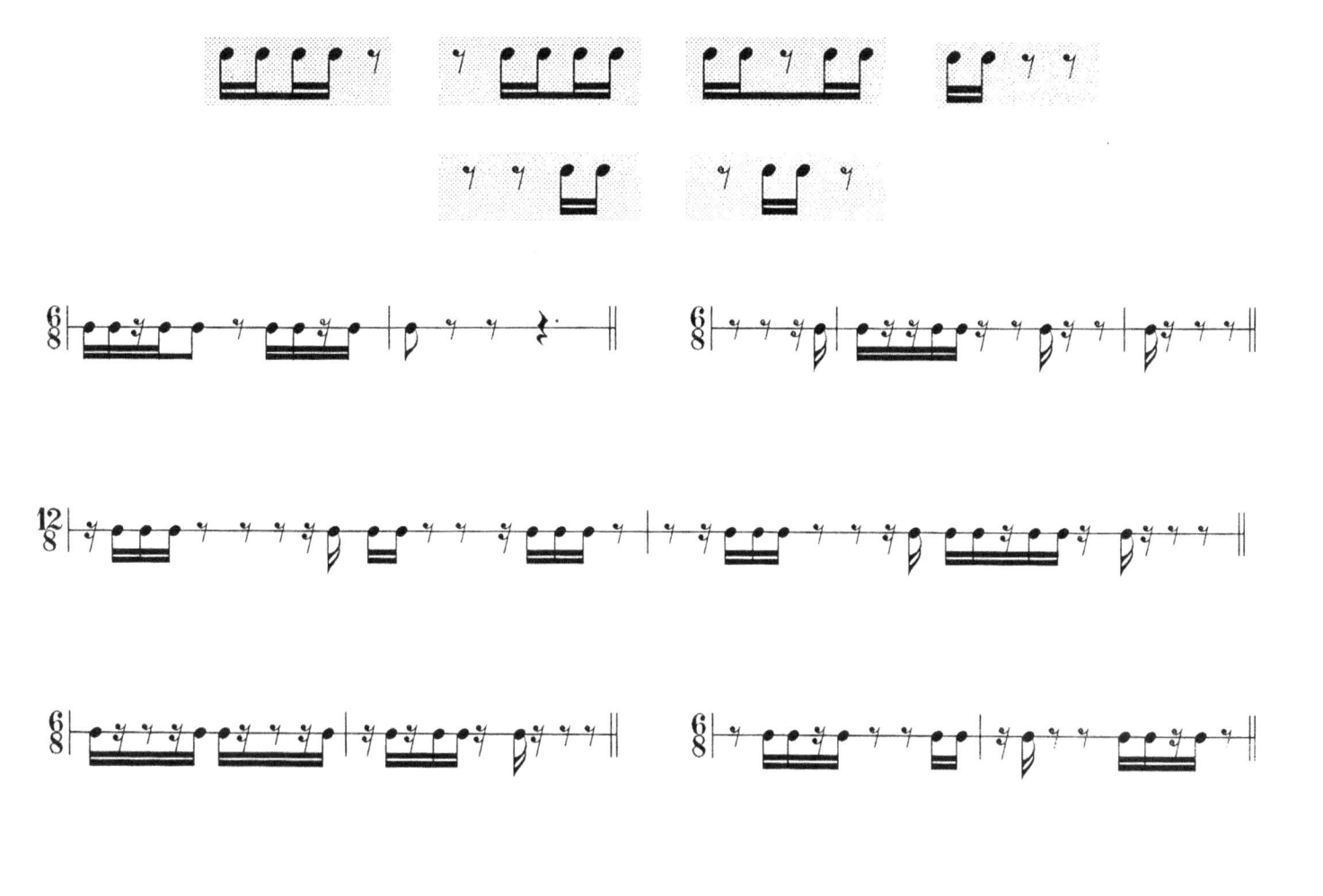

Pausa de semicolcheia nos clichês pontuados e sincopados
Pause of sixteenth note on the syncopated and dotted clichés

Com ligaduras
With slurs

Com ligaduras e pausas de semicolcheia
With slurs and pauses of sixteenth note

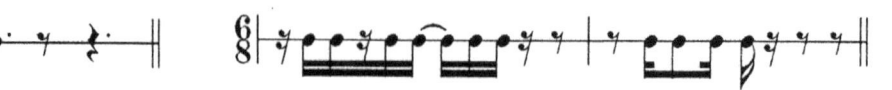

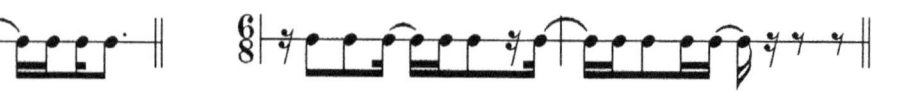

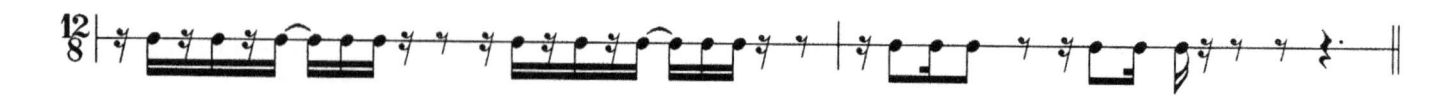

Percepção a duas vozes alternadas
Ear-training in two alternated voices

Professor: executa
Aluno: ouve, memoriza, repete e escreve

Teacher: *plays*
Student: *listens, memorizes, repeats and then writes*

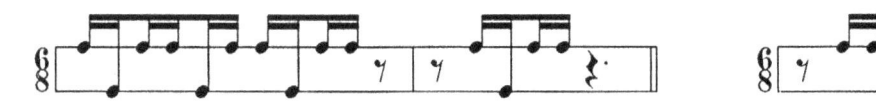

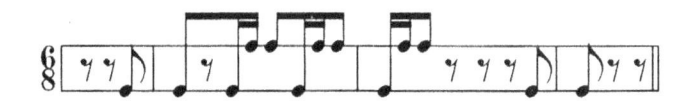

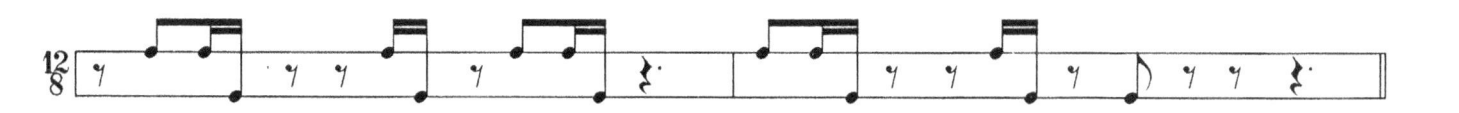

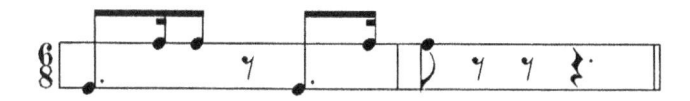

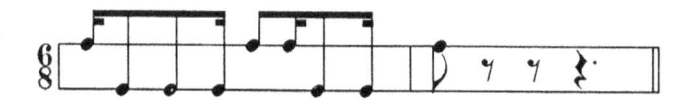

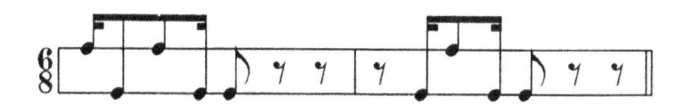

Com pausas de semicolcheia
With pauses of sixteenth note

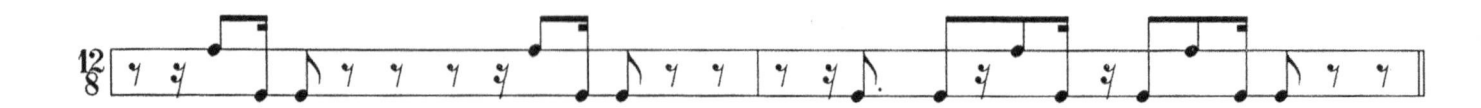

Com ligaduras
With slurs

Com ligaduras e pausas de semicolcheia
With slurs and pauses of sixteenth note

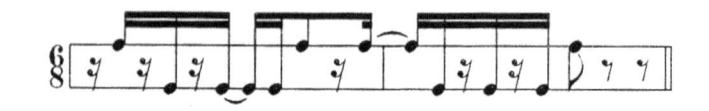

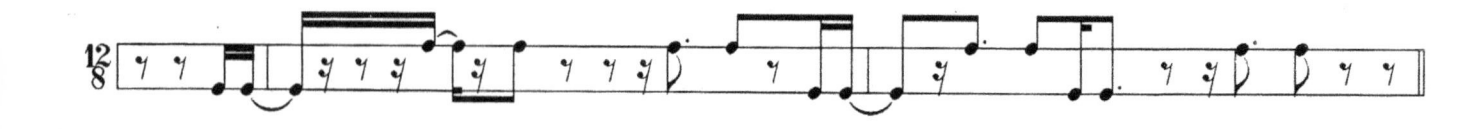

Percepção a duas vozes simultâneas
Ear-training in two simultaneous voices

Professor: executa (sempre simultaneamente)
Aluno: ouve, memoriza, repete e escreve primeiramente a voz de cima e posteriormente a voz de baixo

Teacher: *plays (always simultaneously)*
Student: listens, memorizes, repeats and then writes the first voice, followed by the second voice

Com pausas de semicolcheia
With pauses of sixteenth note

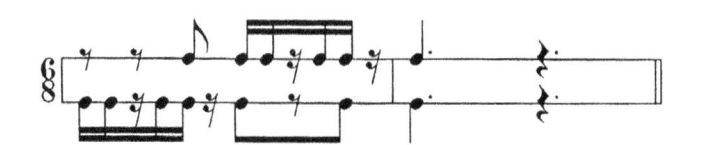

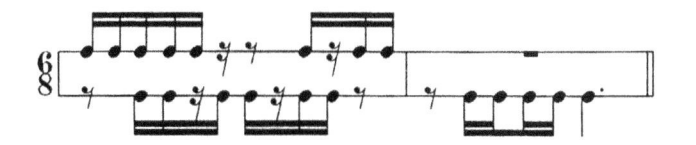

Com ligaduras
With slurs

Com ligaduras e pausas de semicolcheia
With slurs and pauses of sixteenth note

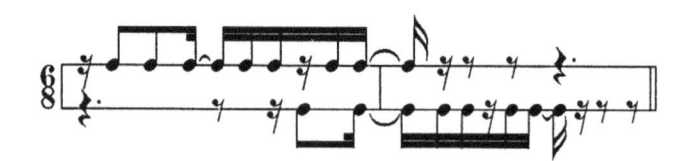

Terceira parte
Part three

Quiálteras / *Tuplets*

em / *in*

| $\frac{2}{4}$ | $\frac{3}{4}$ | C | $\frac{6}{8}$ | $\frac{9}{8}$ | $\frac{12}{8}$ |

Leitura a uma voz
Reading in one voice

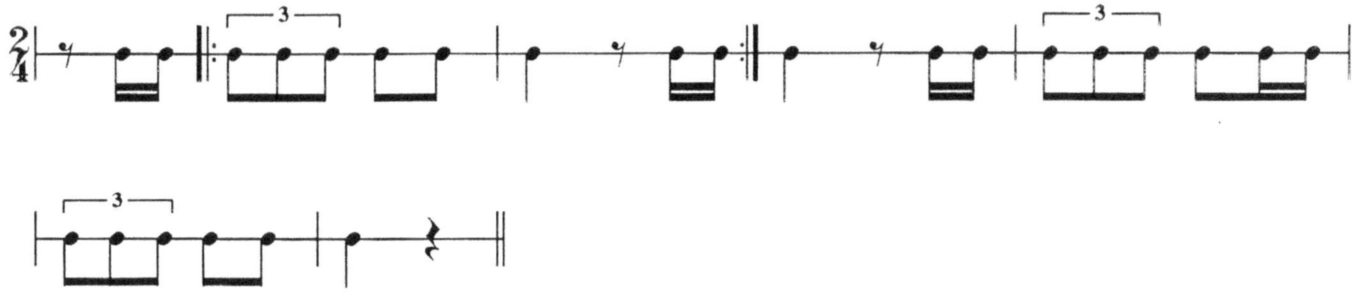

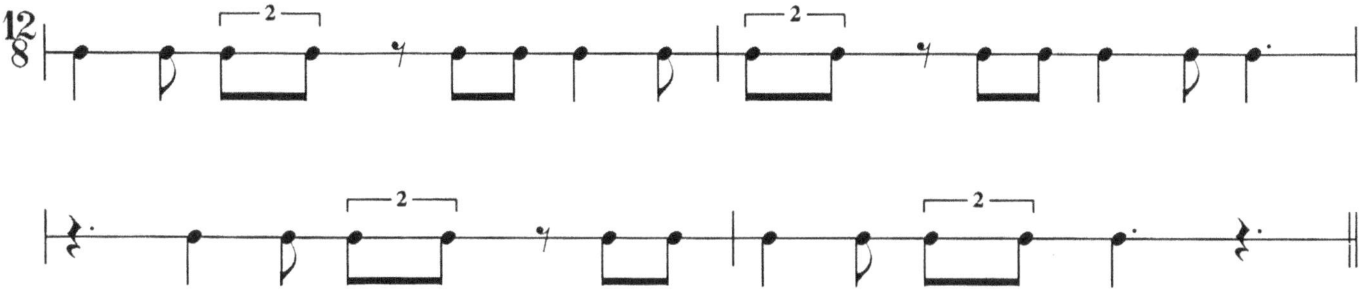

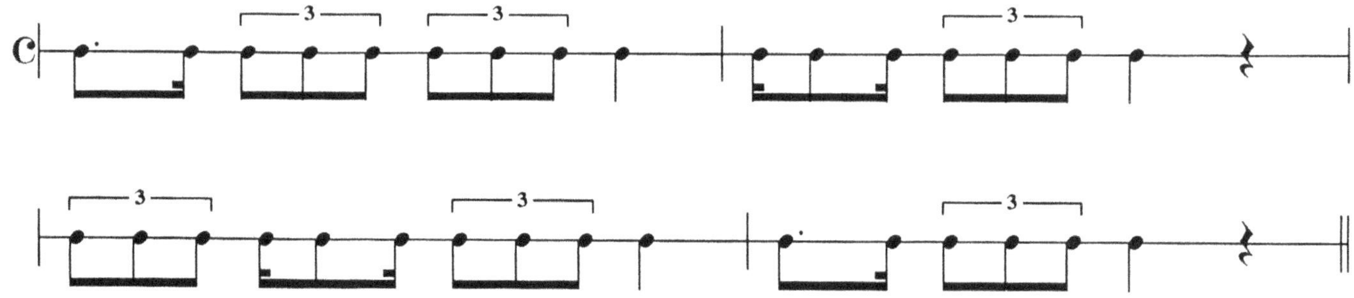

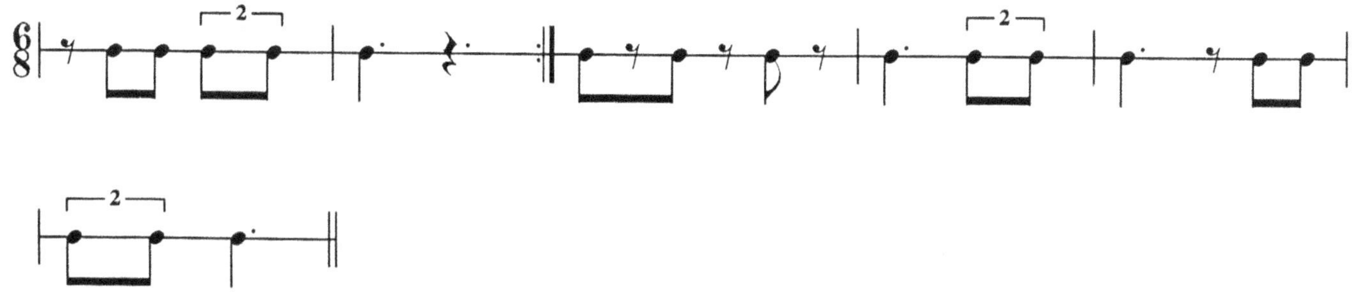

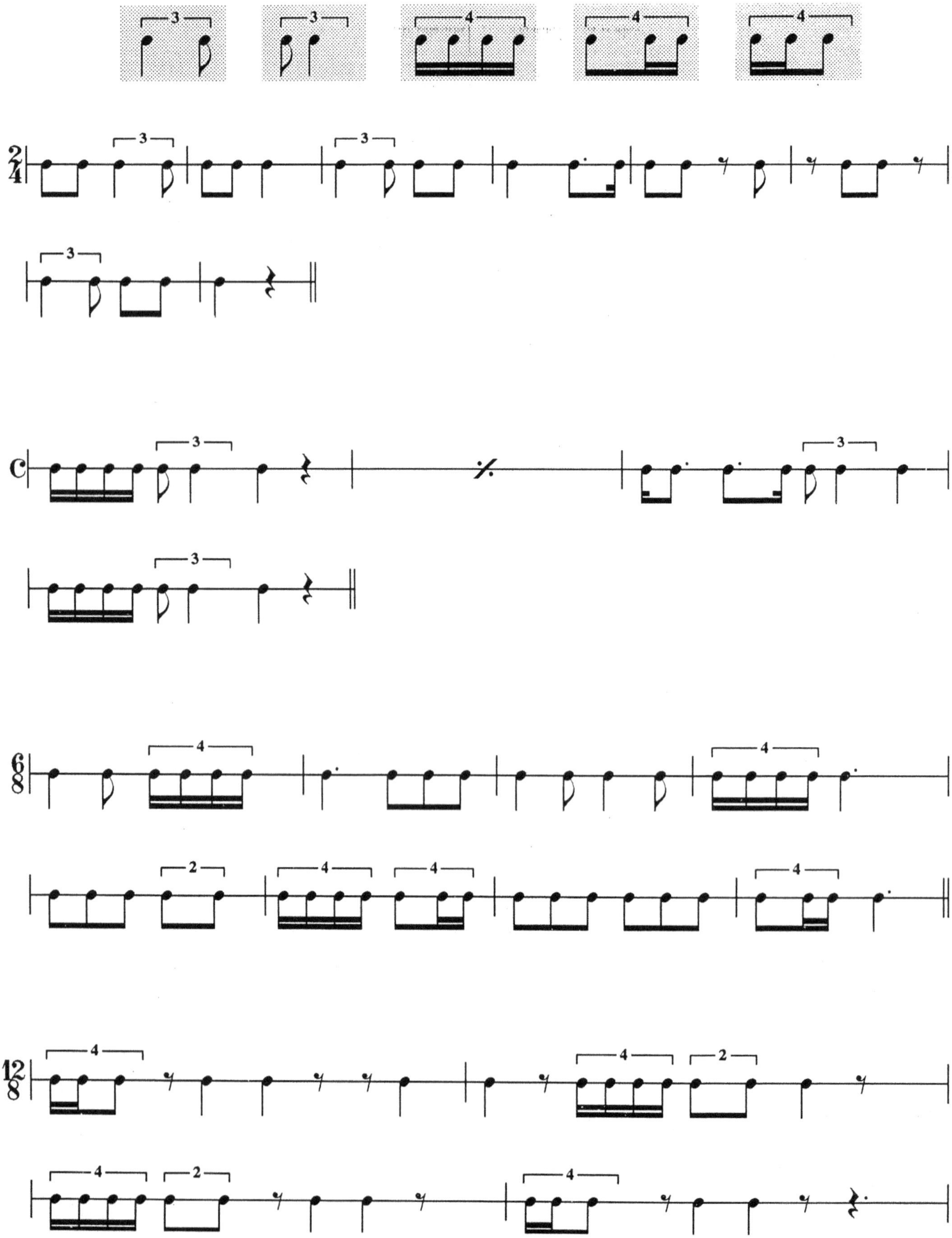

Com pausas de colcheia
With pauses of eight note

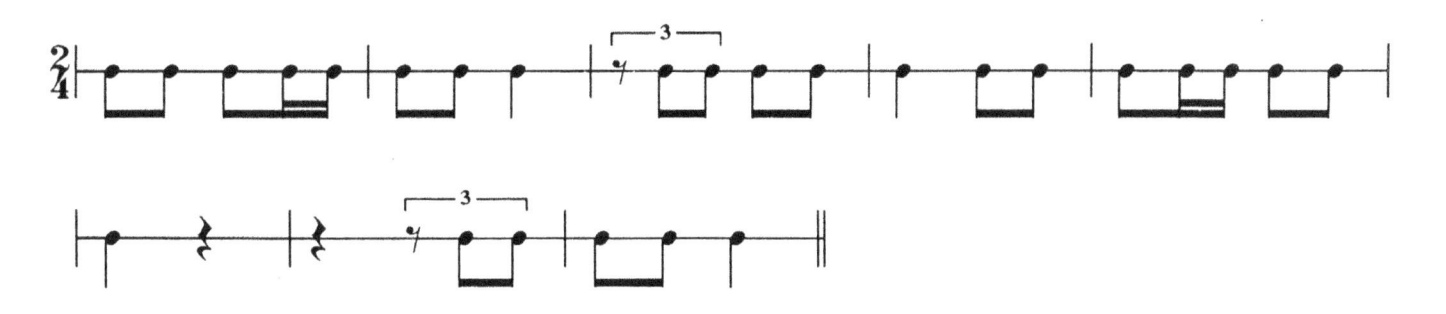

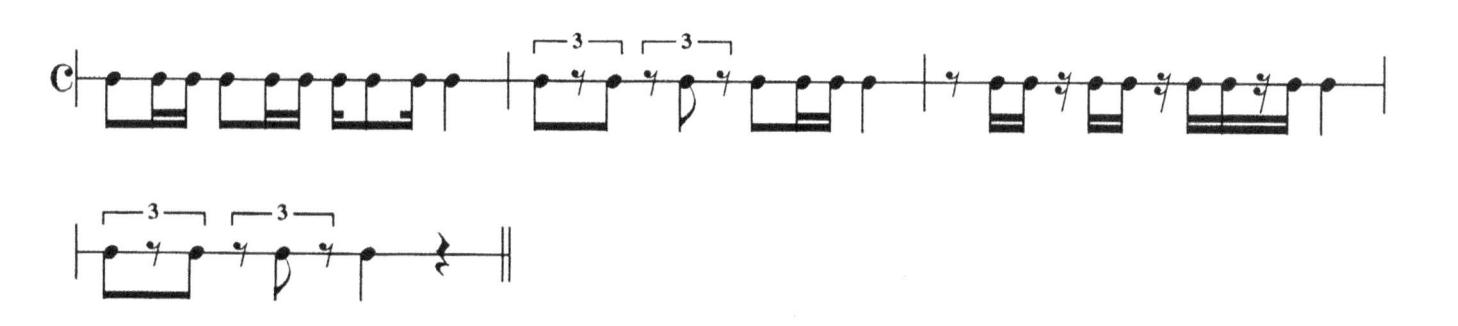

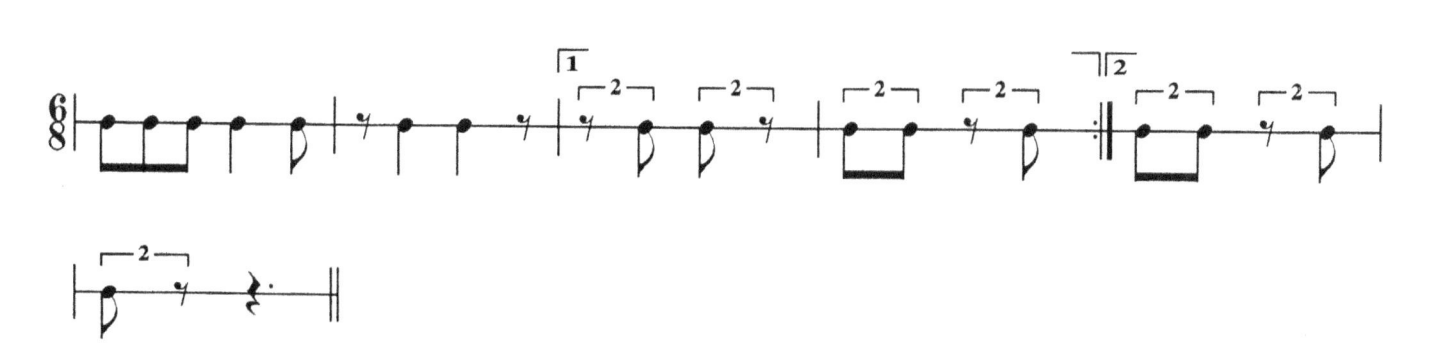

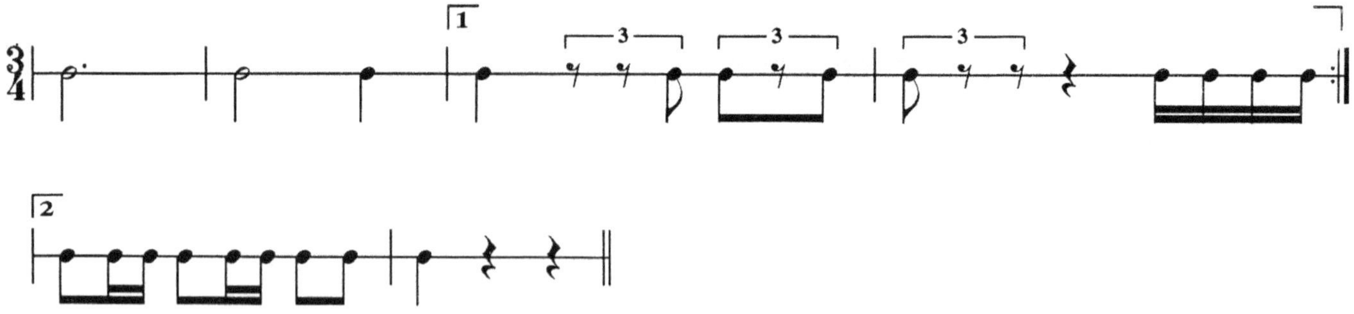
1
2

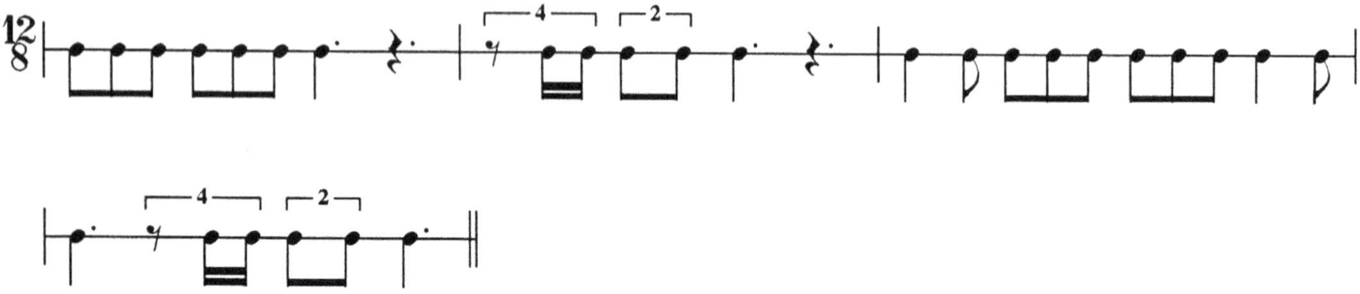

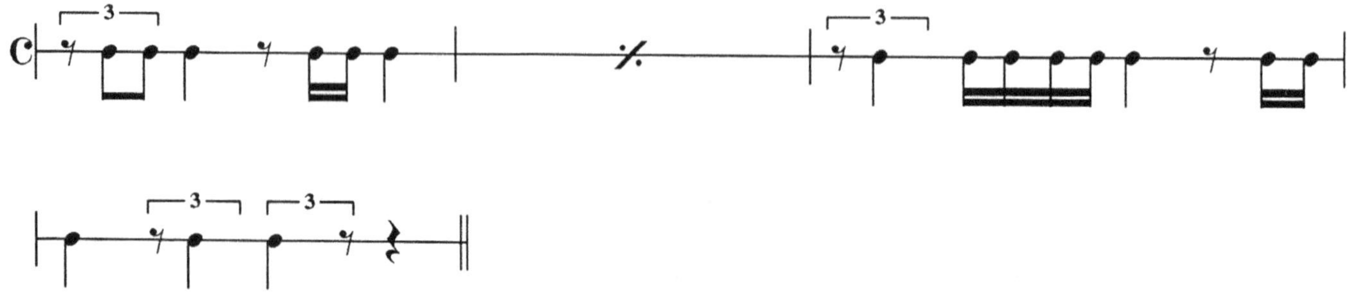

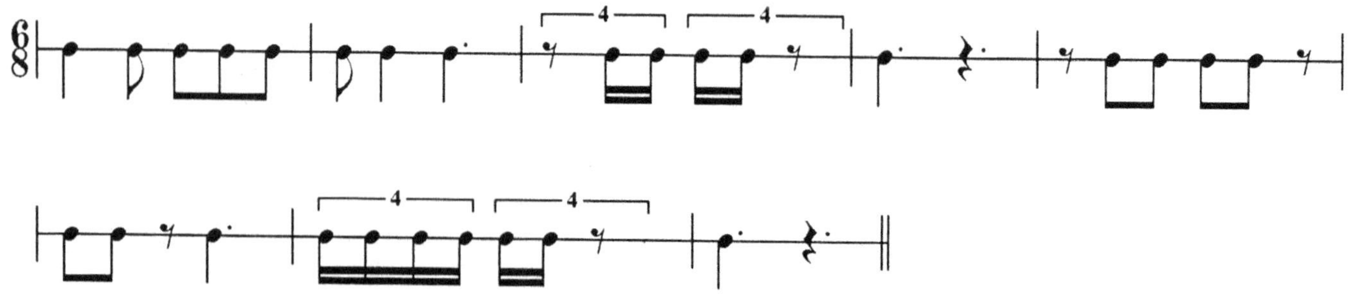

Com ligaduras
With slurs

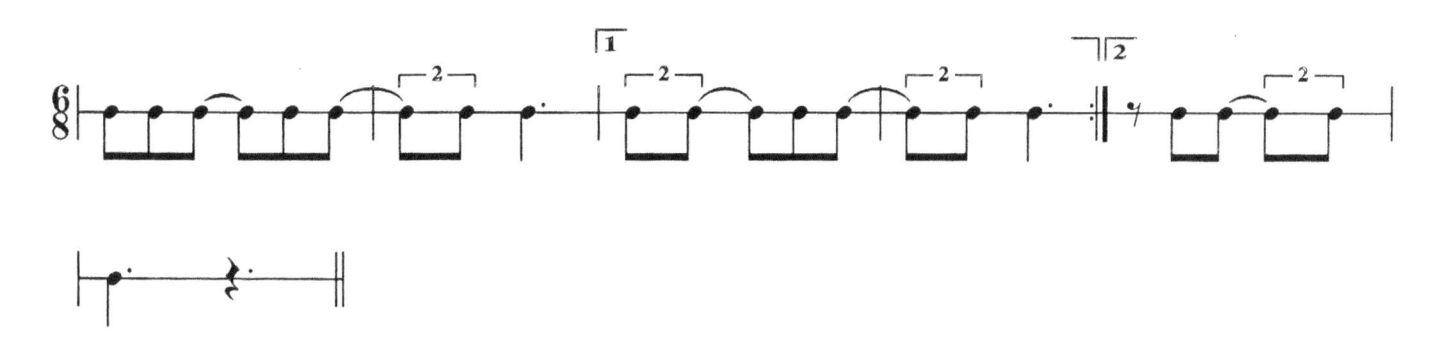

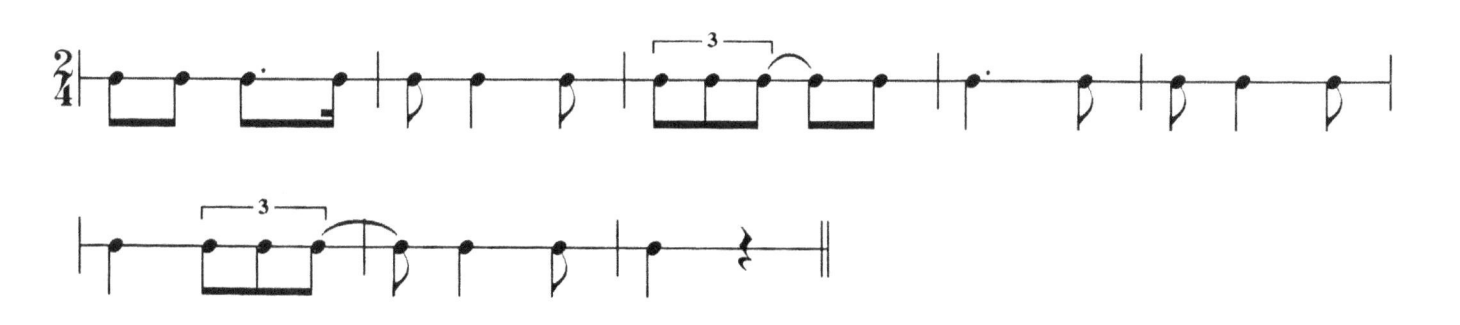

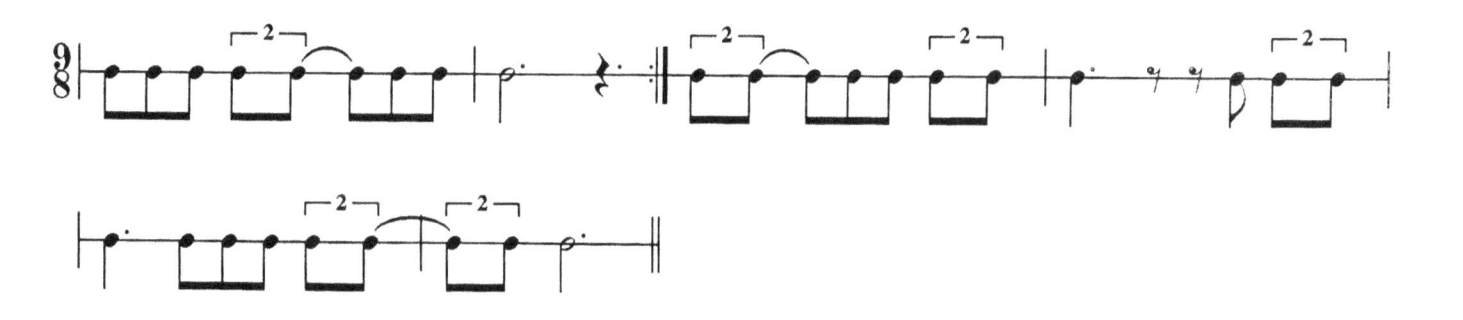

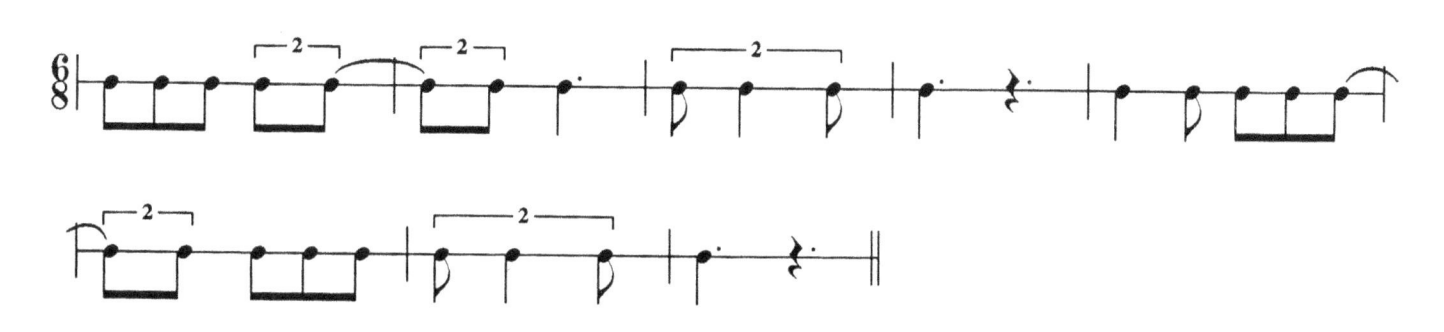

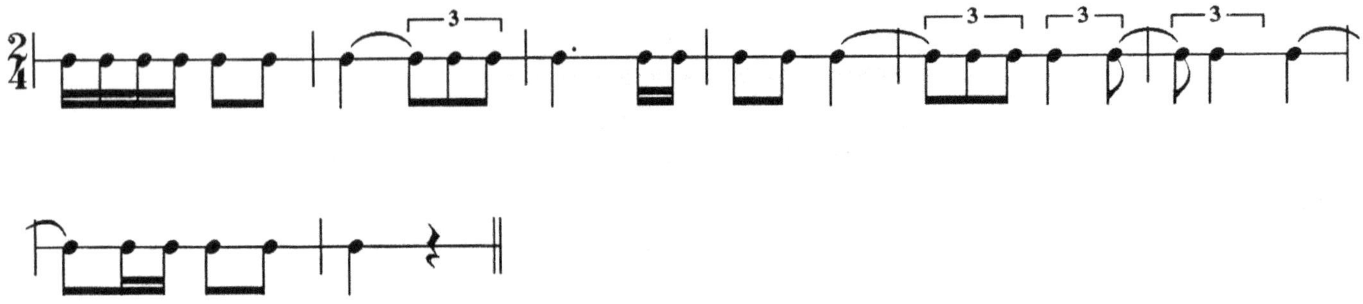

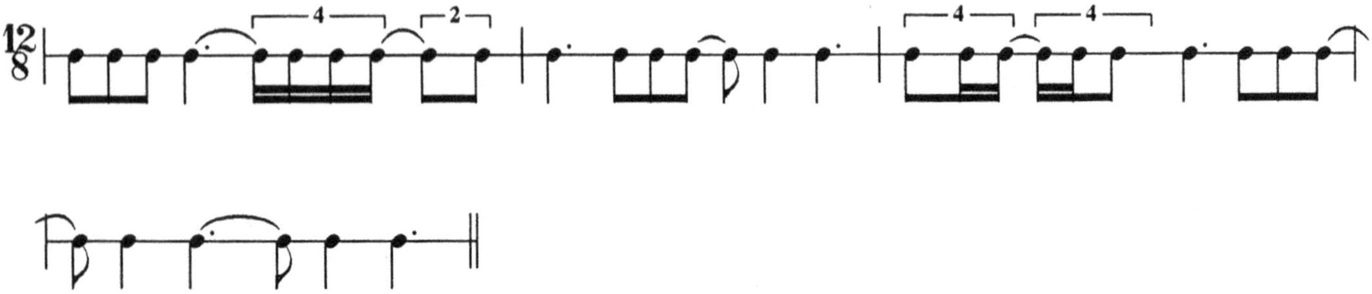

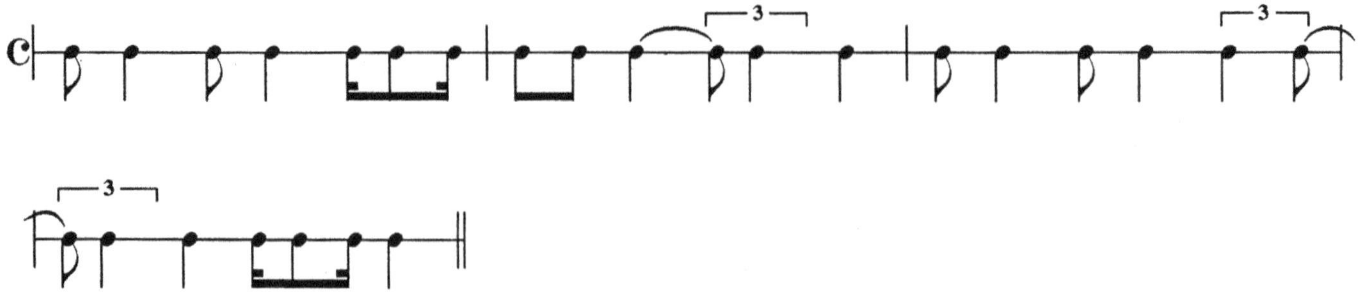

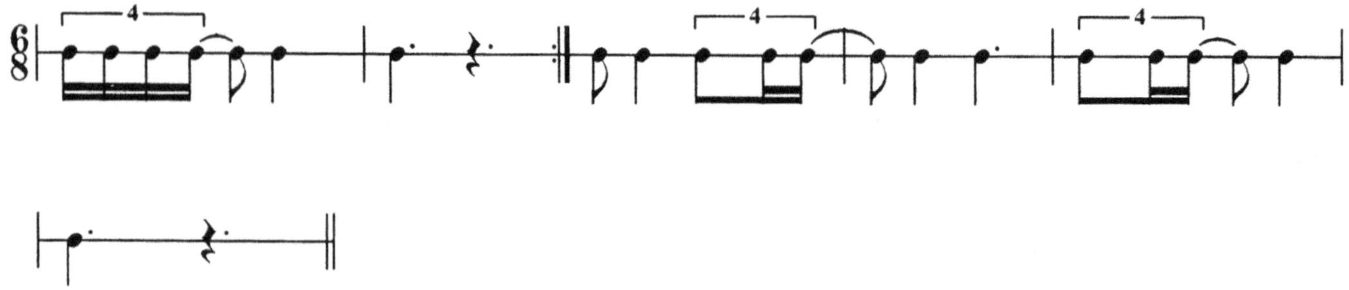

Com pausas e ligaduras
With pauses and slurs

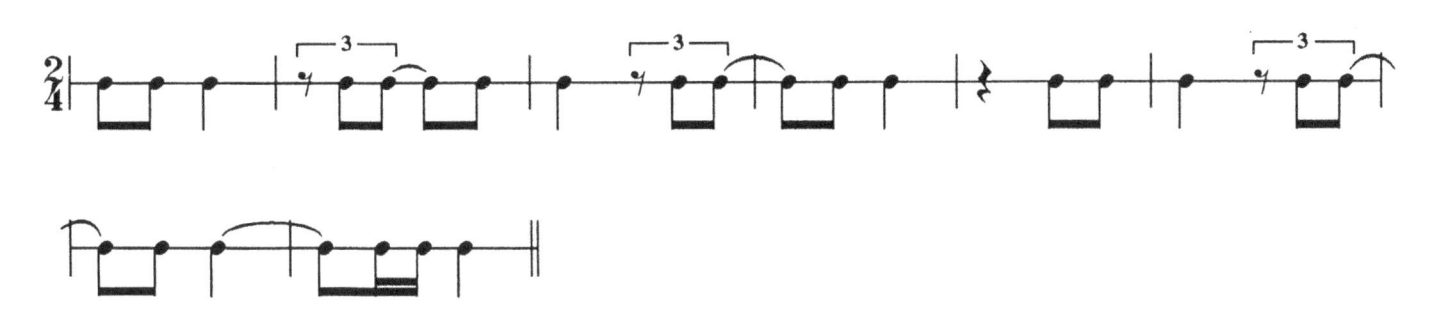

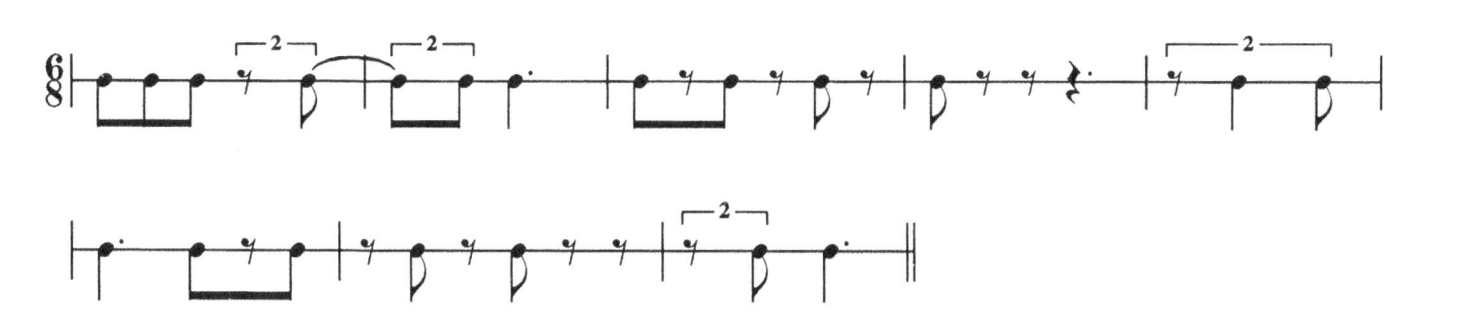

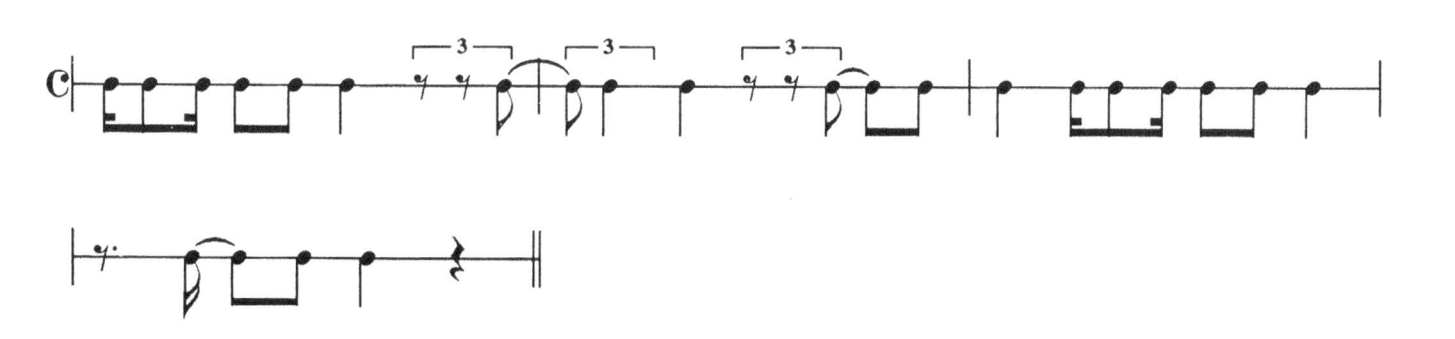

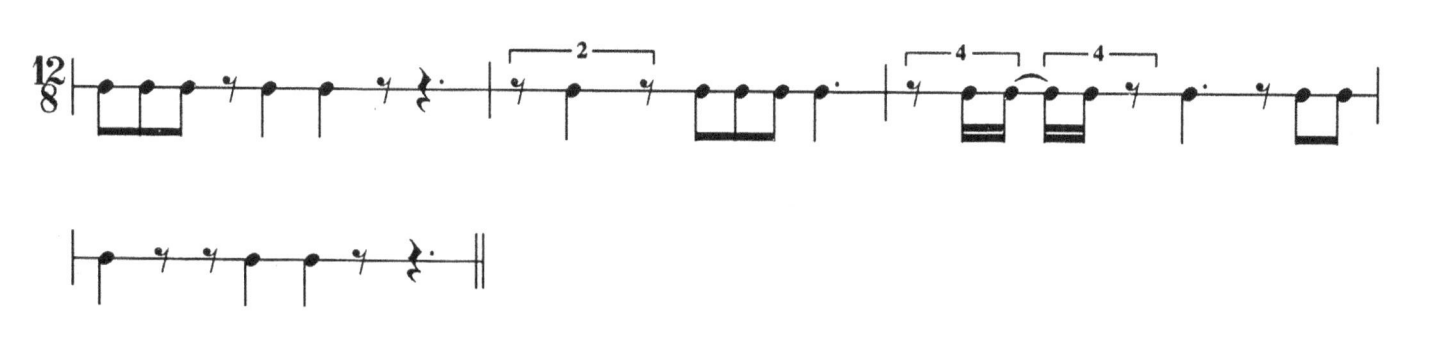

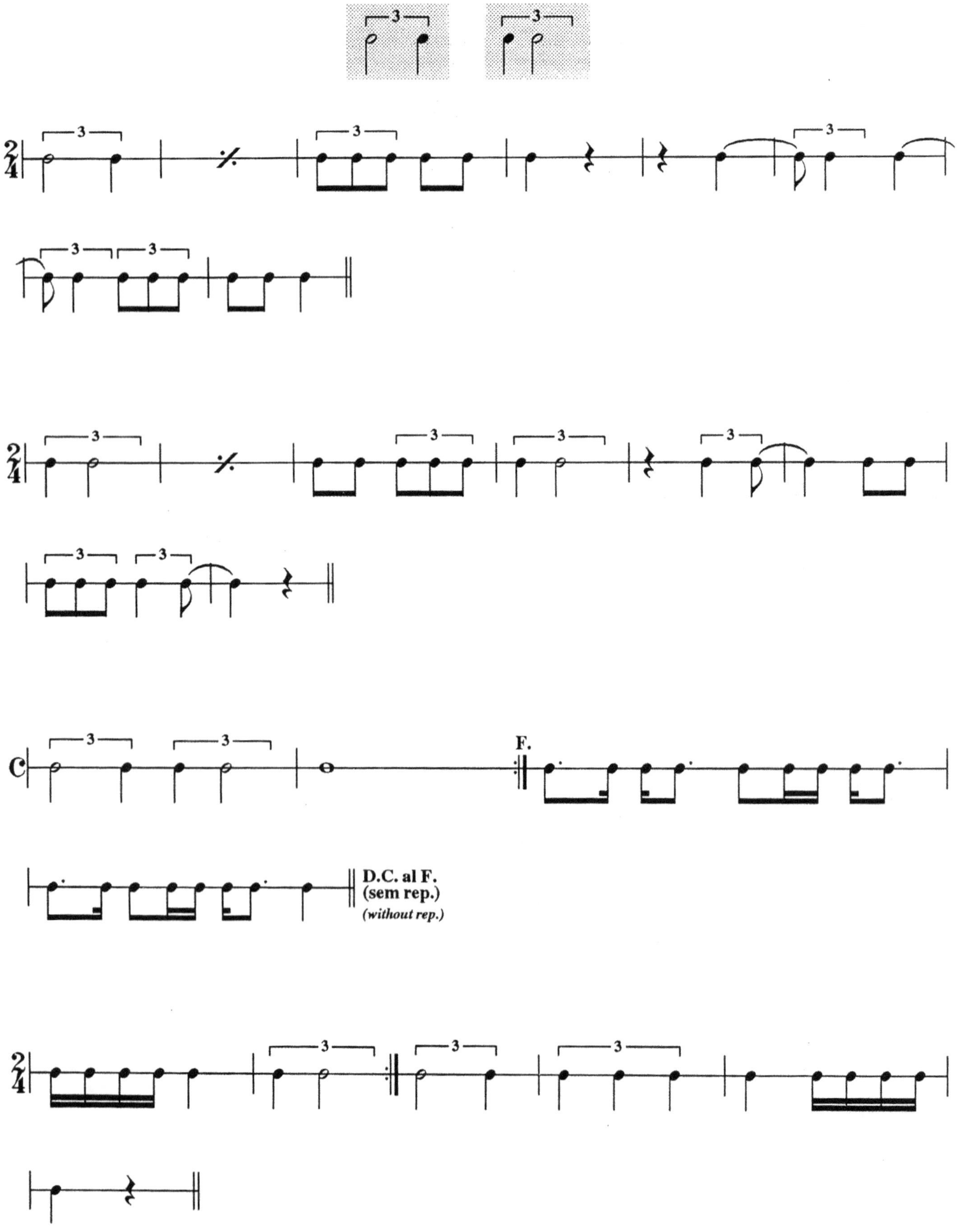
F.
D.C. al F.
(sem rep.)
(without rep.)

Com pausas e ligaduras
With pauses and slurs

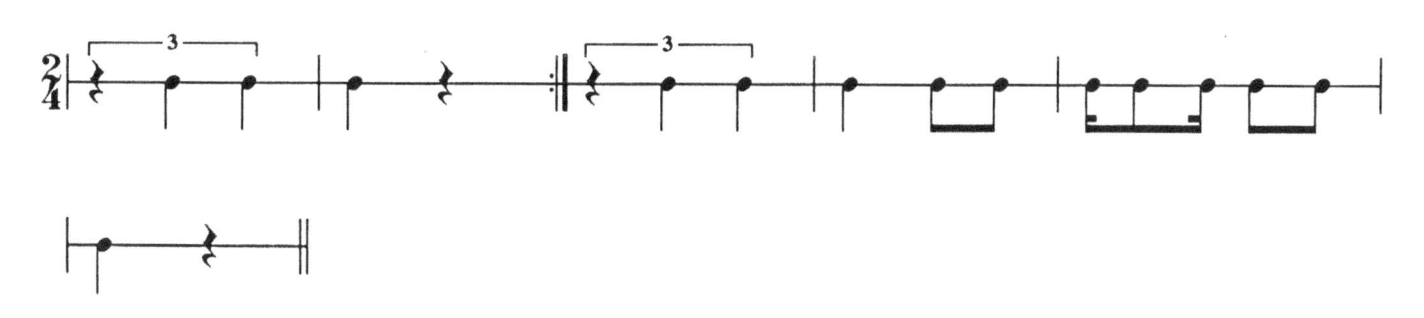

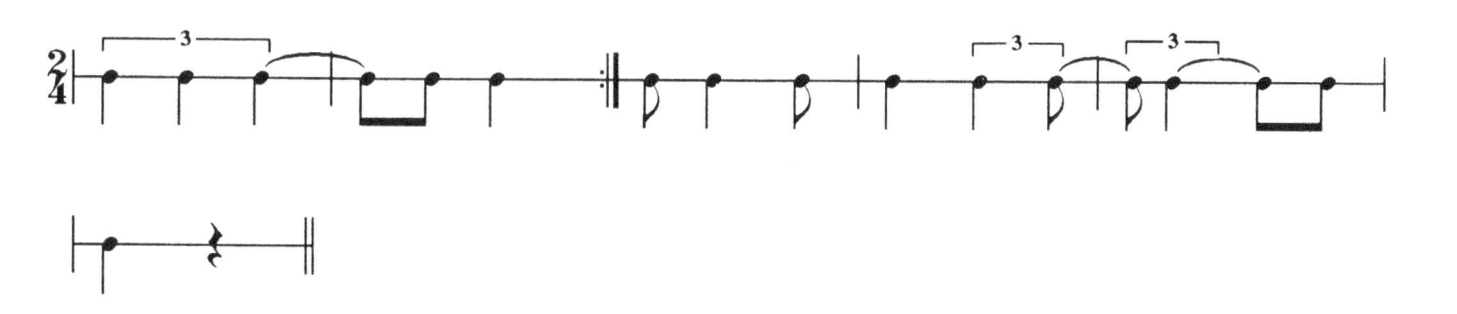

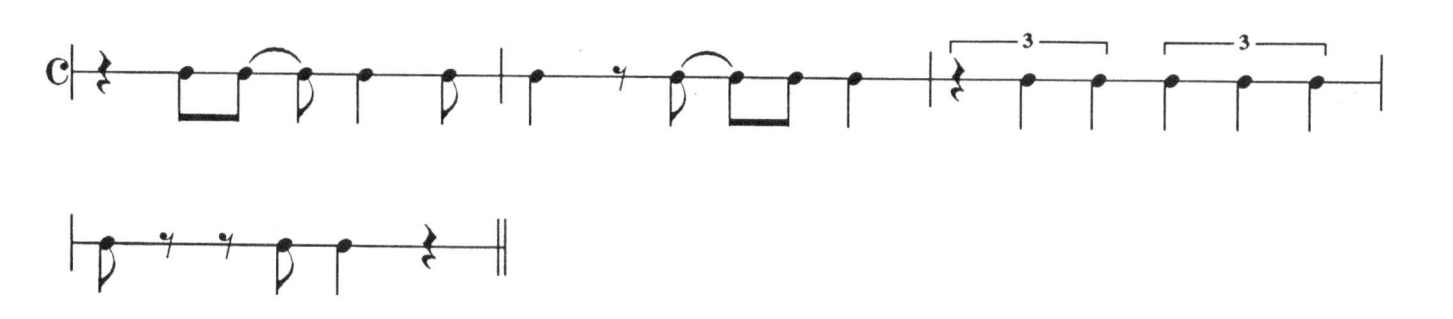

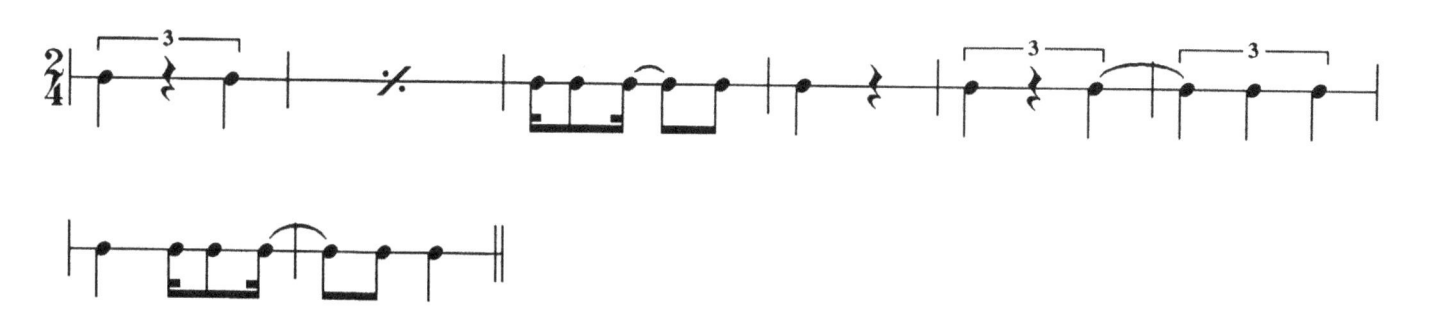

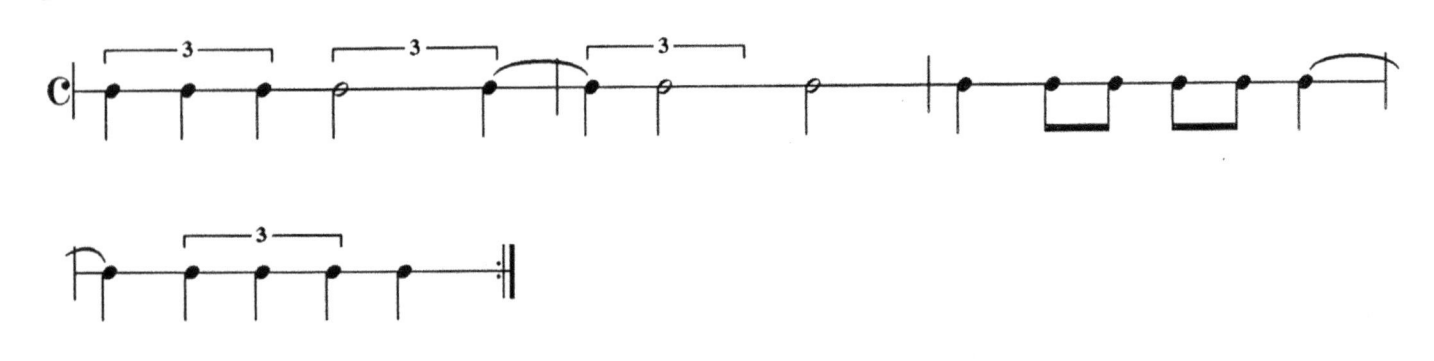

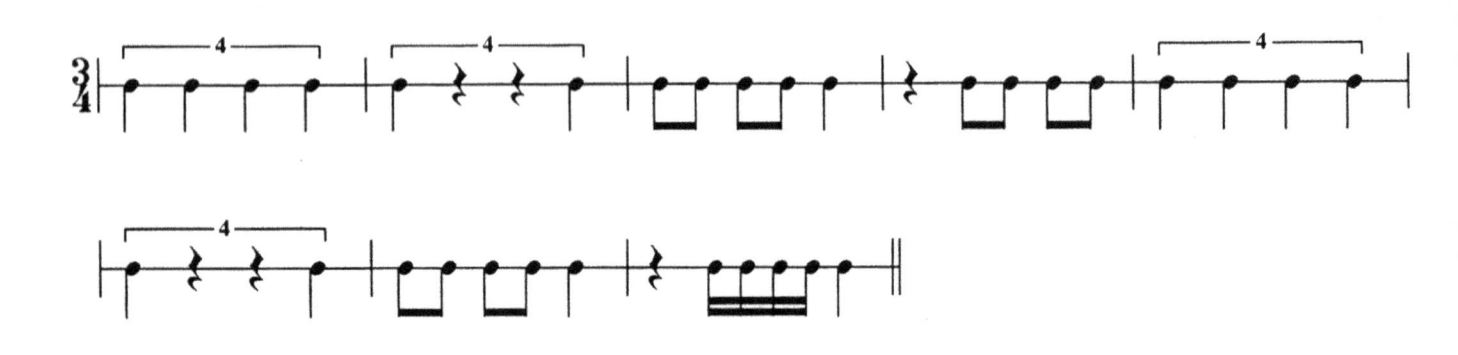

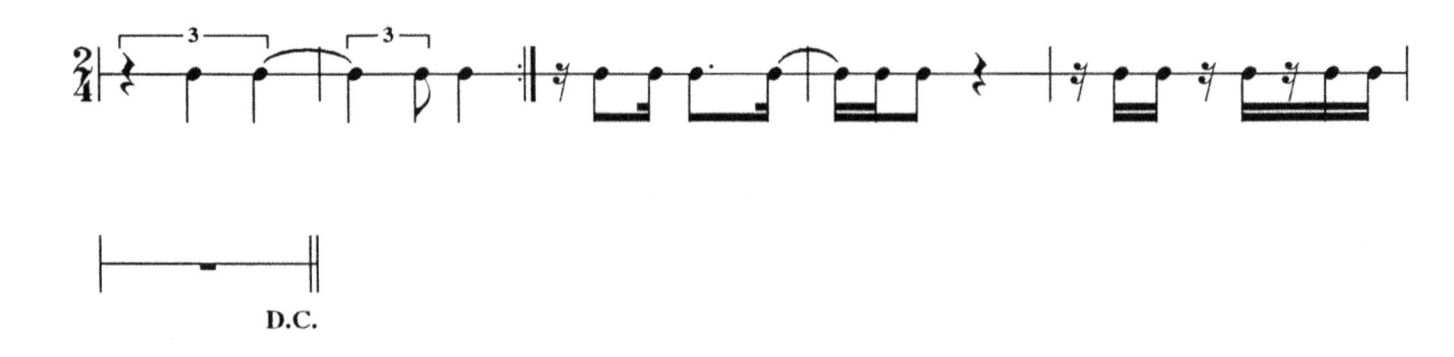

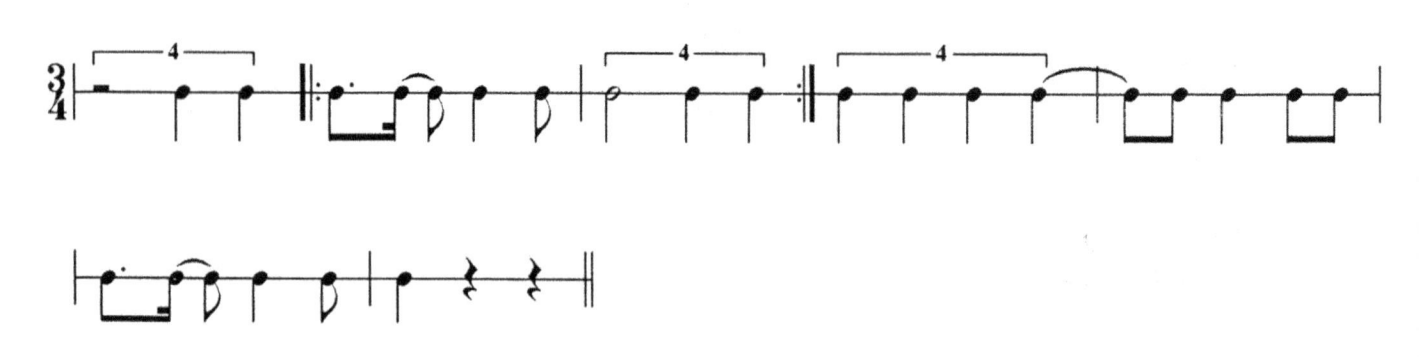

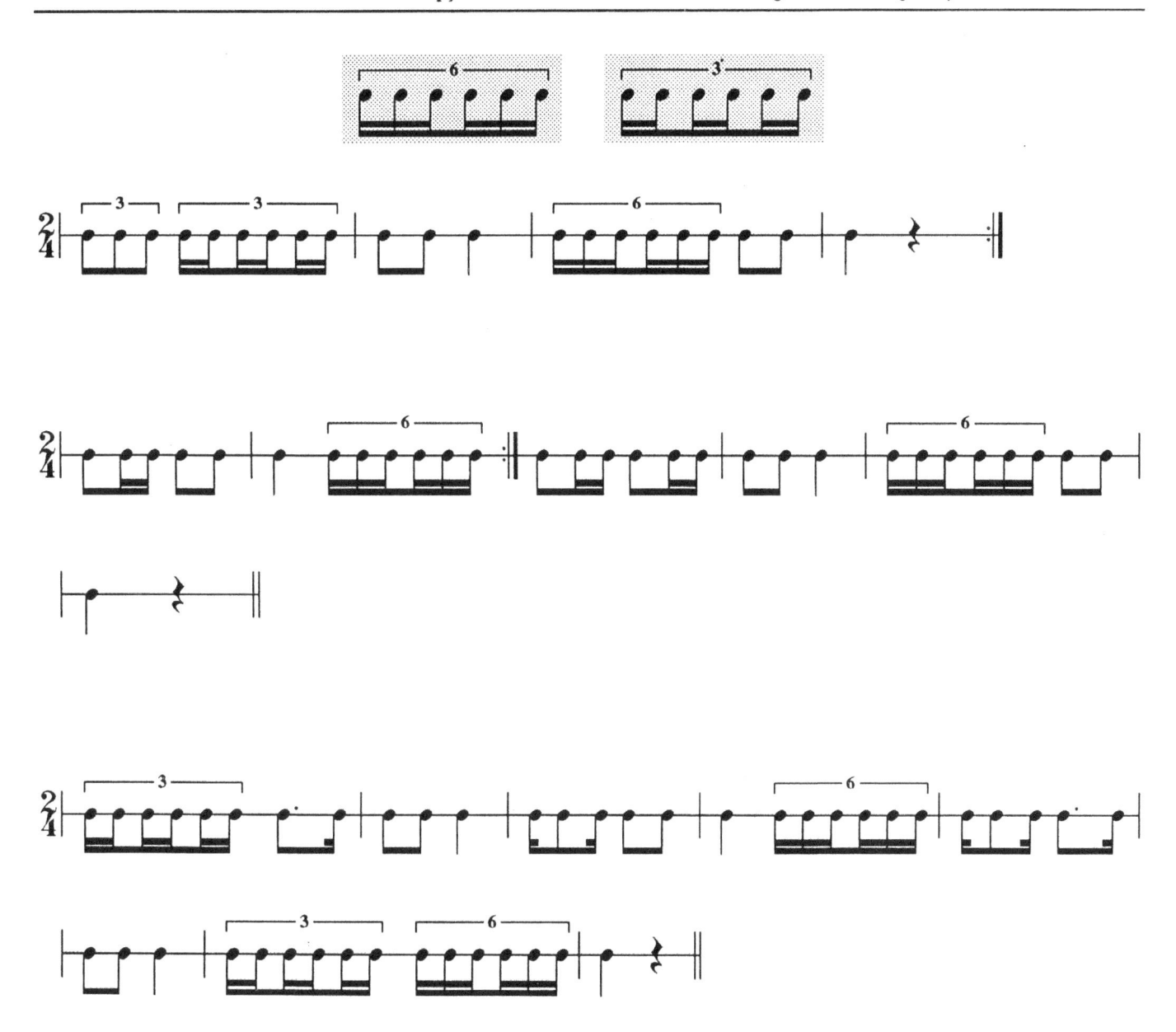

Observe que a primeira Quiáltera surge da subdivisão do tempo em duas partes; e a segunda da subdivisão do tempo em três partes.

Note that the first Tuplet arises from the subdivision of the beat in two parts; and the second from the subdivision of the beat in three parts.

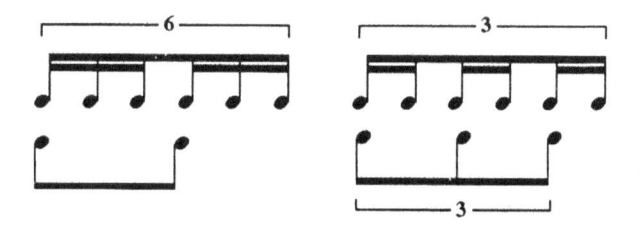

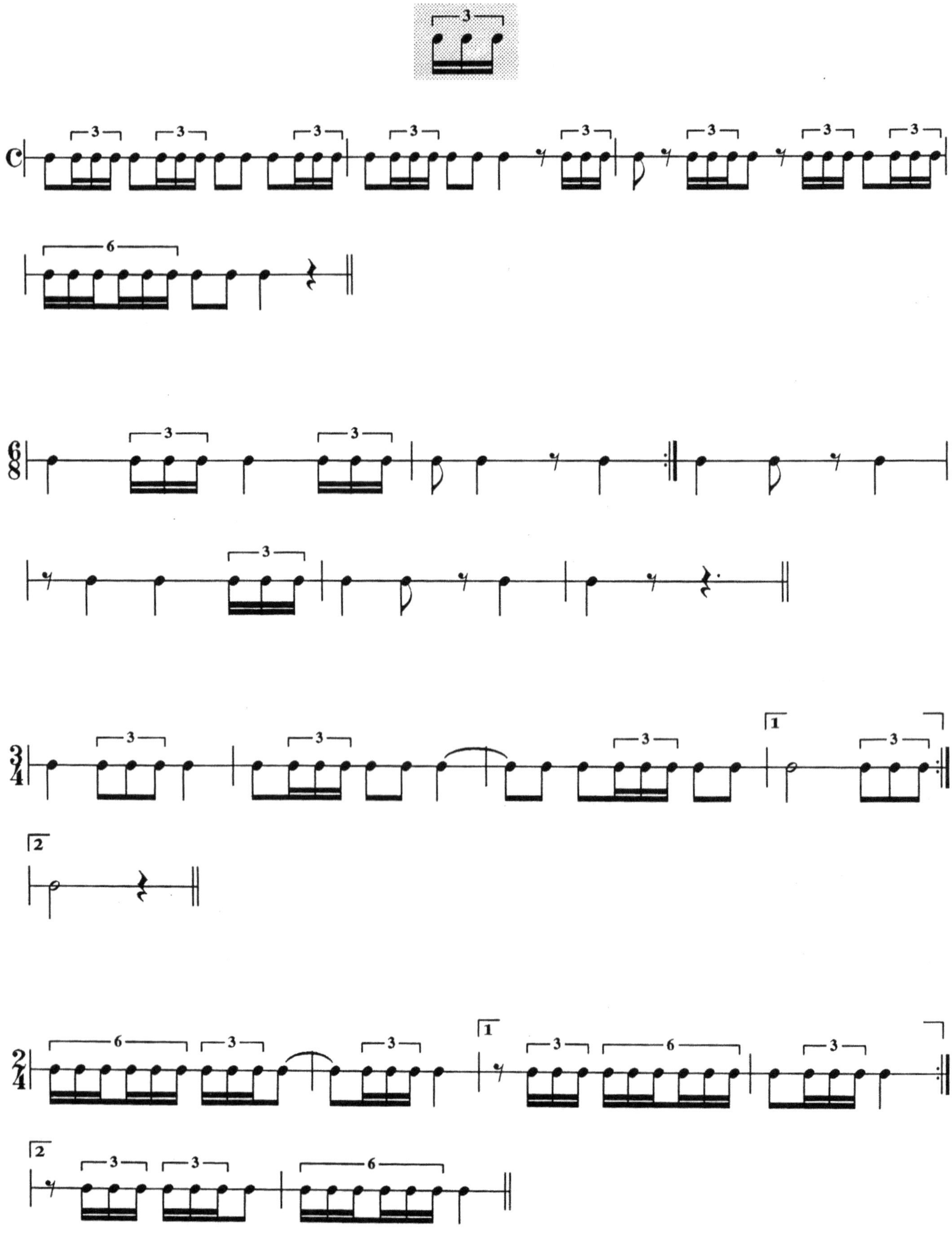

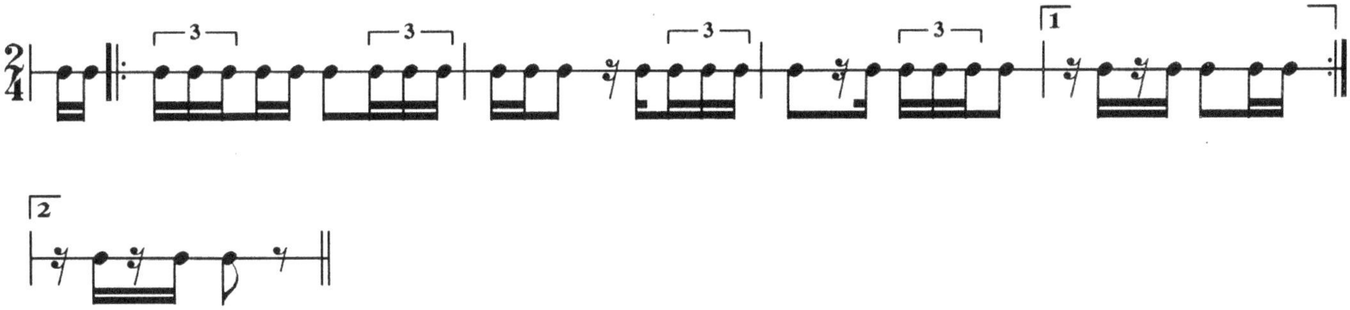

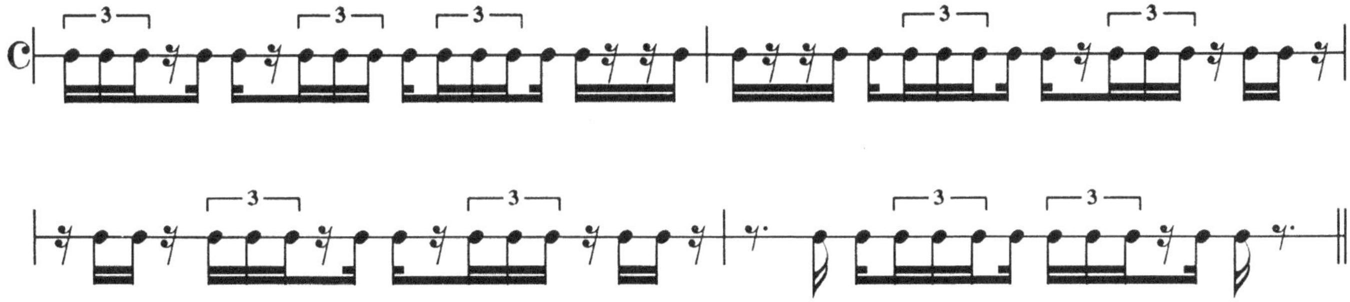

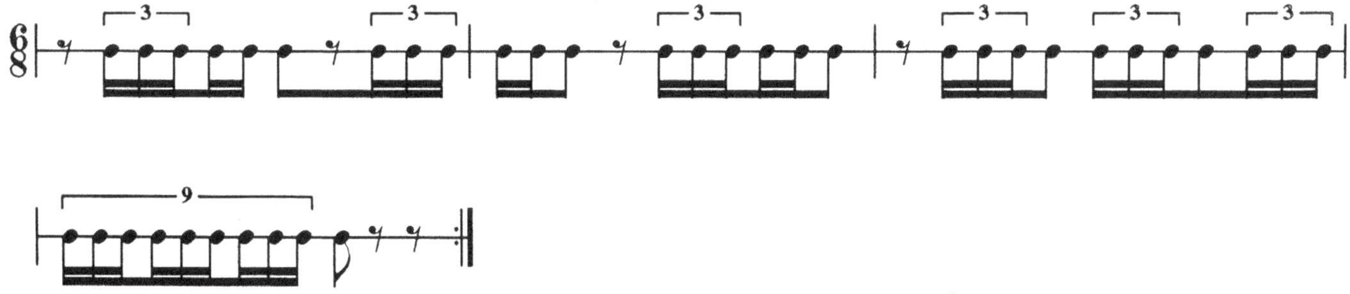

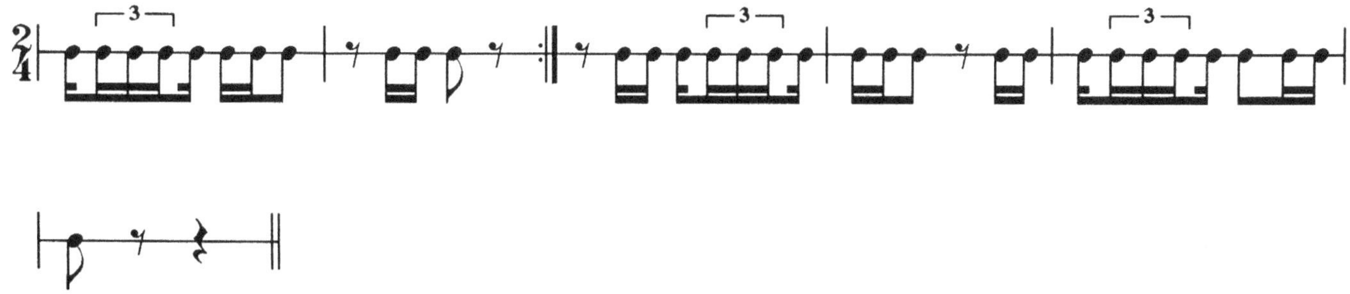

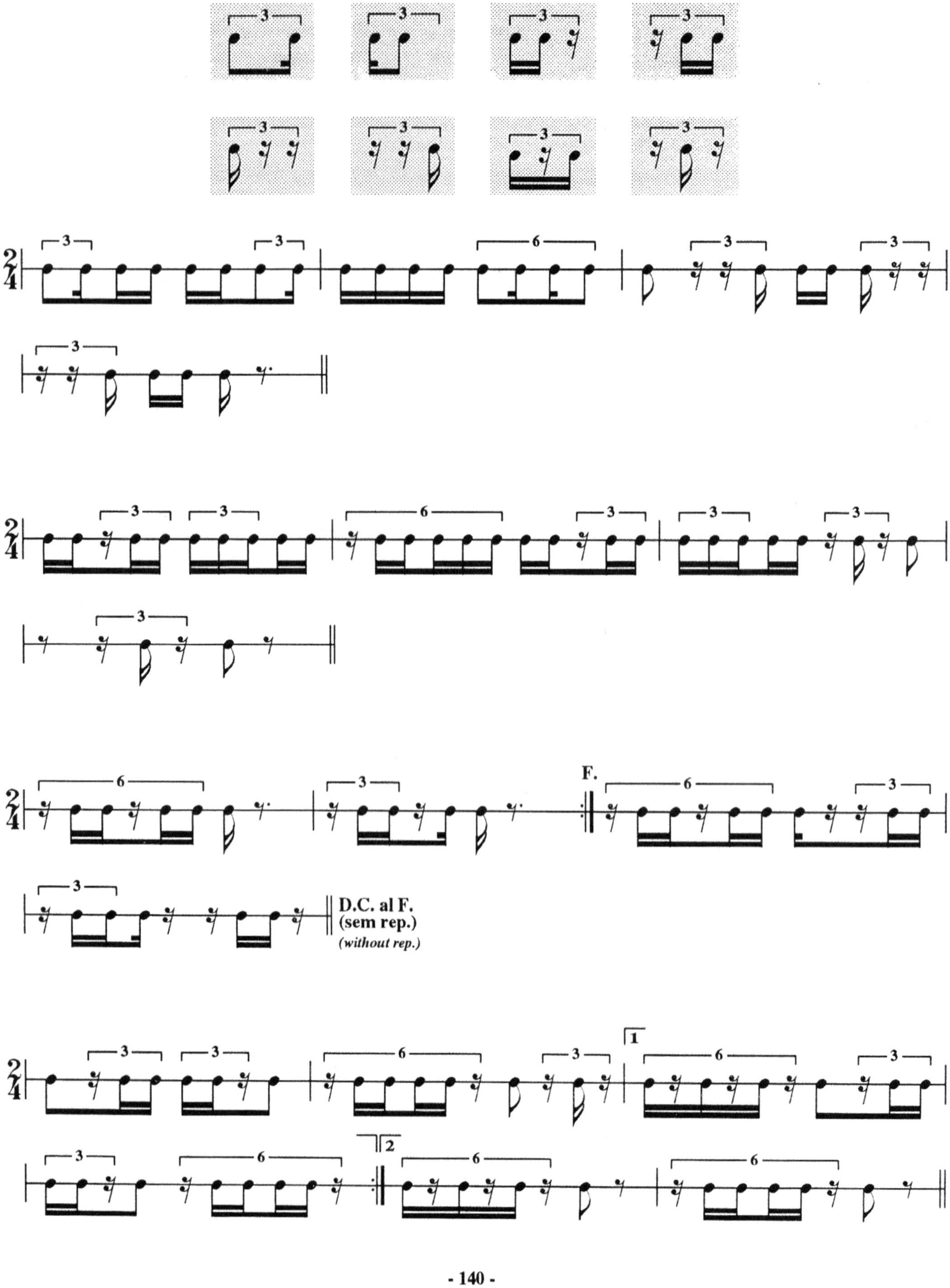
F.
D.C. al F.
(sem rep.)
(without rep.)

Com ligaduras
With slurs

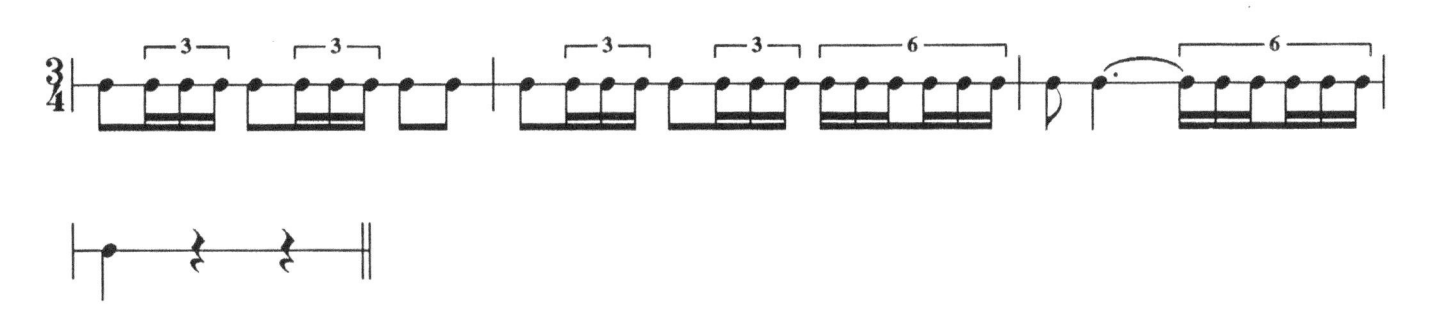

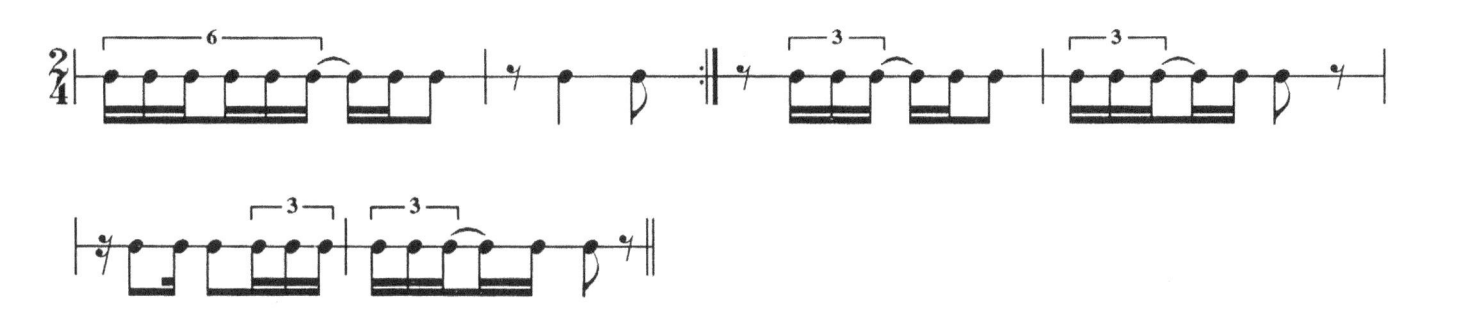

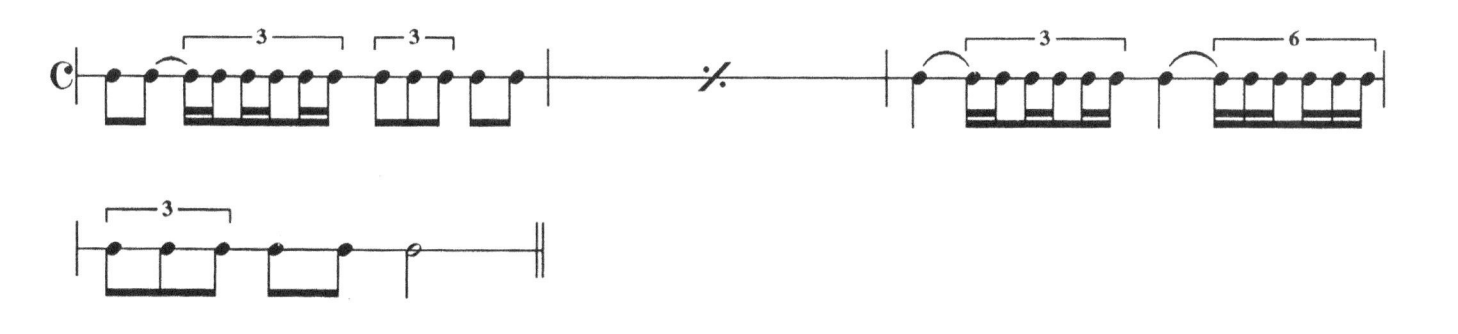

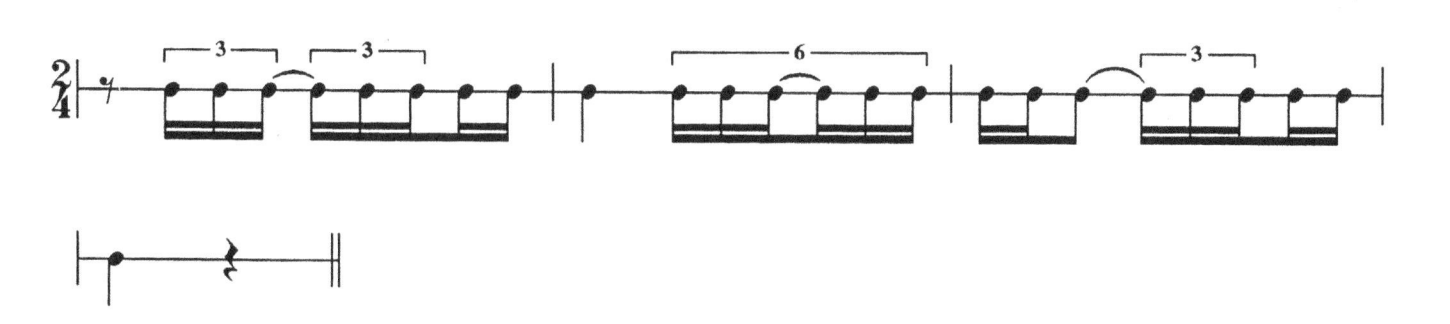

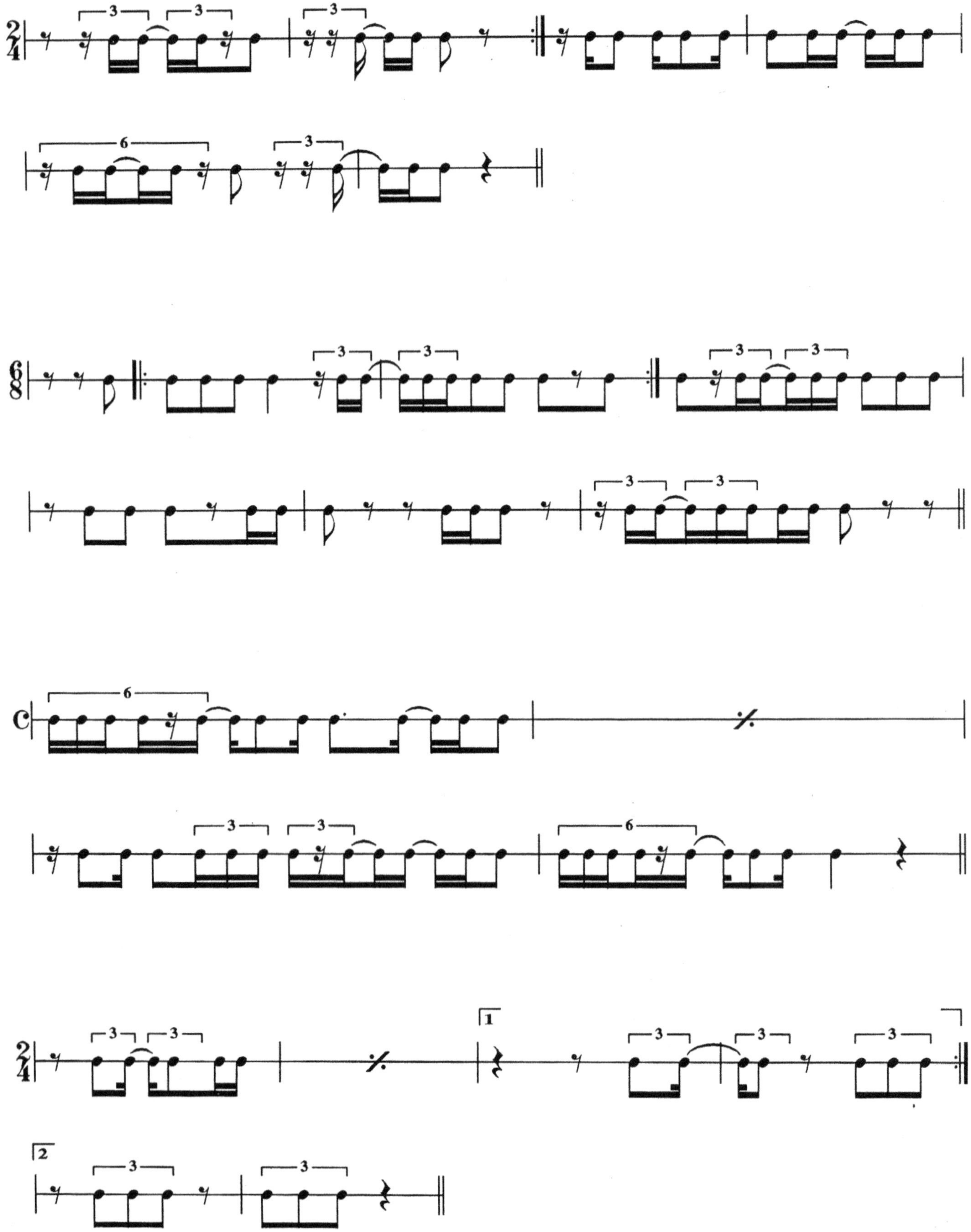

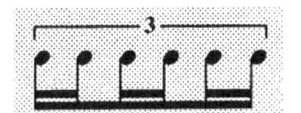

Variações
Variations

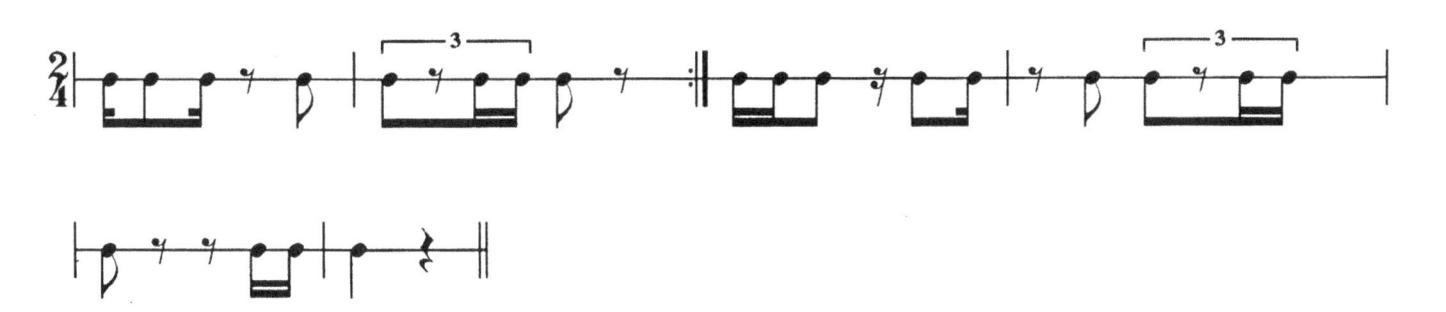

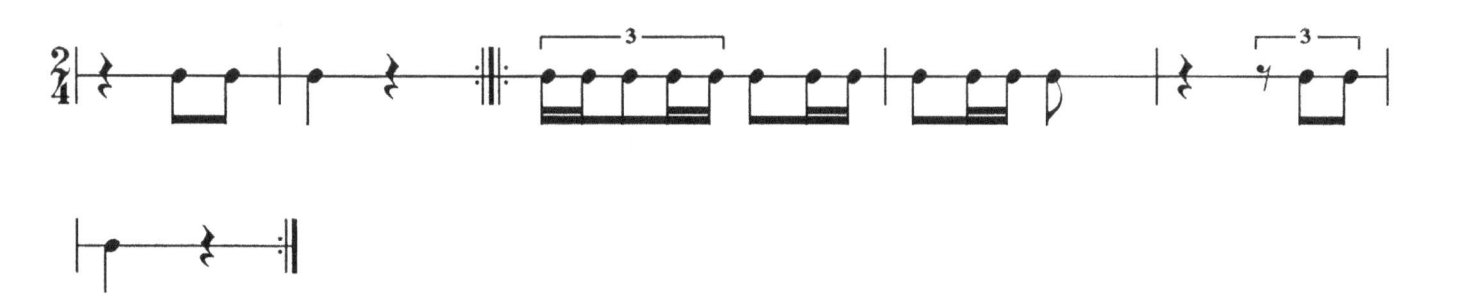

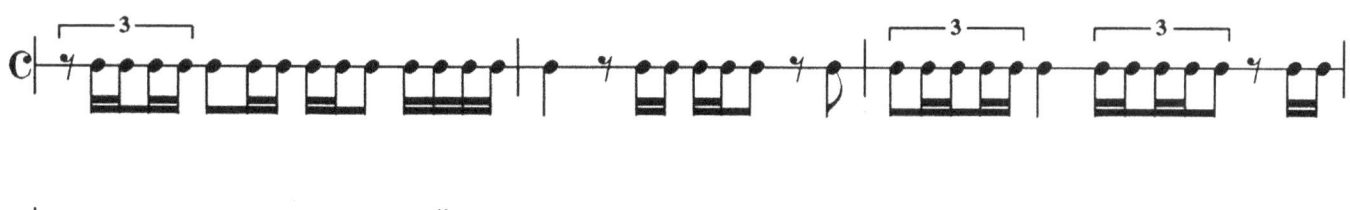

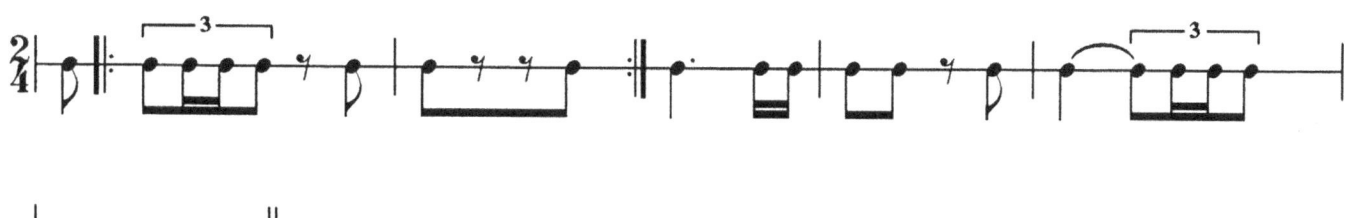

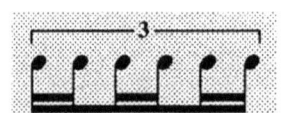

Pontuados e sincopados
Dotted and syncopated

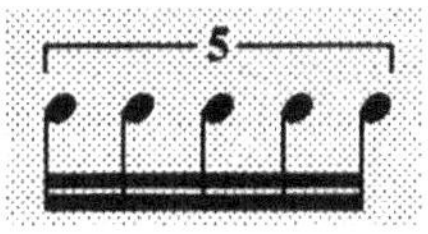

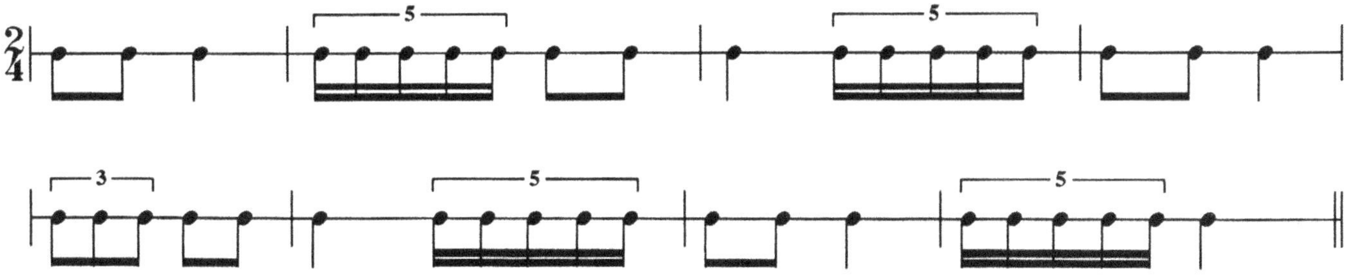

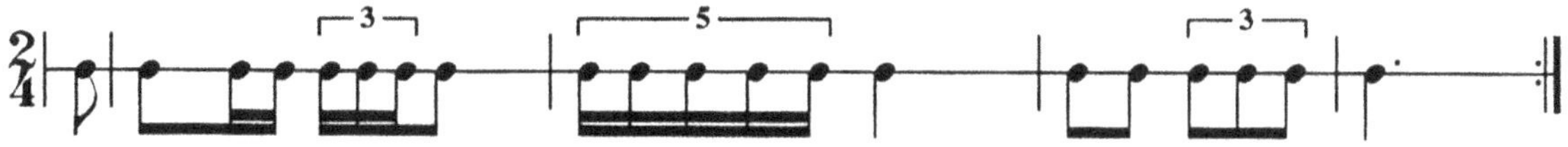

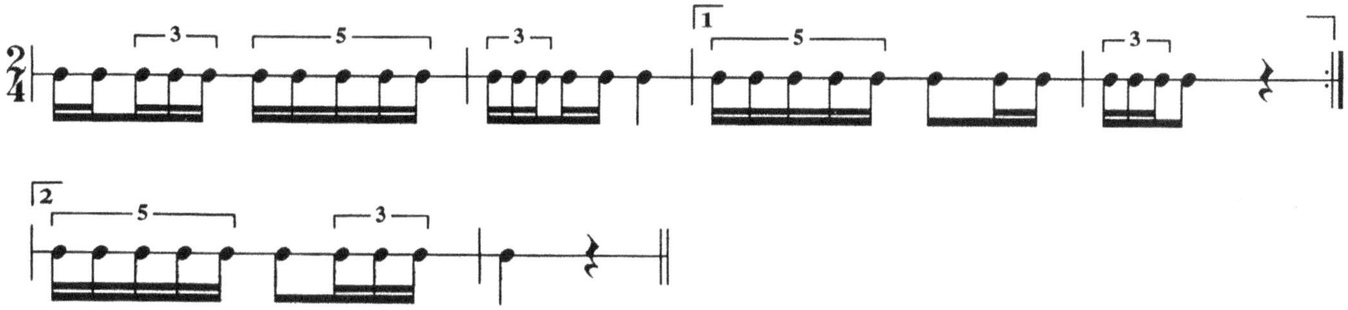

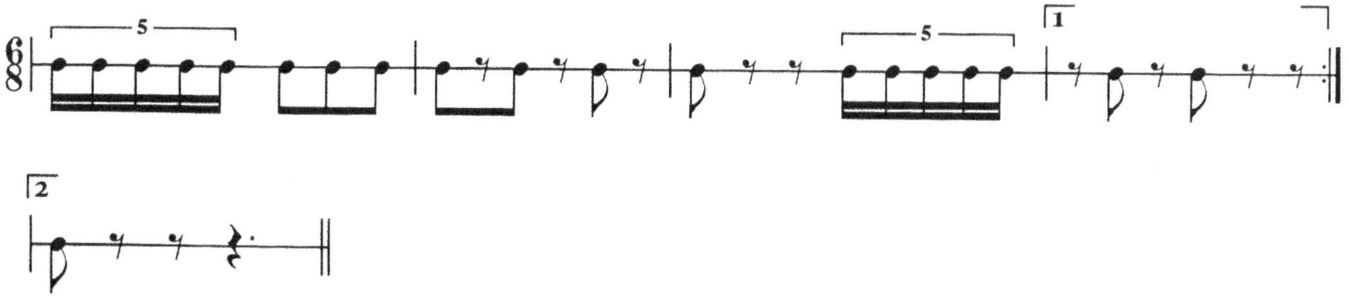

Adamo Prince

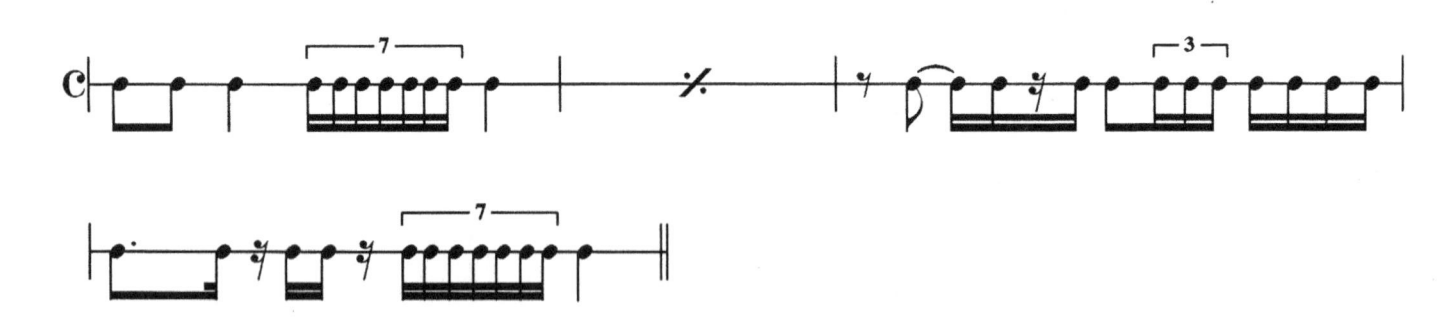

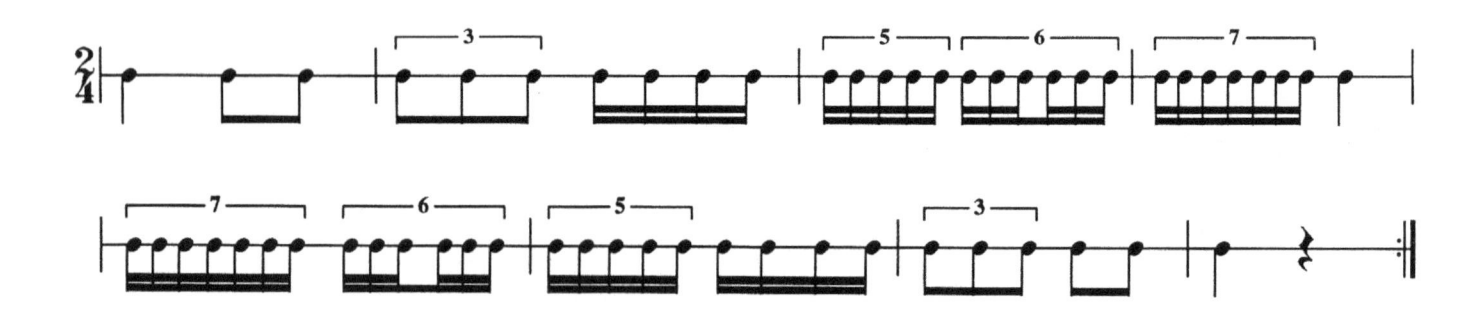

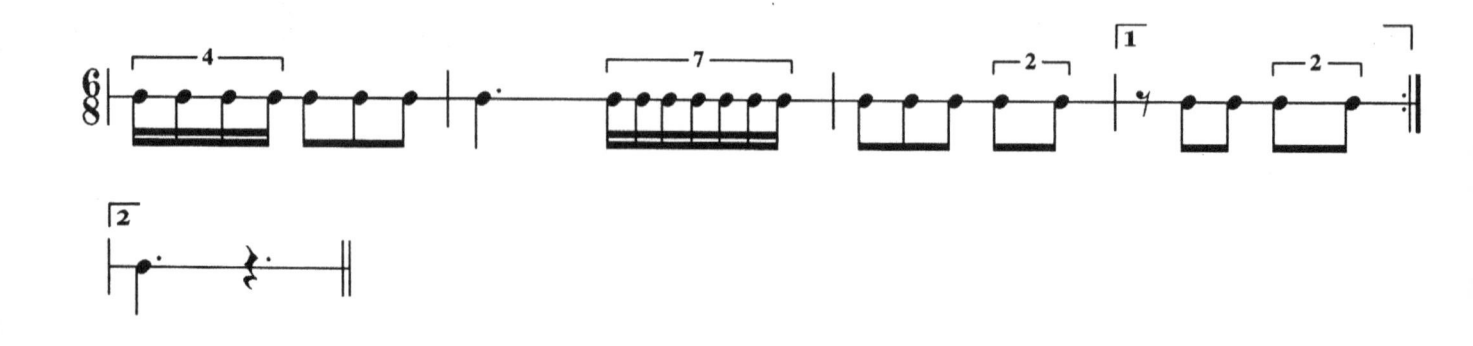

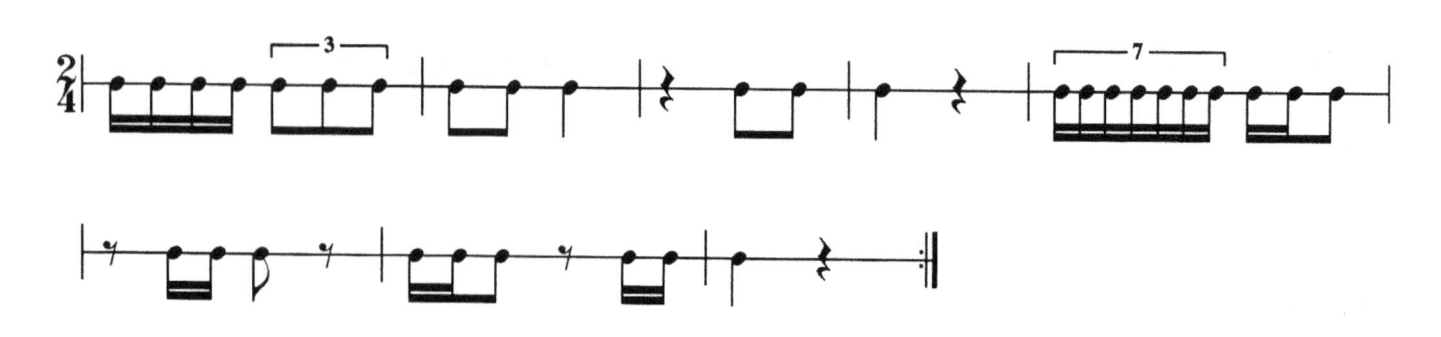

Com pausas e ligaduras
With pauses and slurs

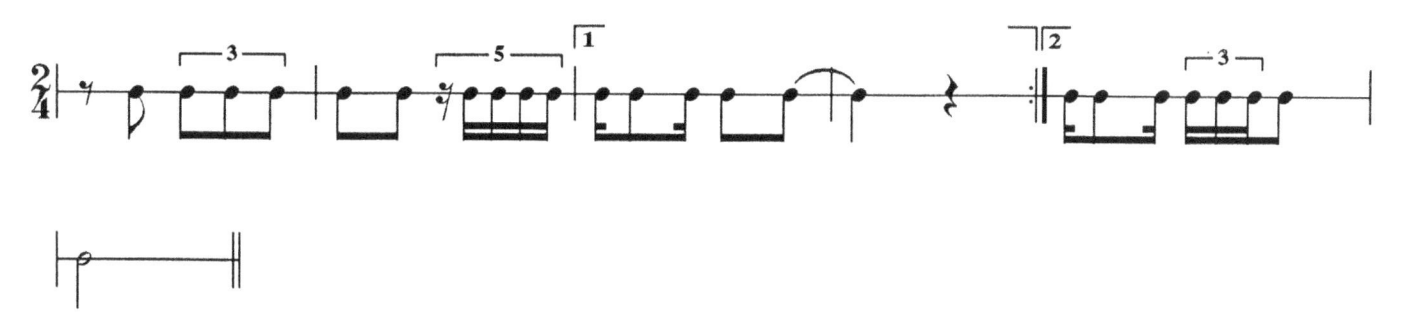

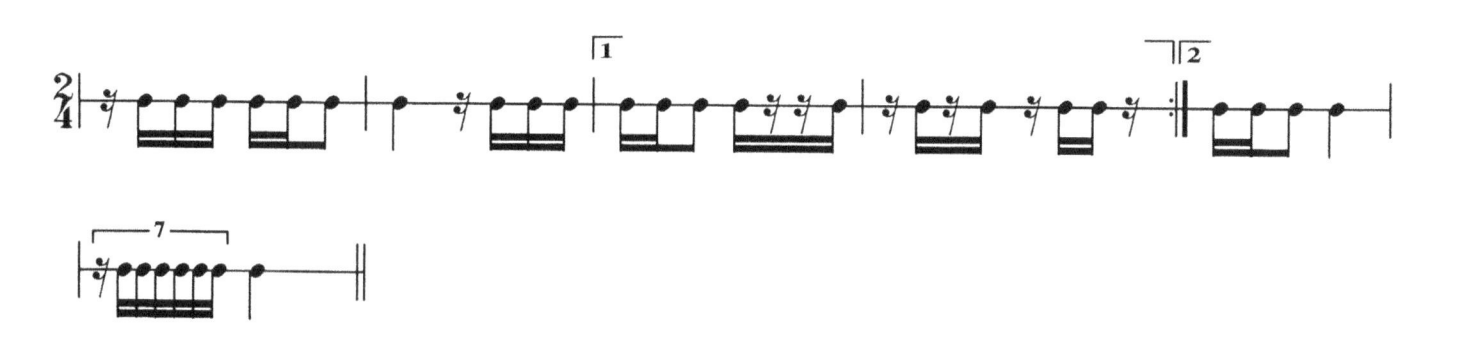

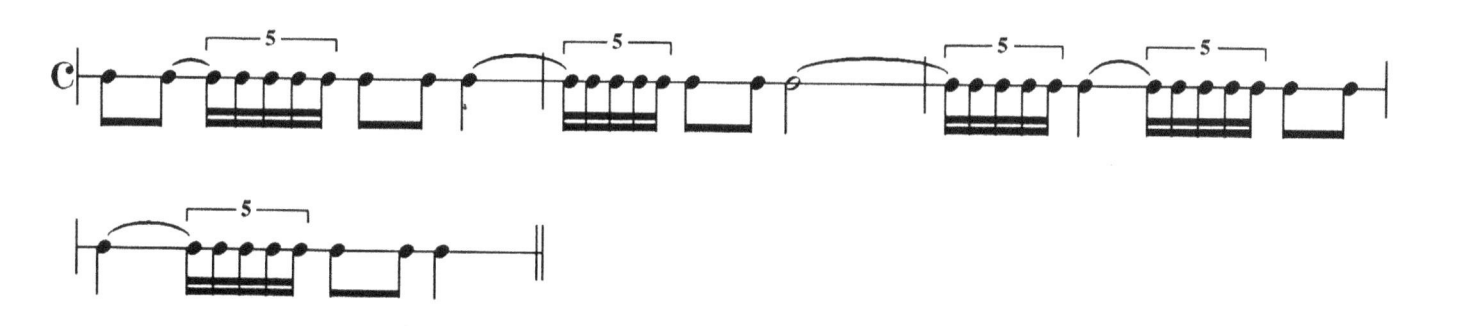

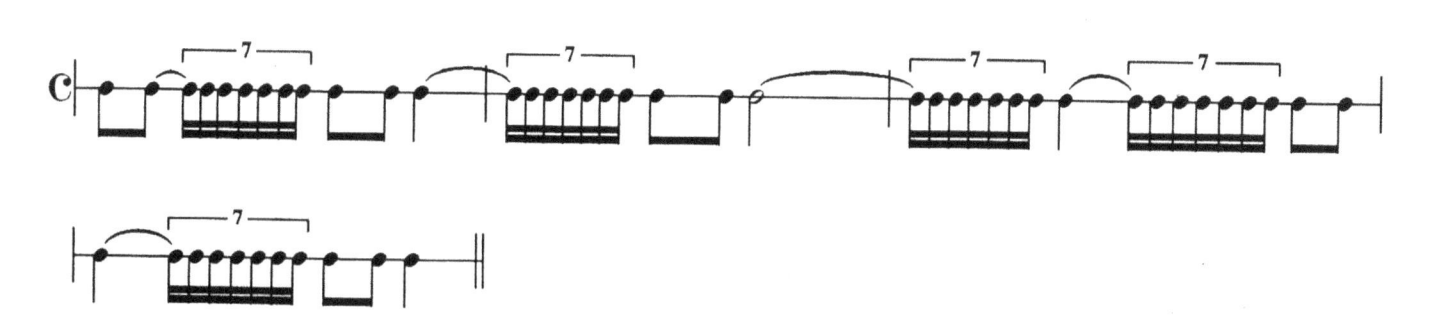

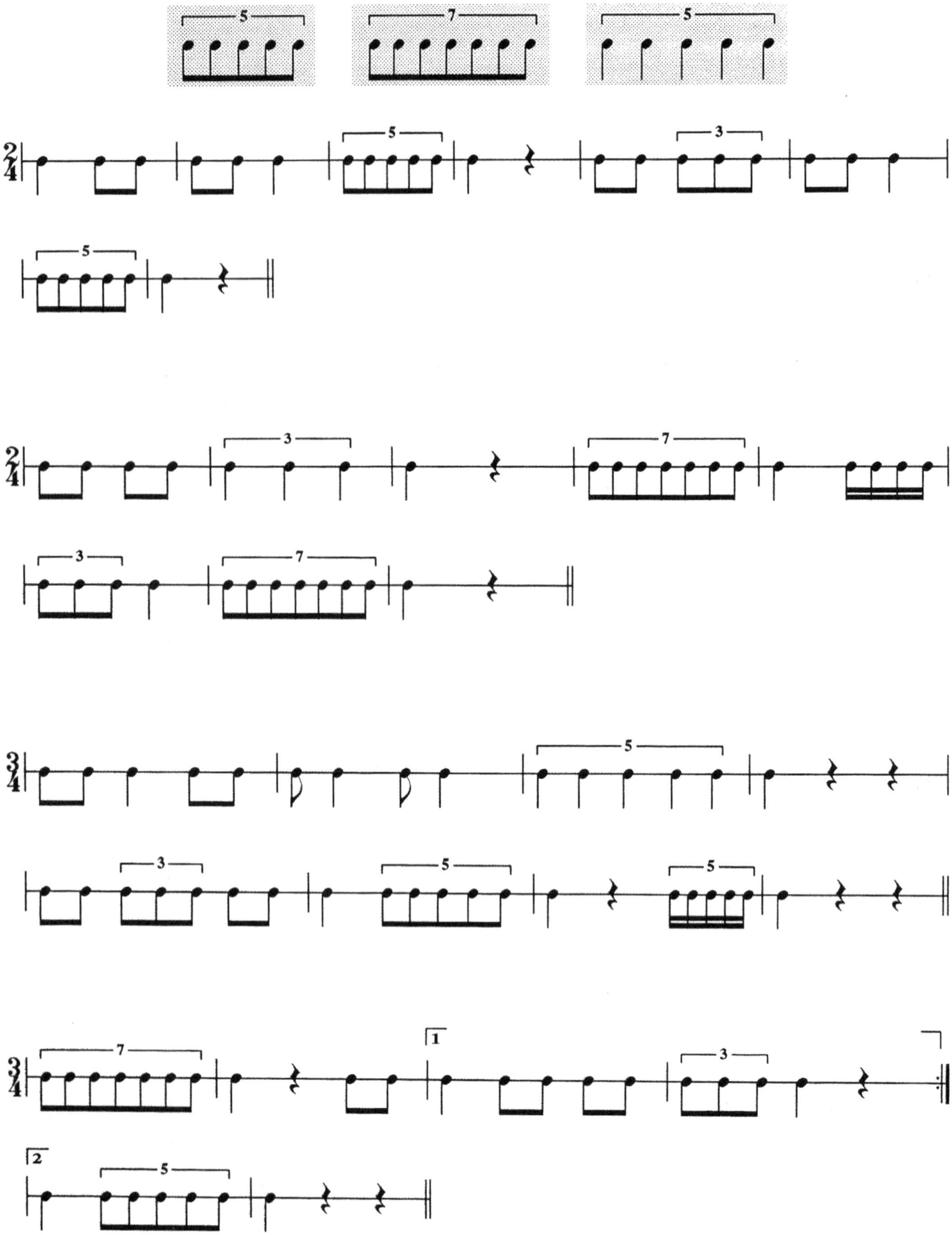

Leitura a duas vozes alternadas
Reading in two alternated voices

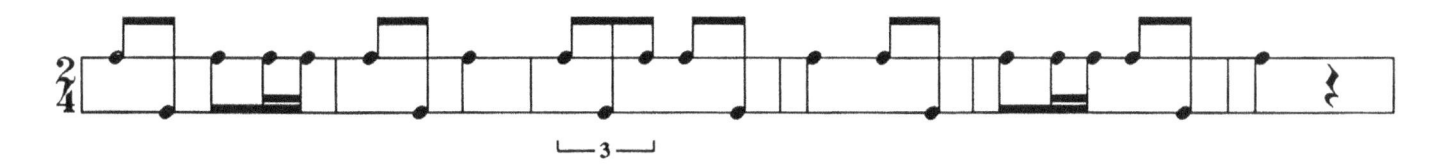

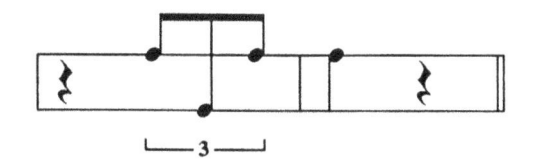

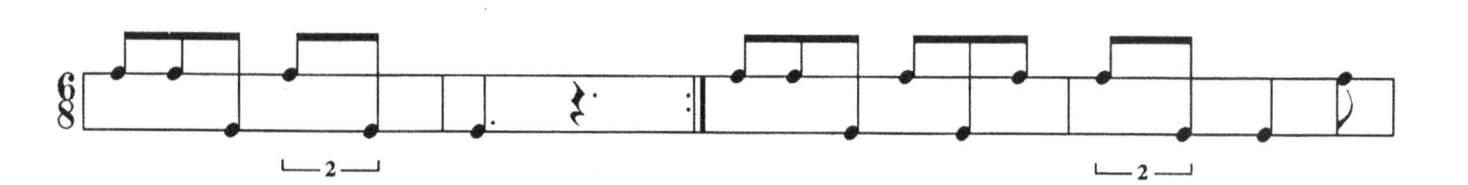

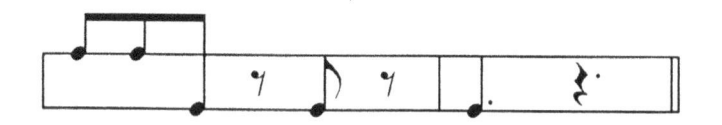

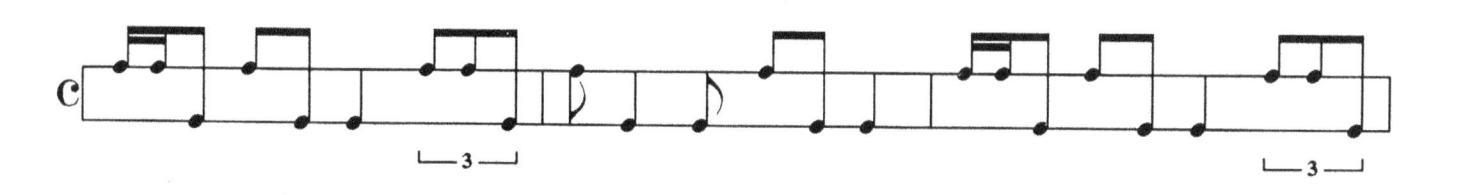

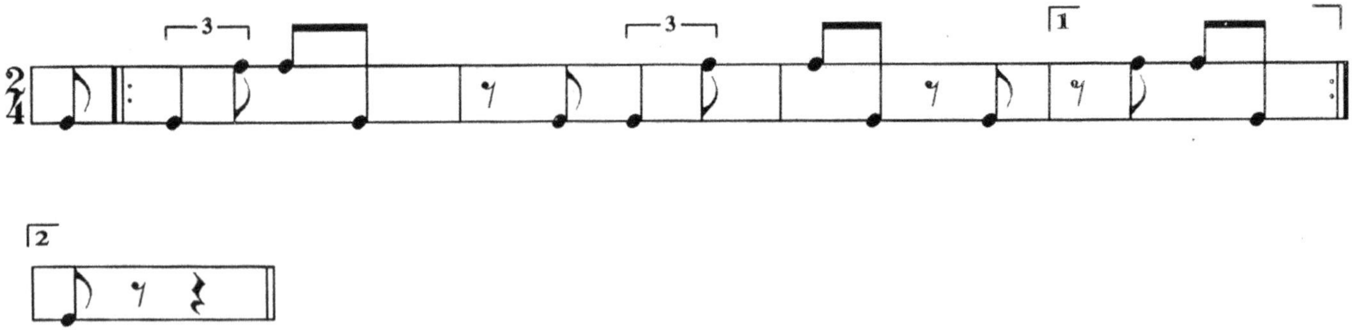

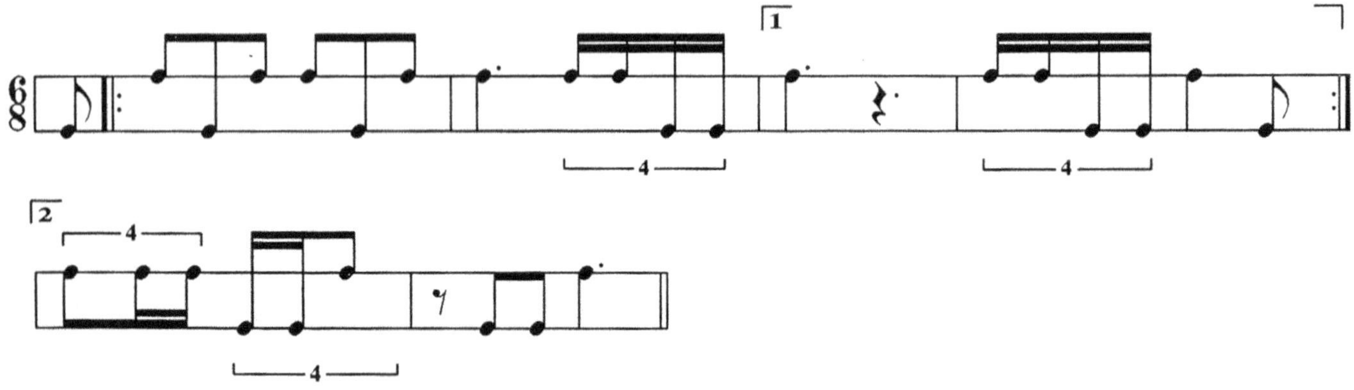

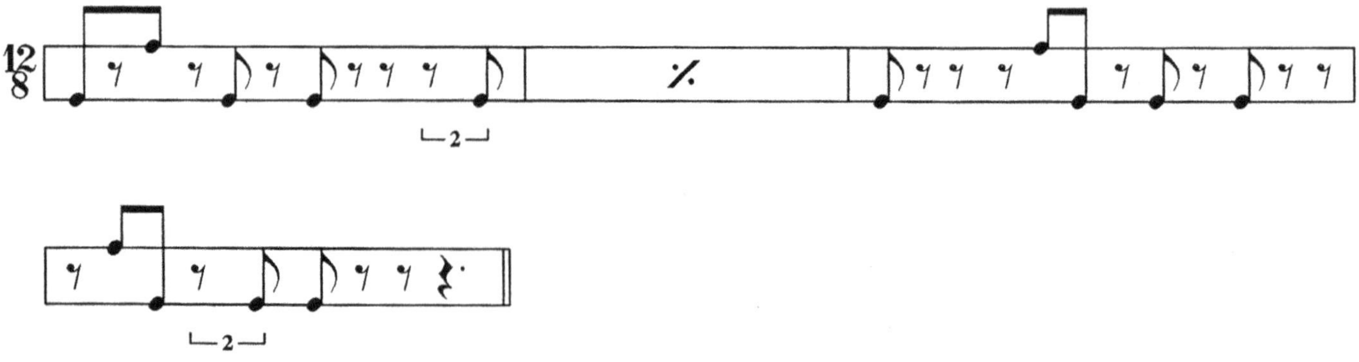

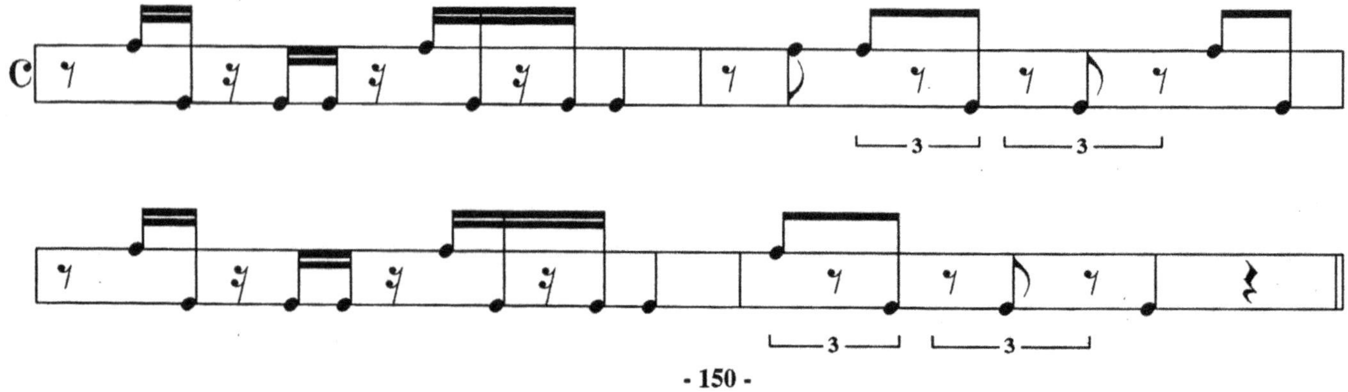

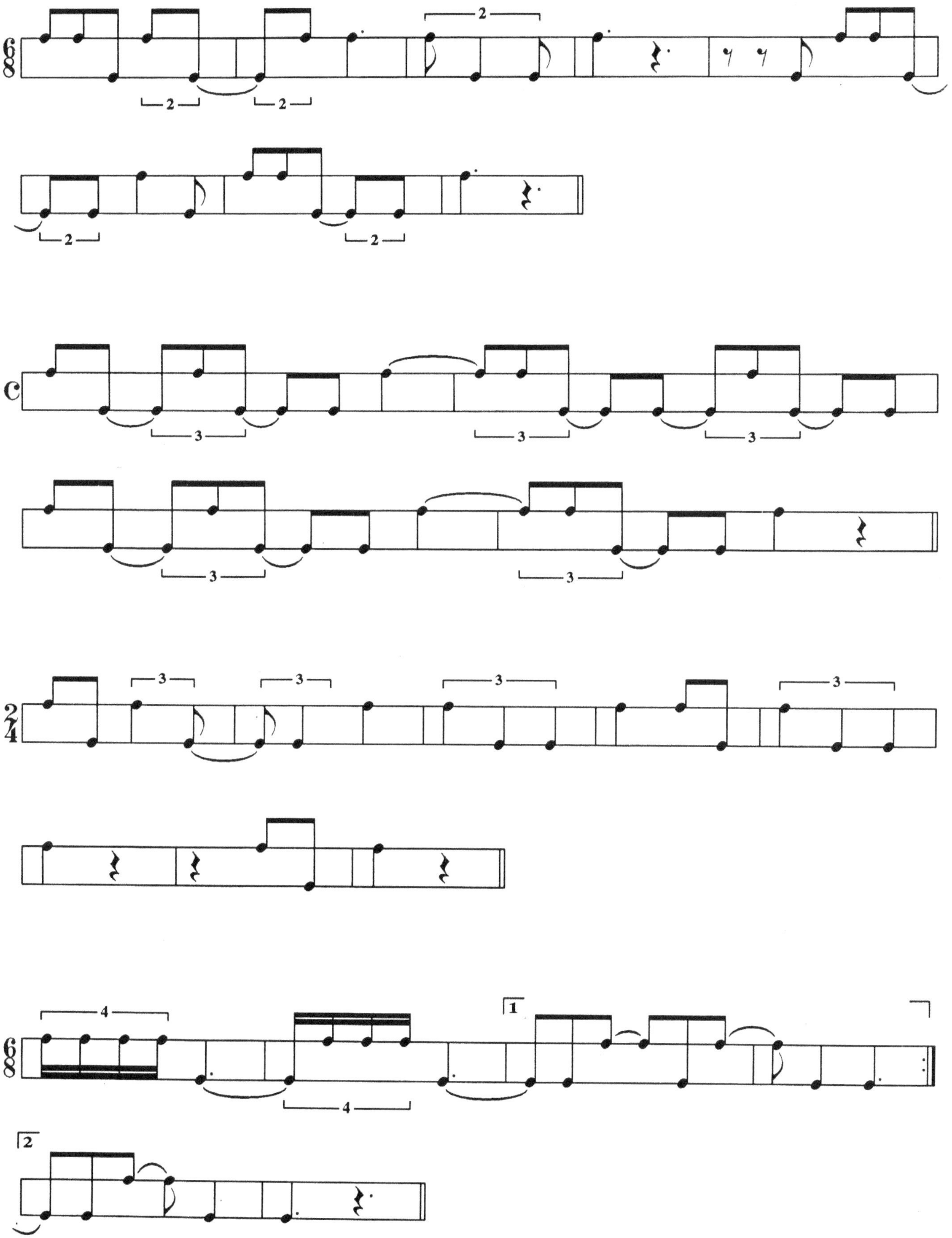

Adamo Prince

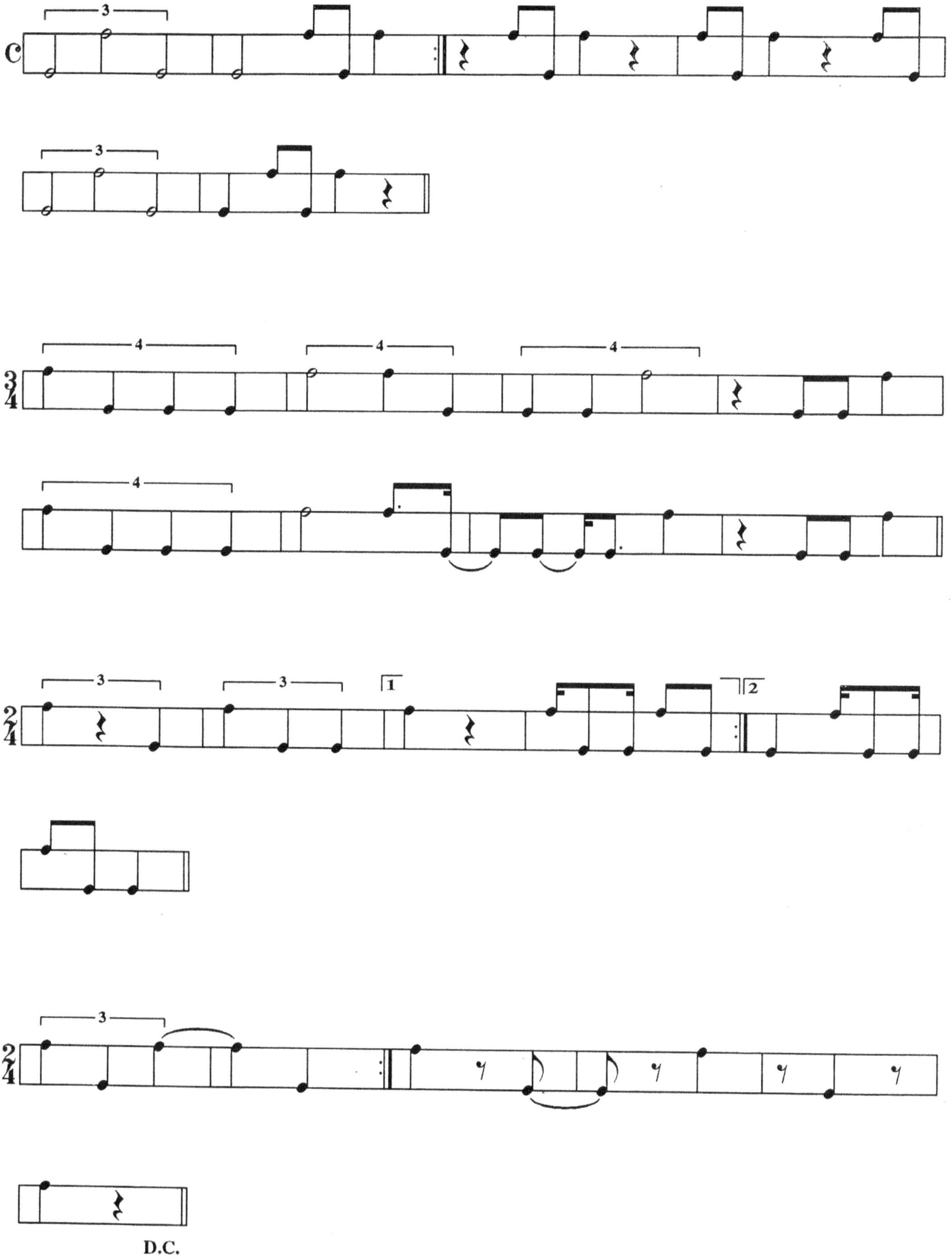
D.C.

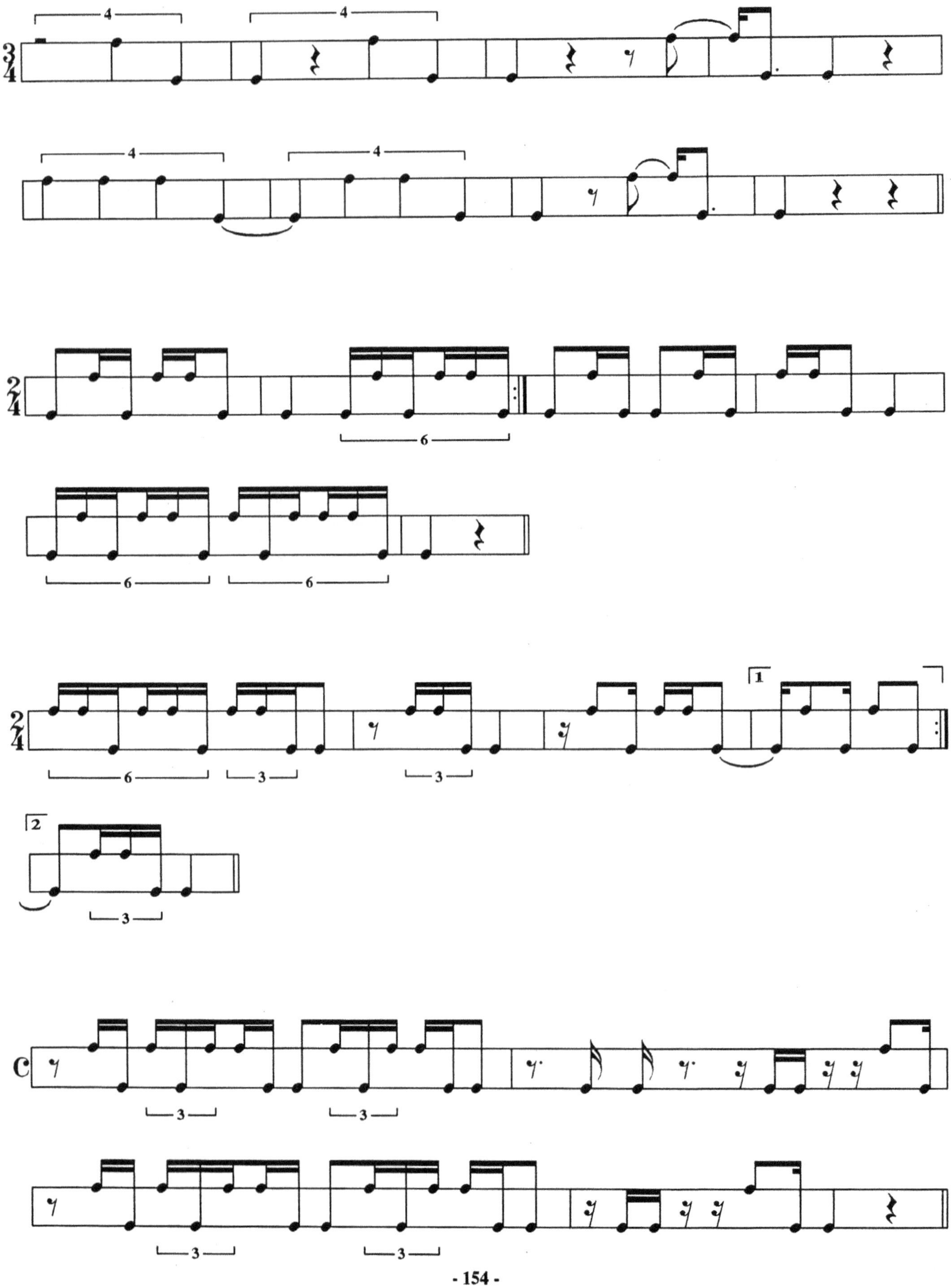

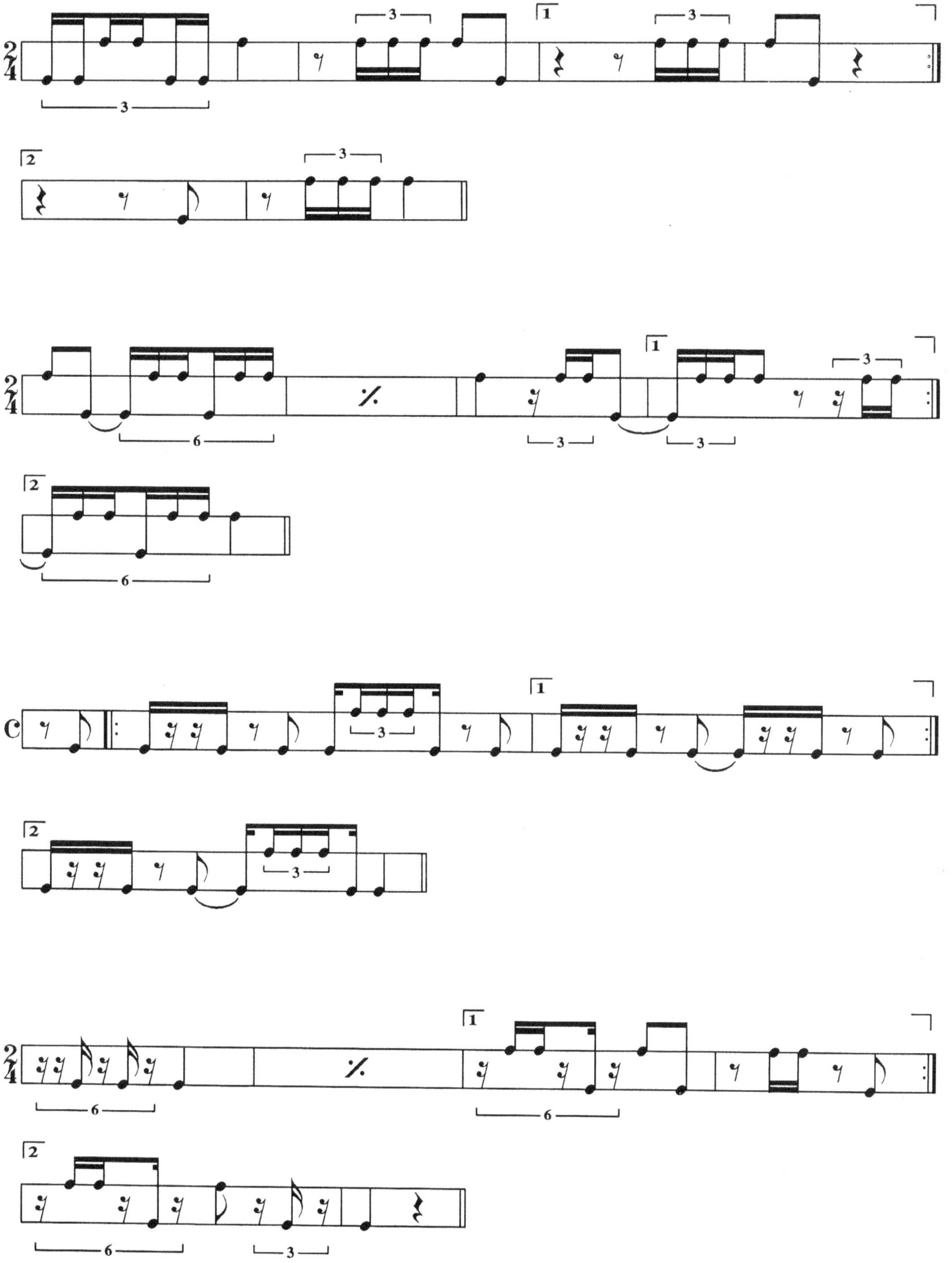

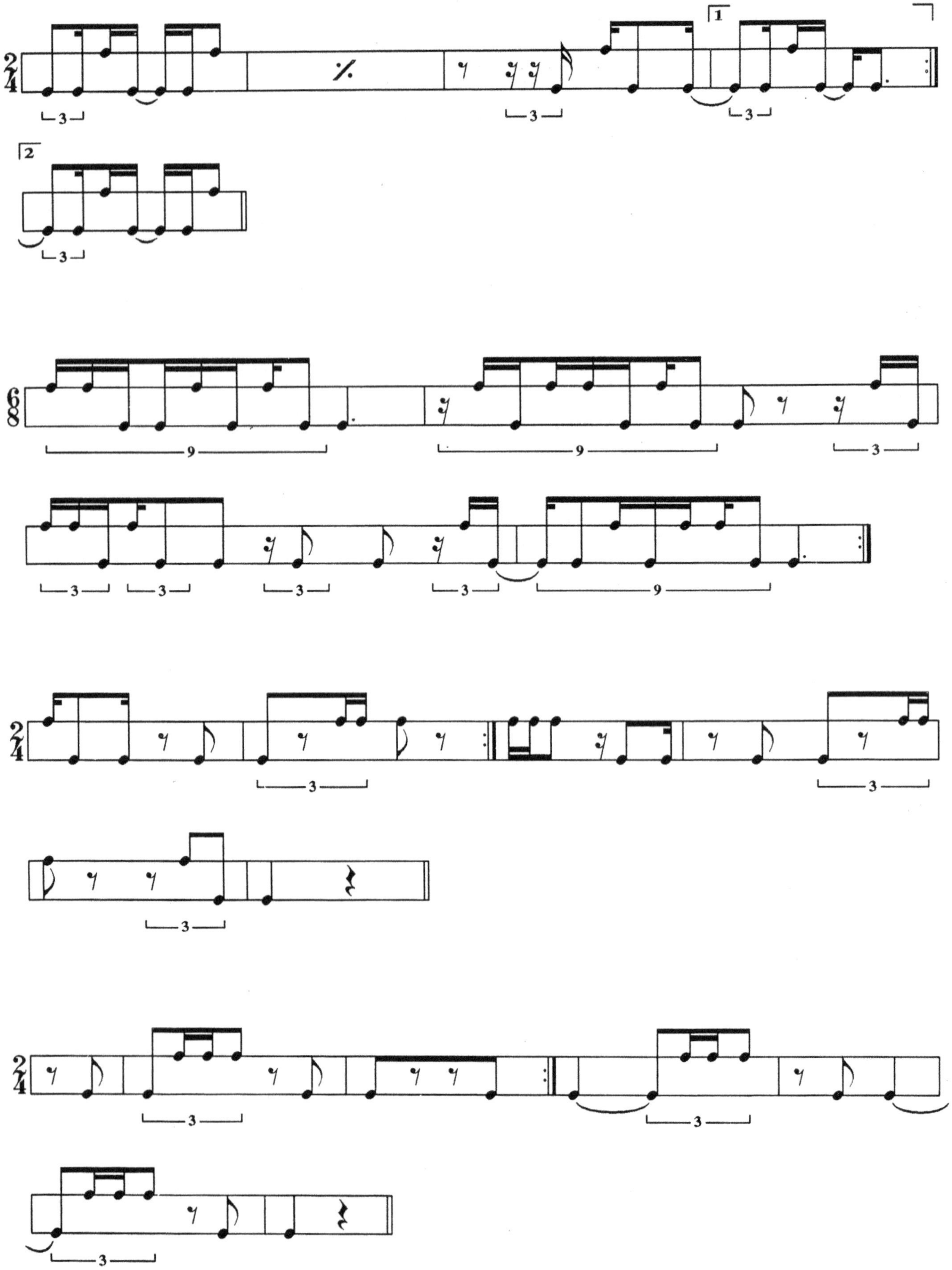

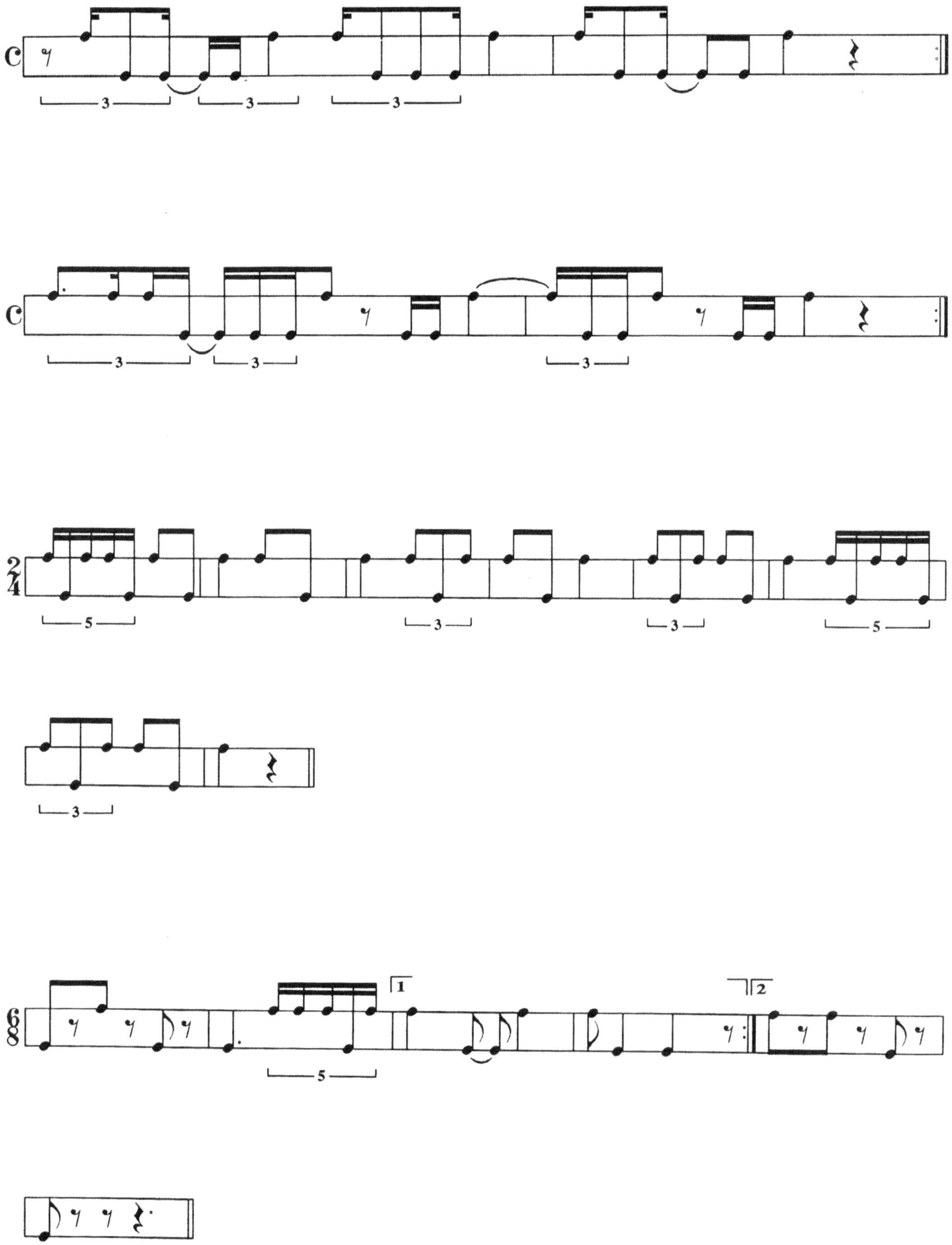

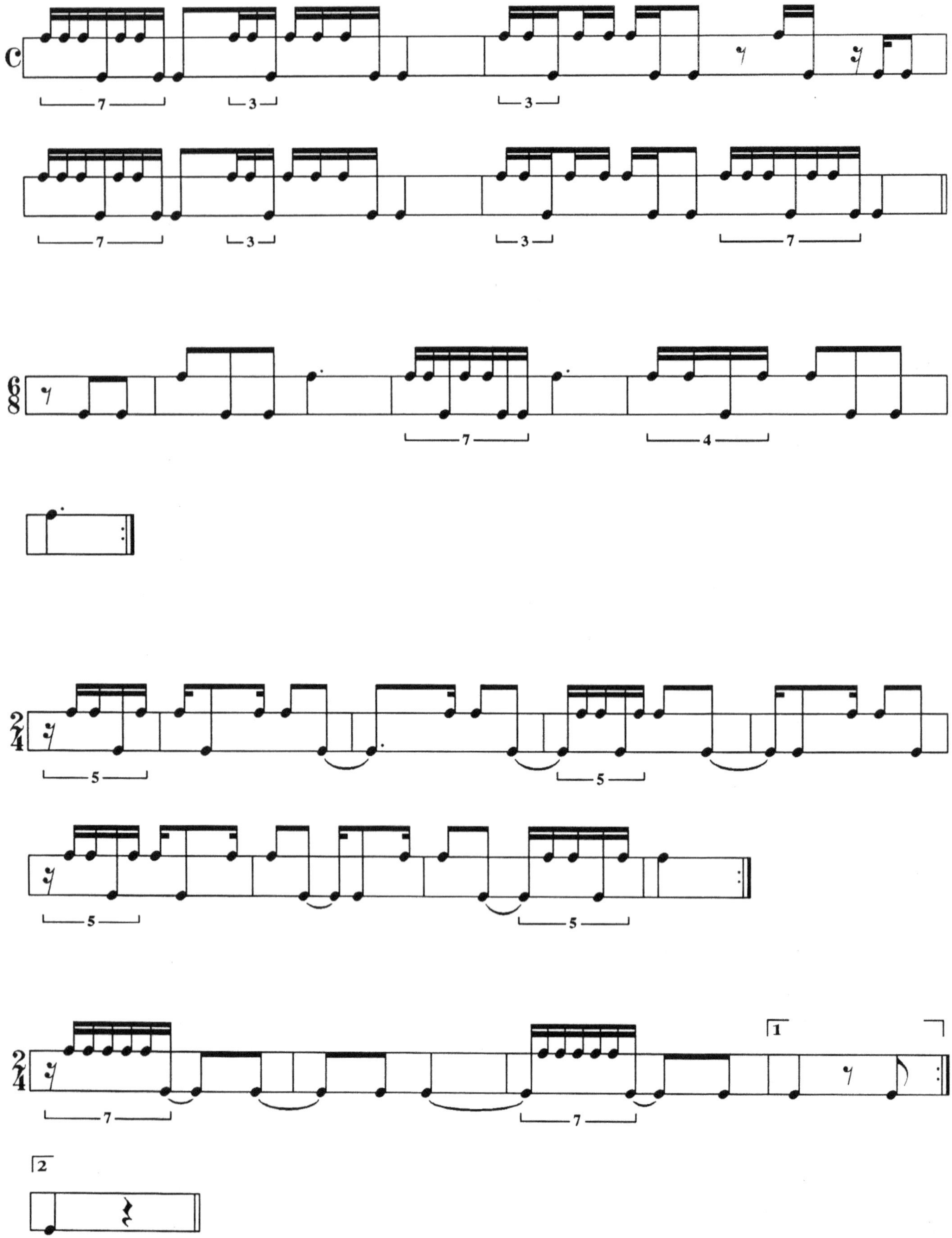

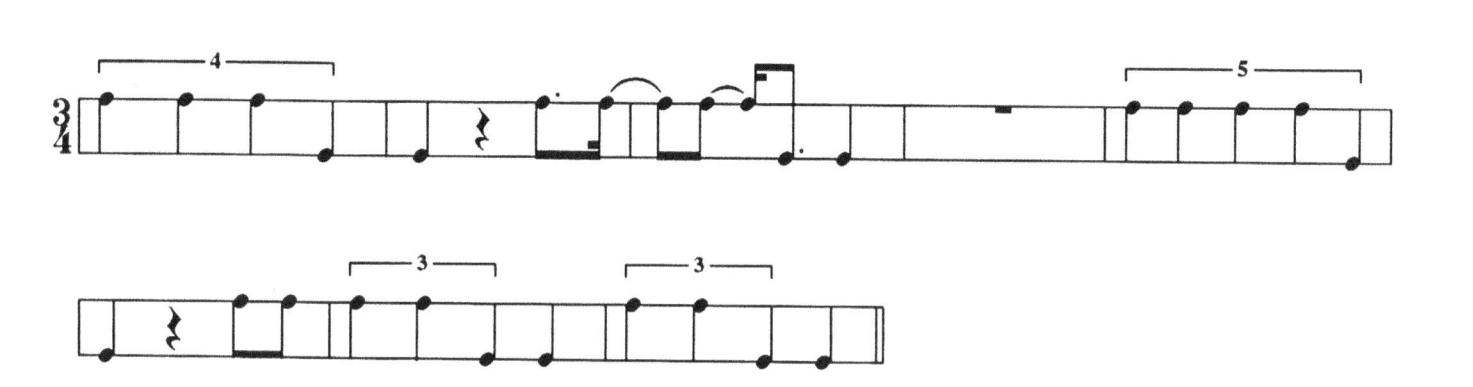

Leitura a duas vozes simultâneas
Reading in two simultaneous voices

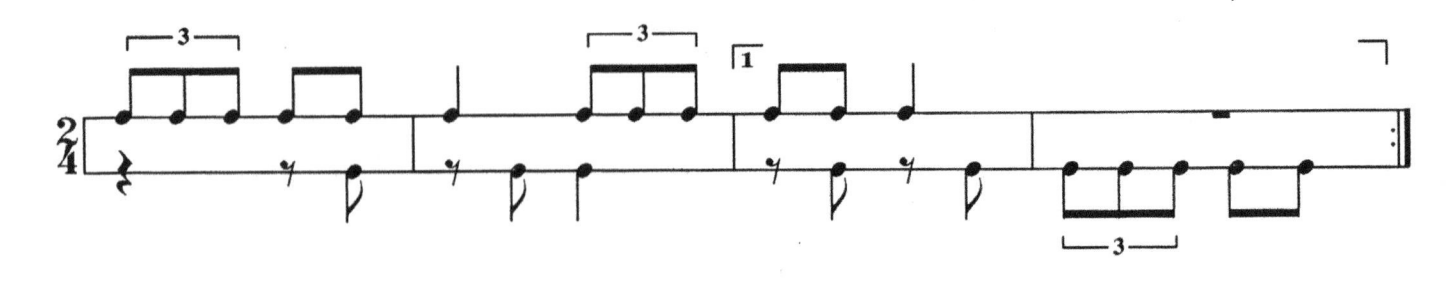

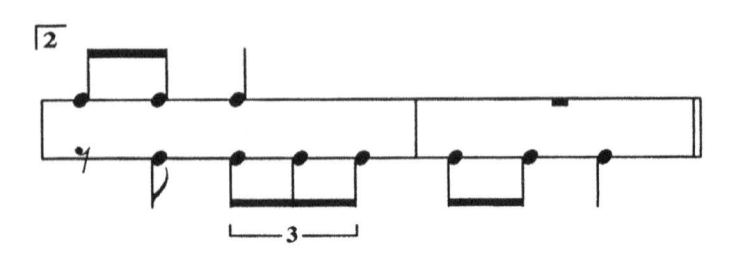

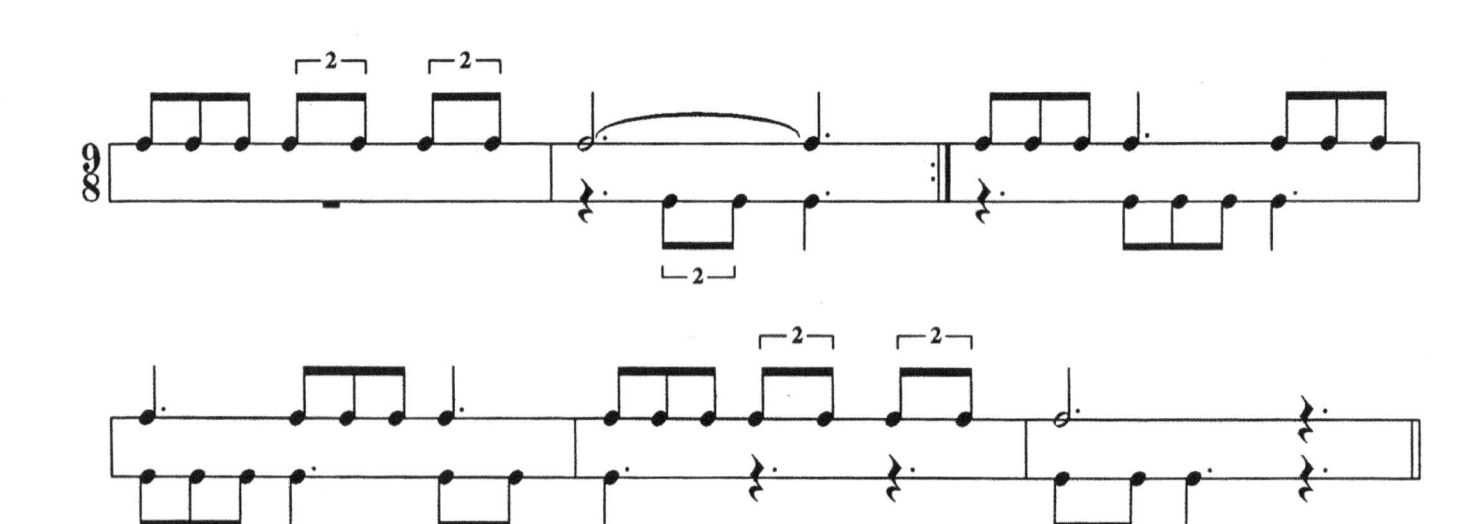

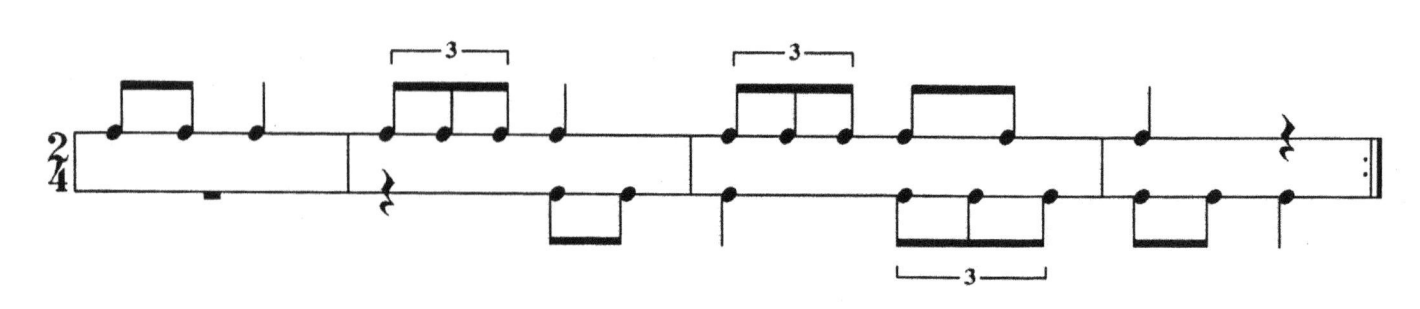

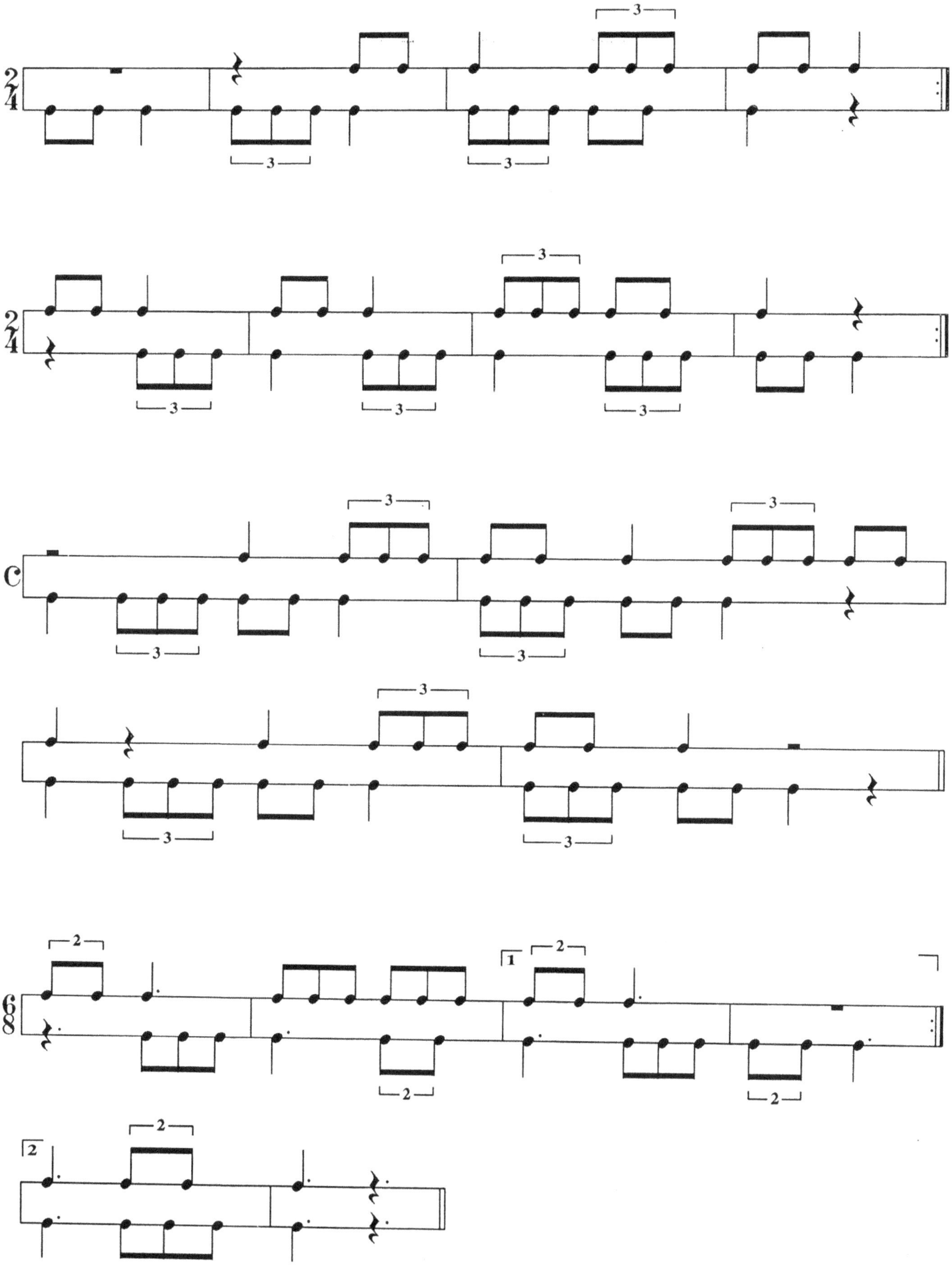

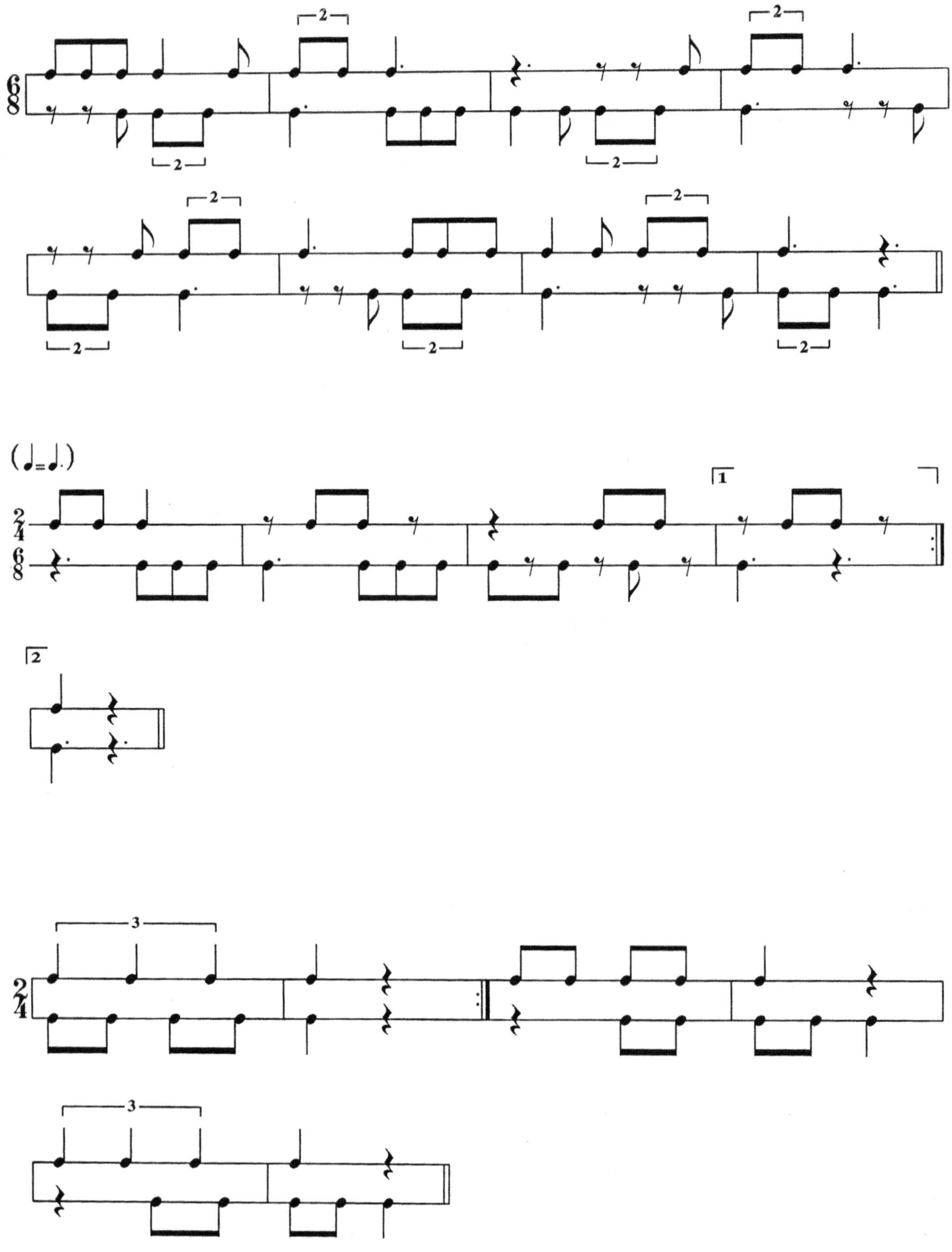

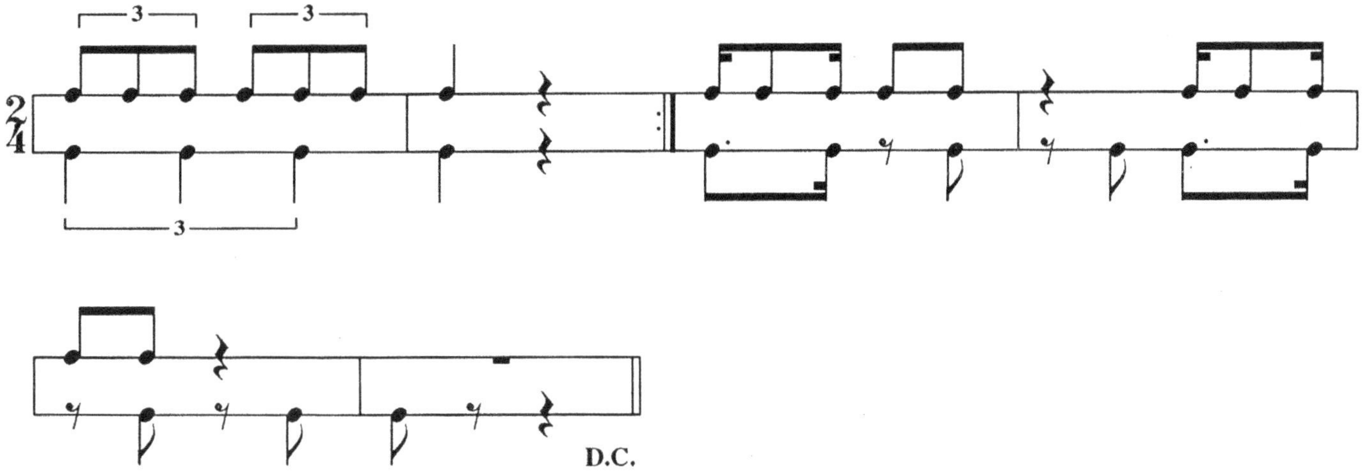
3
3
3
D.C.

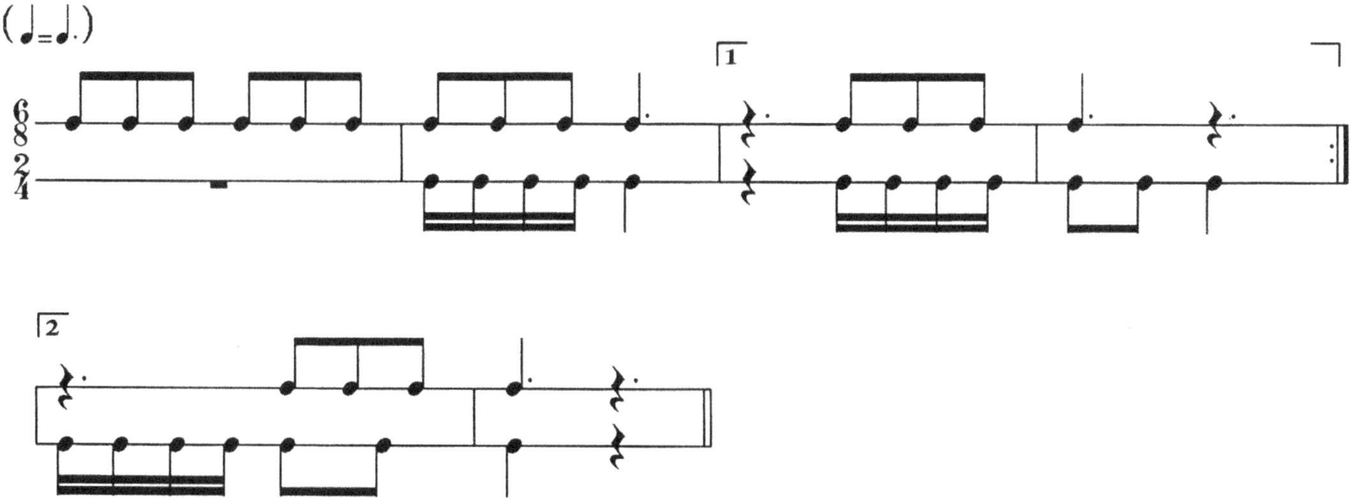

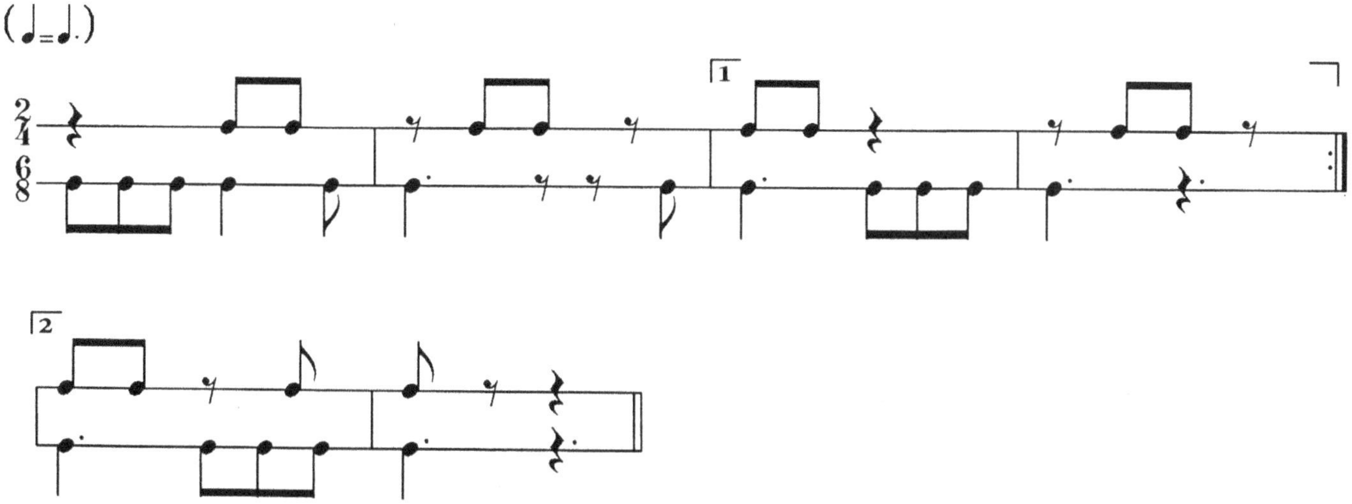

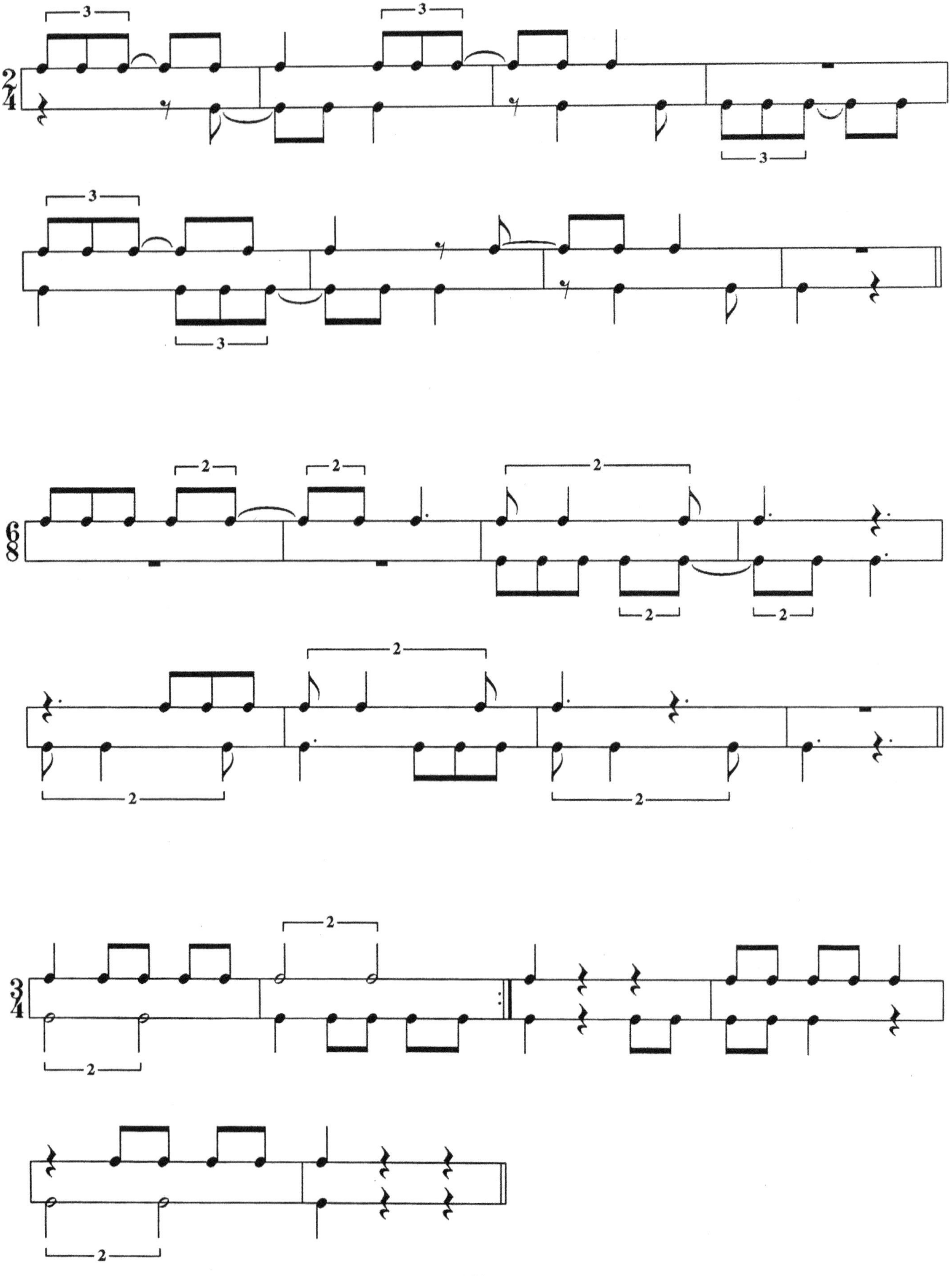

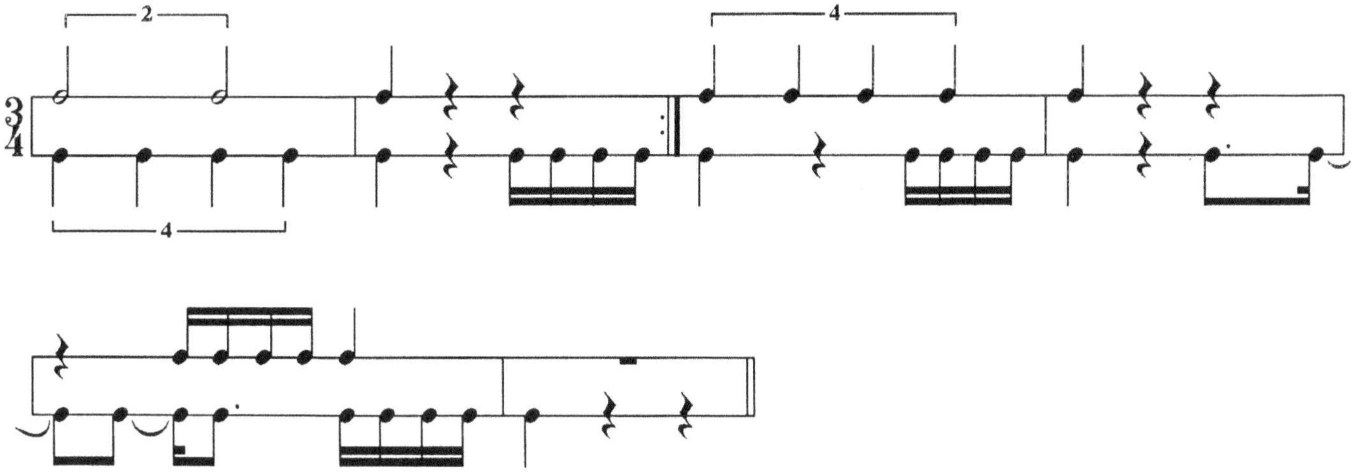

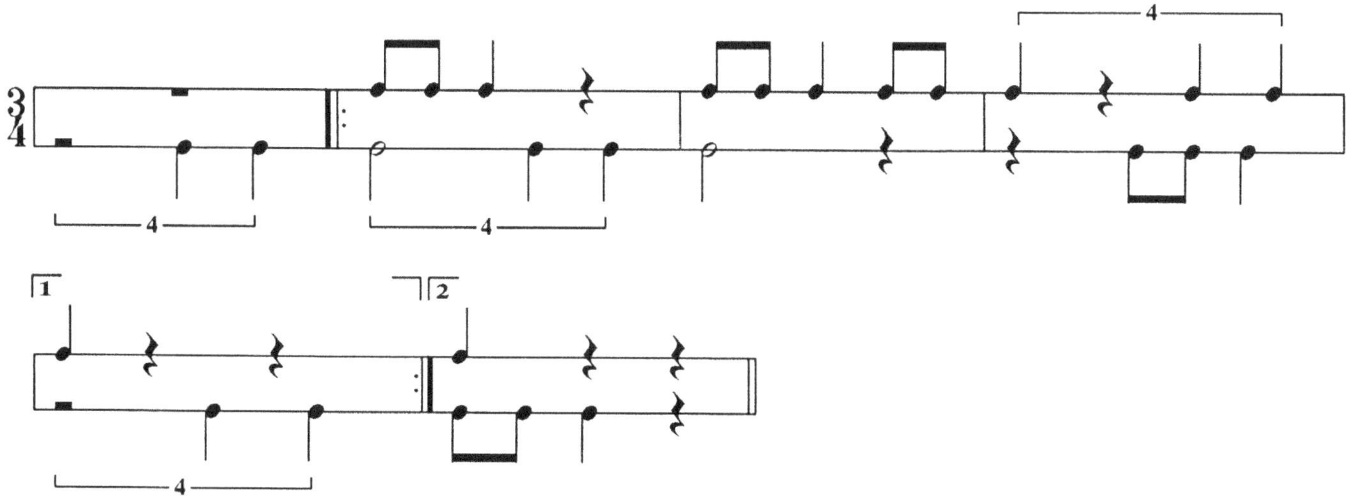

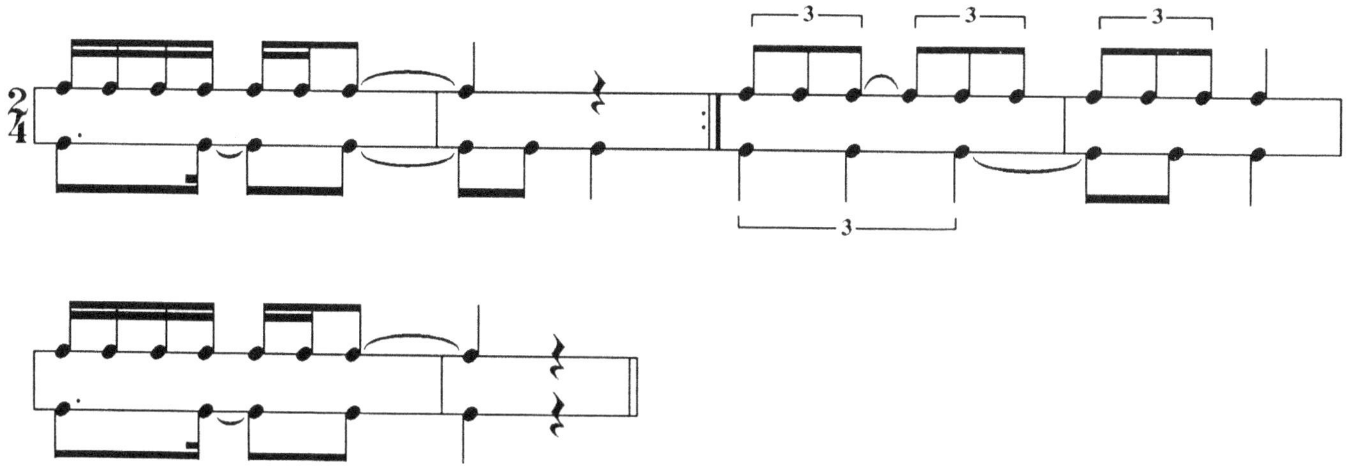

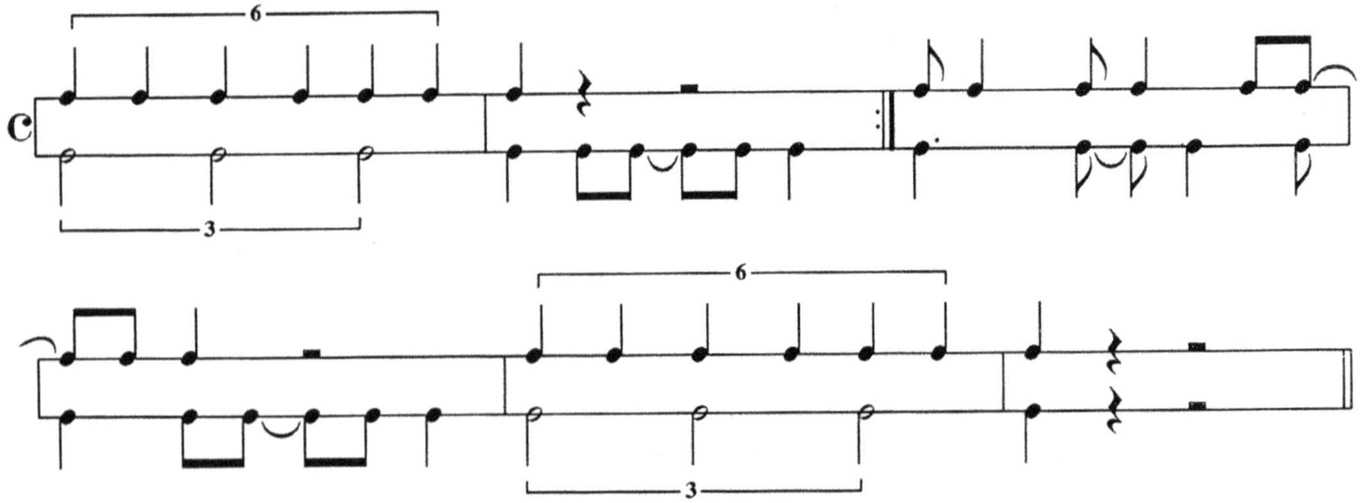

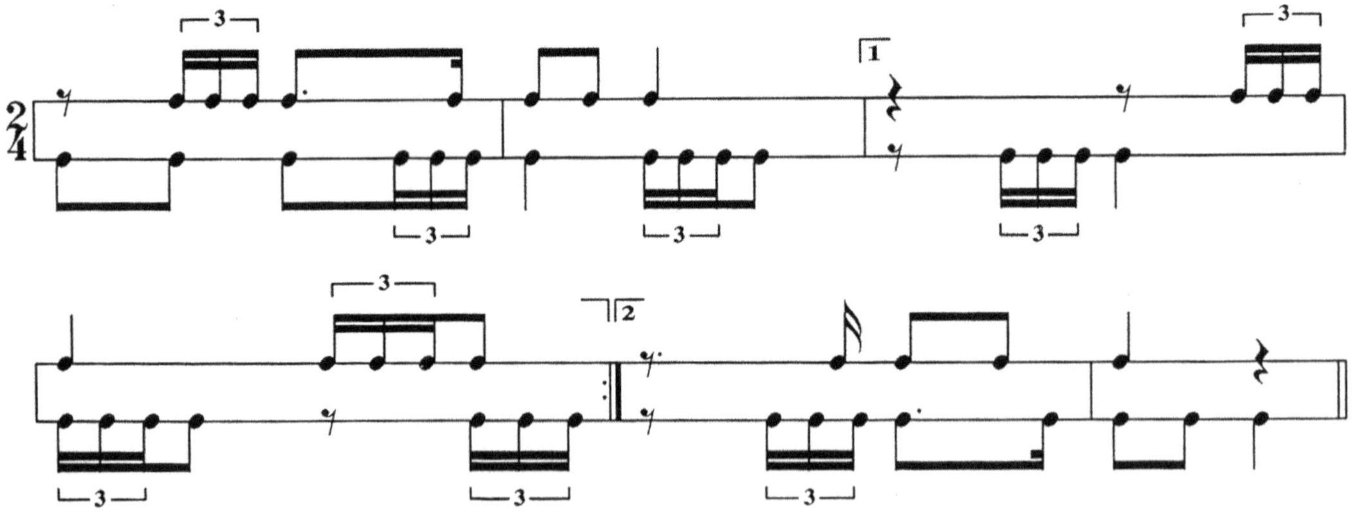

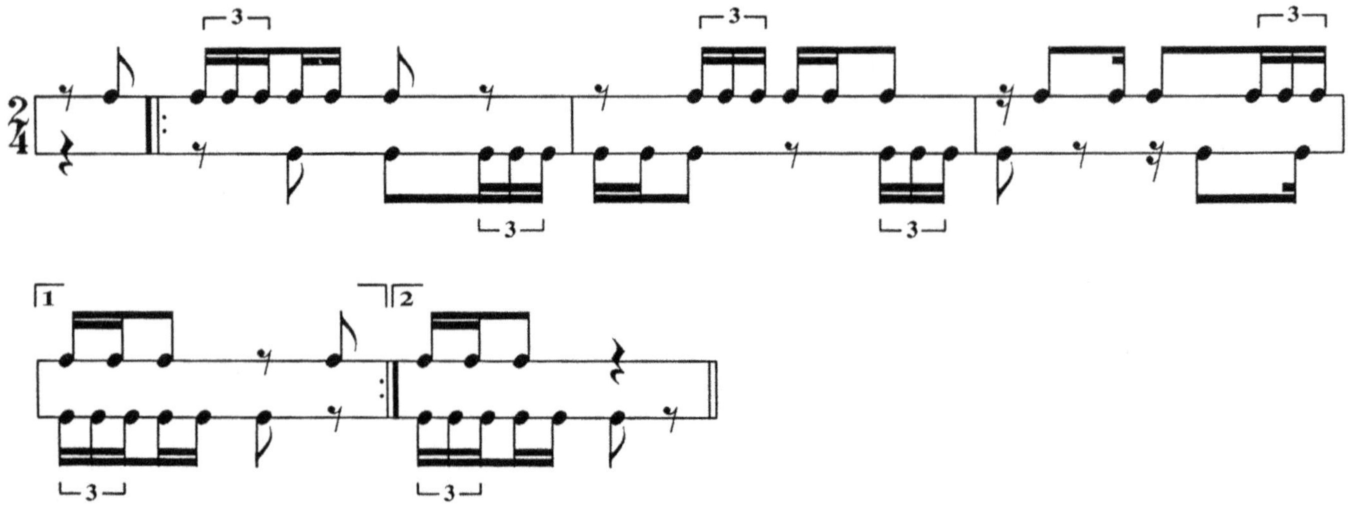

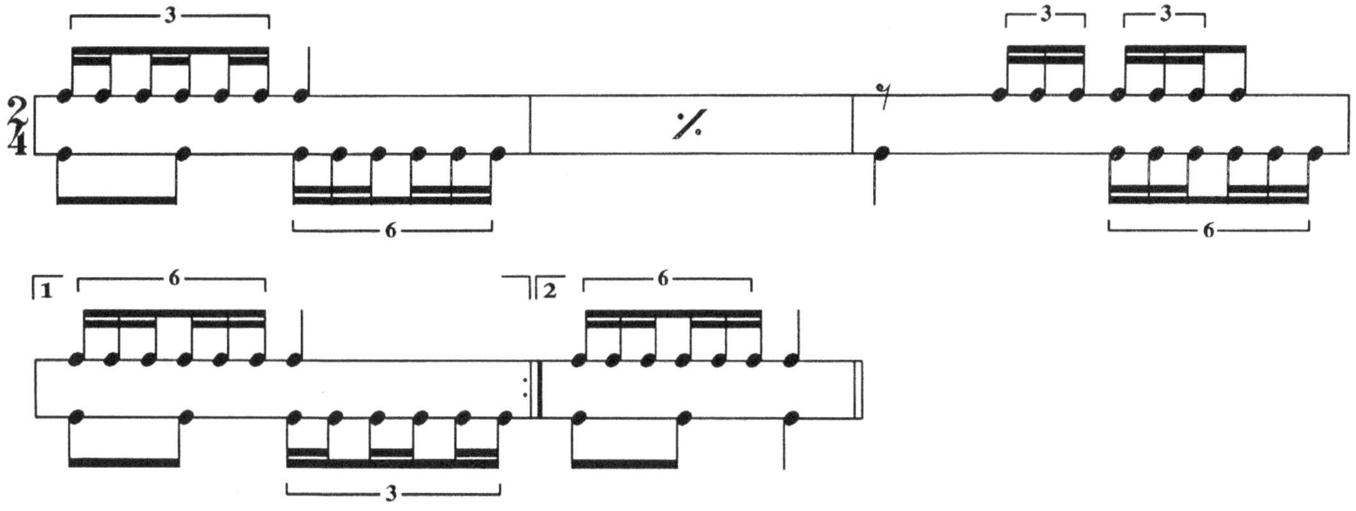

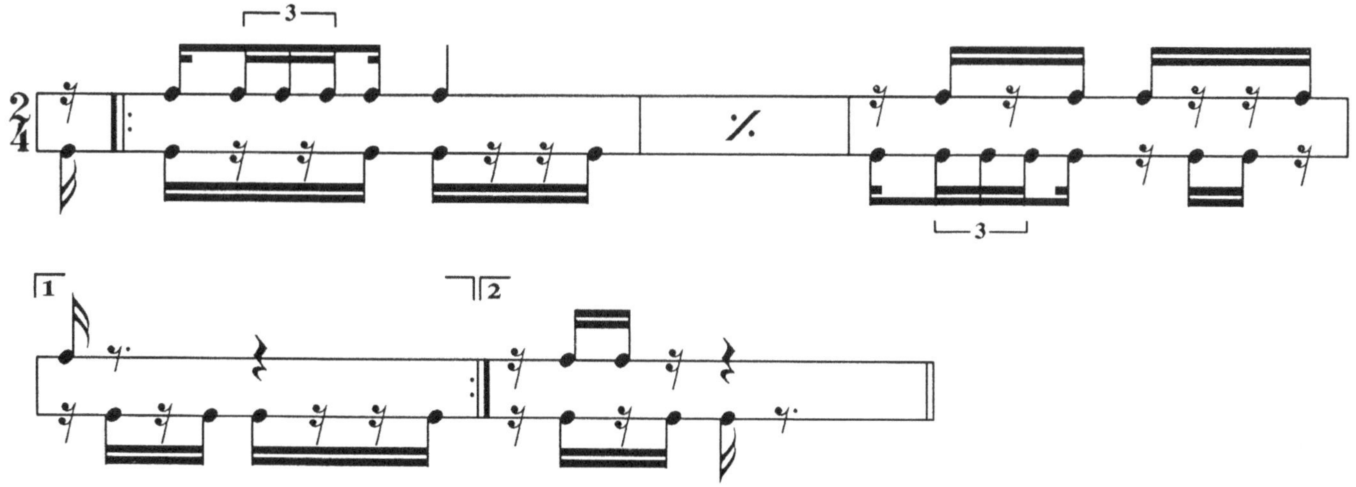

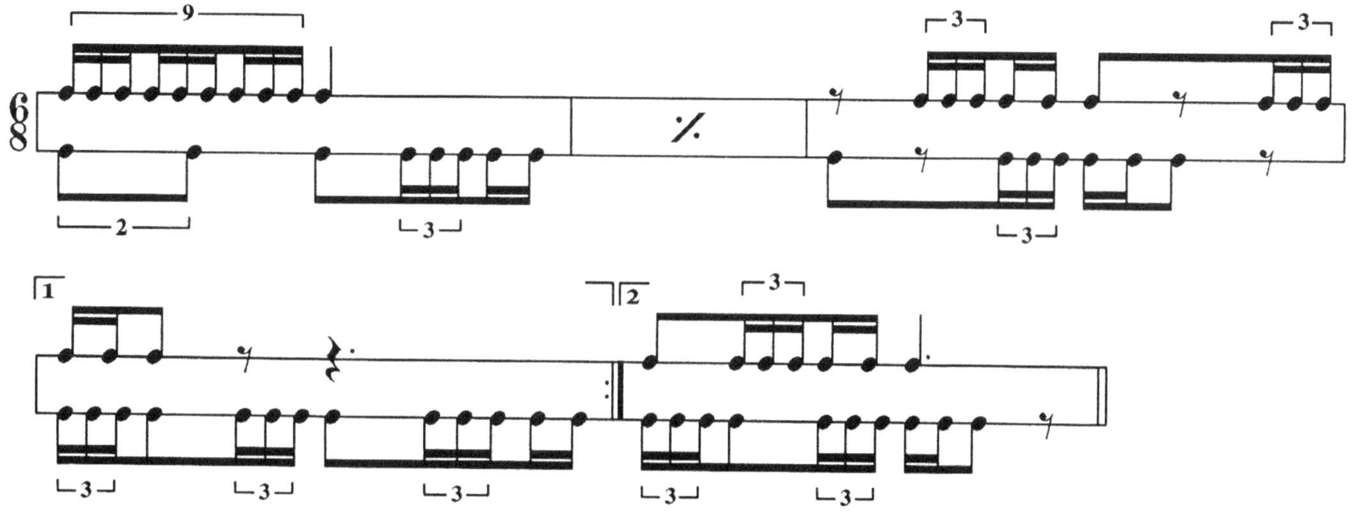

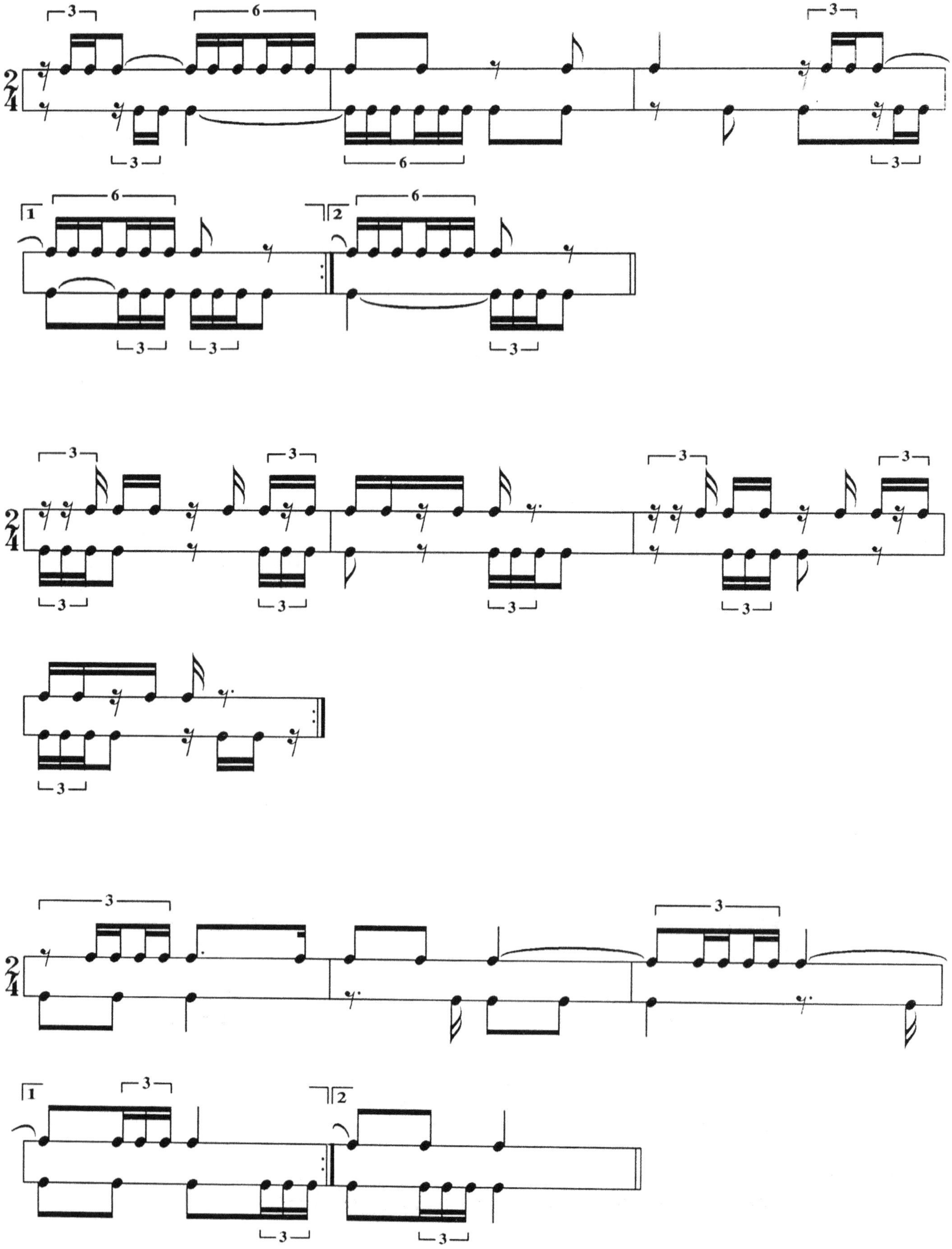

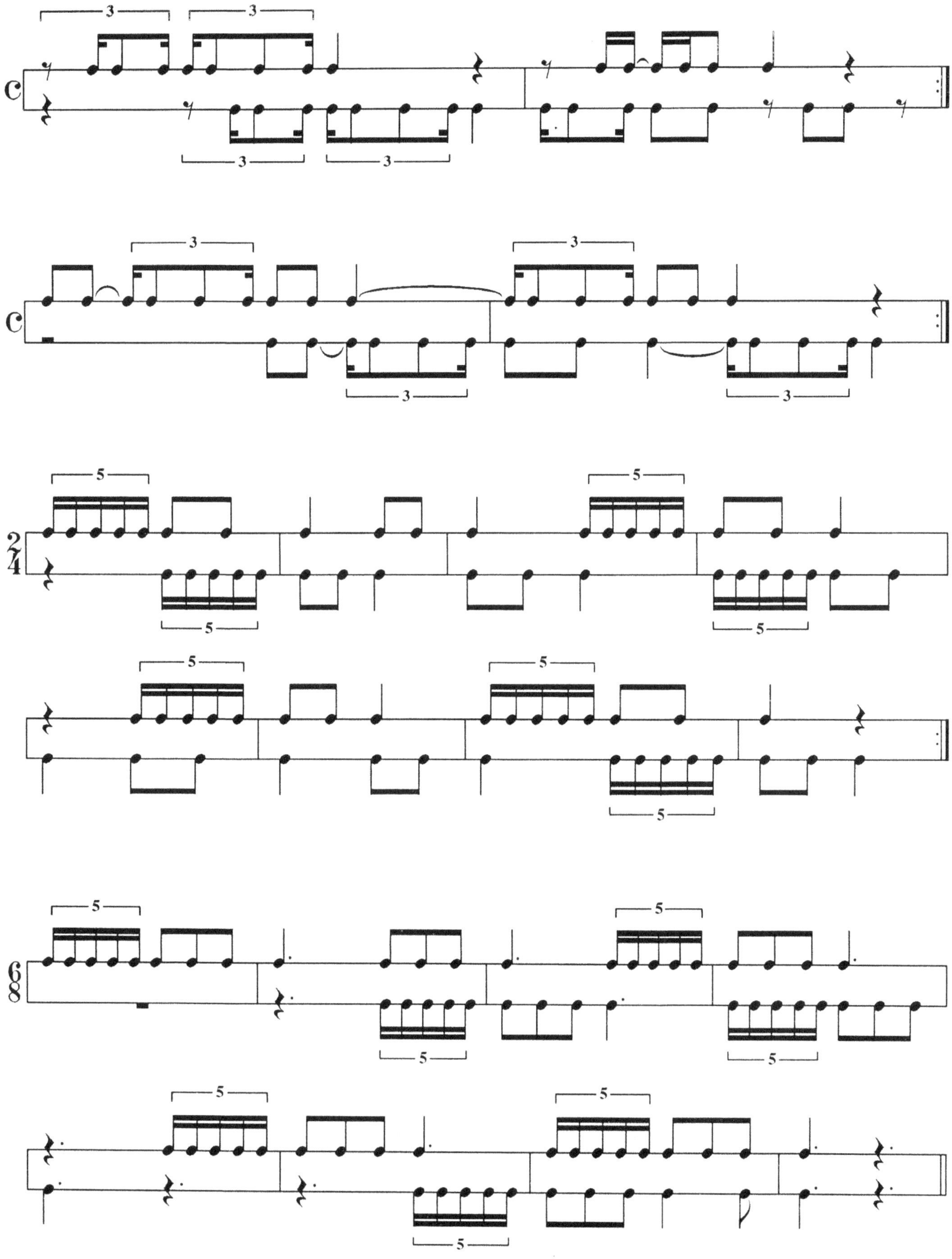

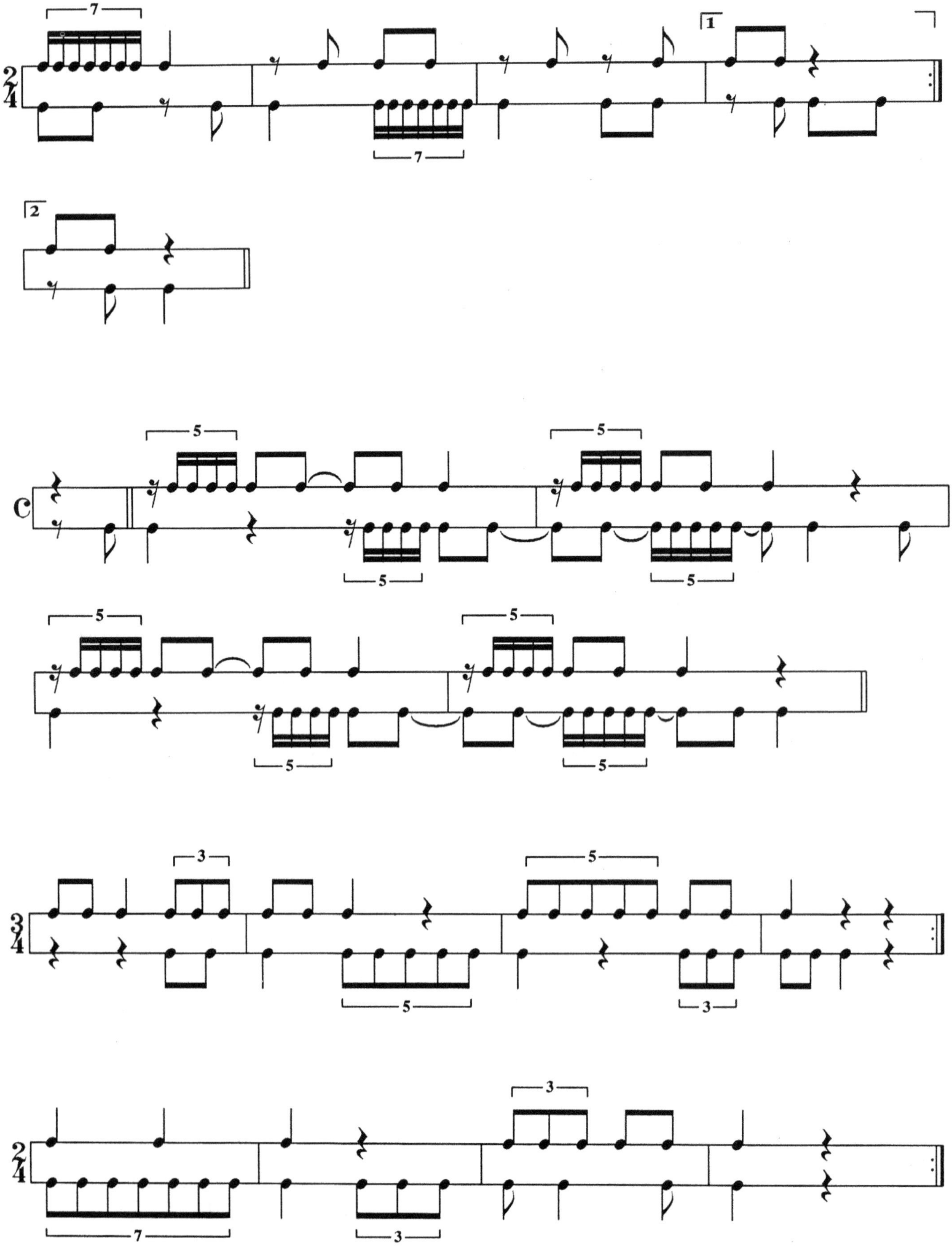

Percepção a uma voz
Ear-training in one voice

Professor: executa
Aluno: ouve, memoriza, repete e escreve

Teacher: plays
Student: listens, memorizes, repeats and then writes

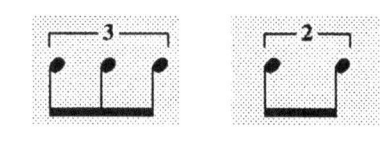

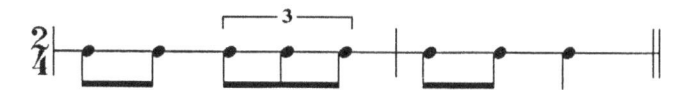

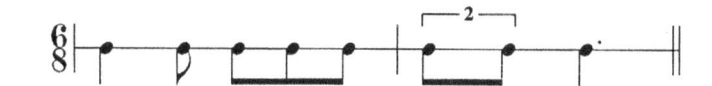

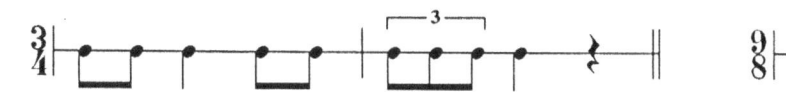

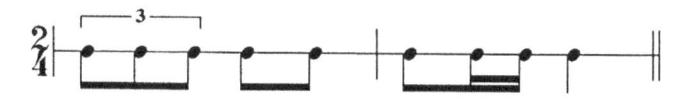

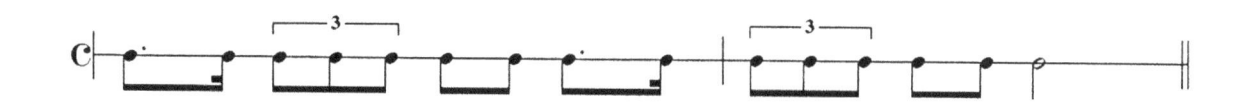

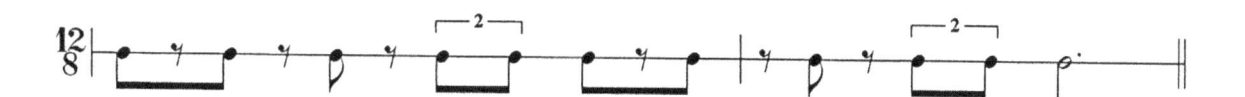

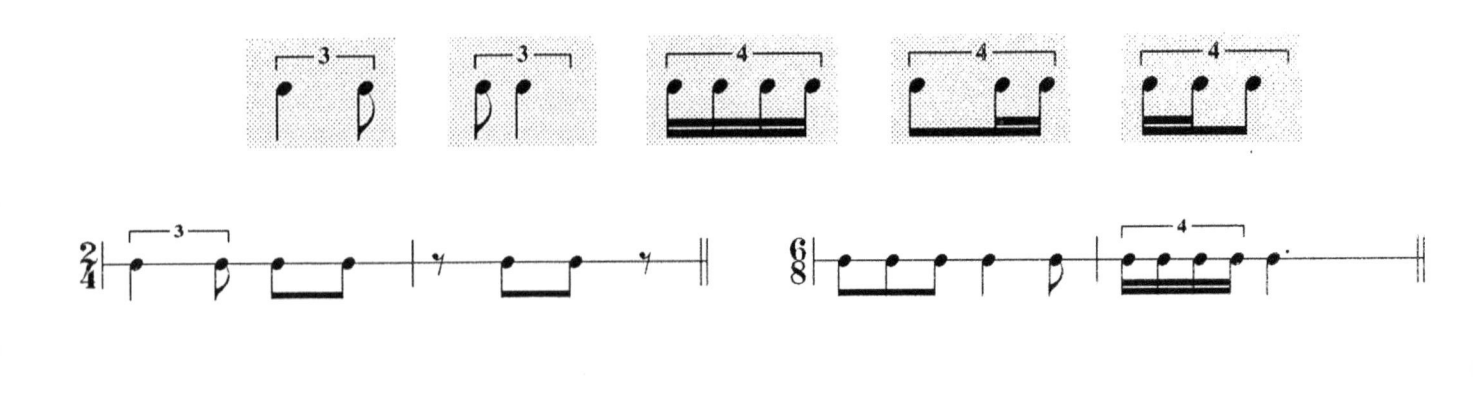

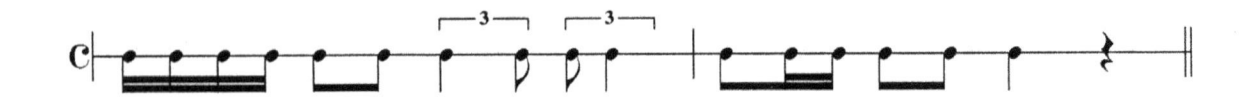

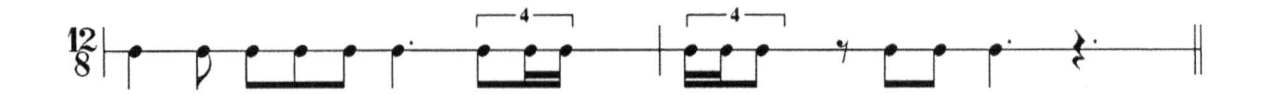

Com pausas de colcheia
With pauses of eight note

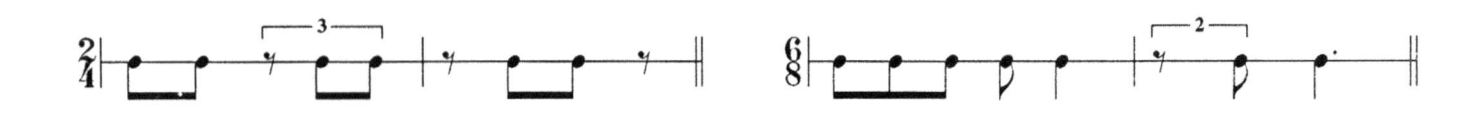

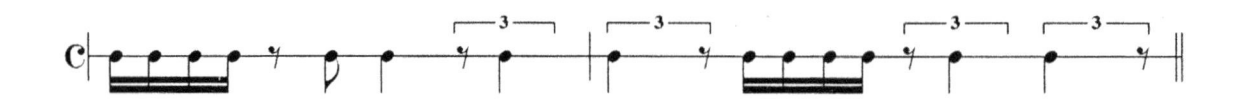

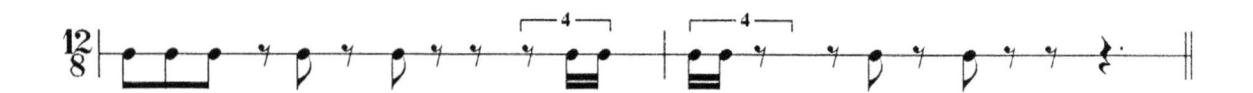

Com ligaduras
With slurs

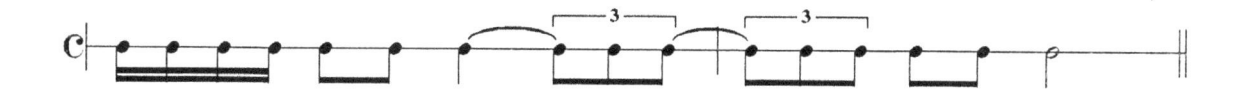

Com ligaduras e pausas de colcheia
With slurs and pauses of eight note

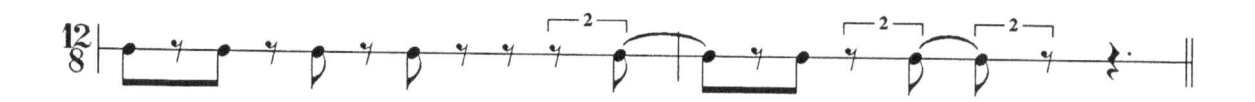

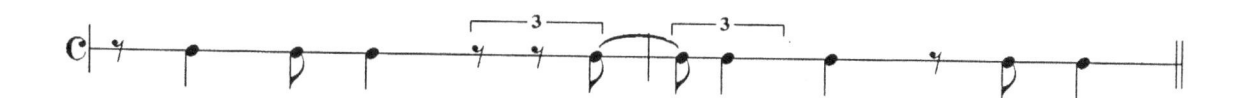

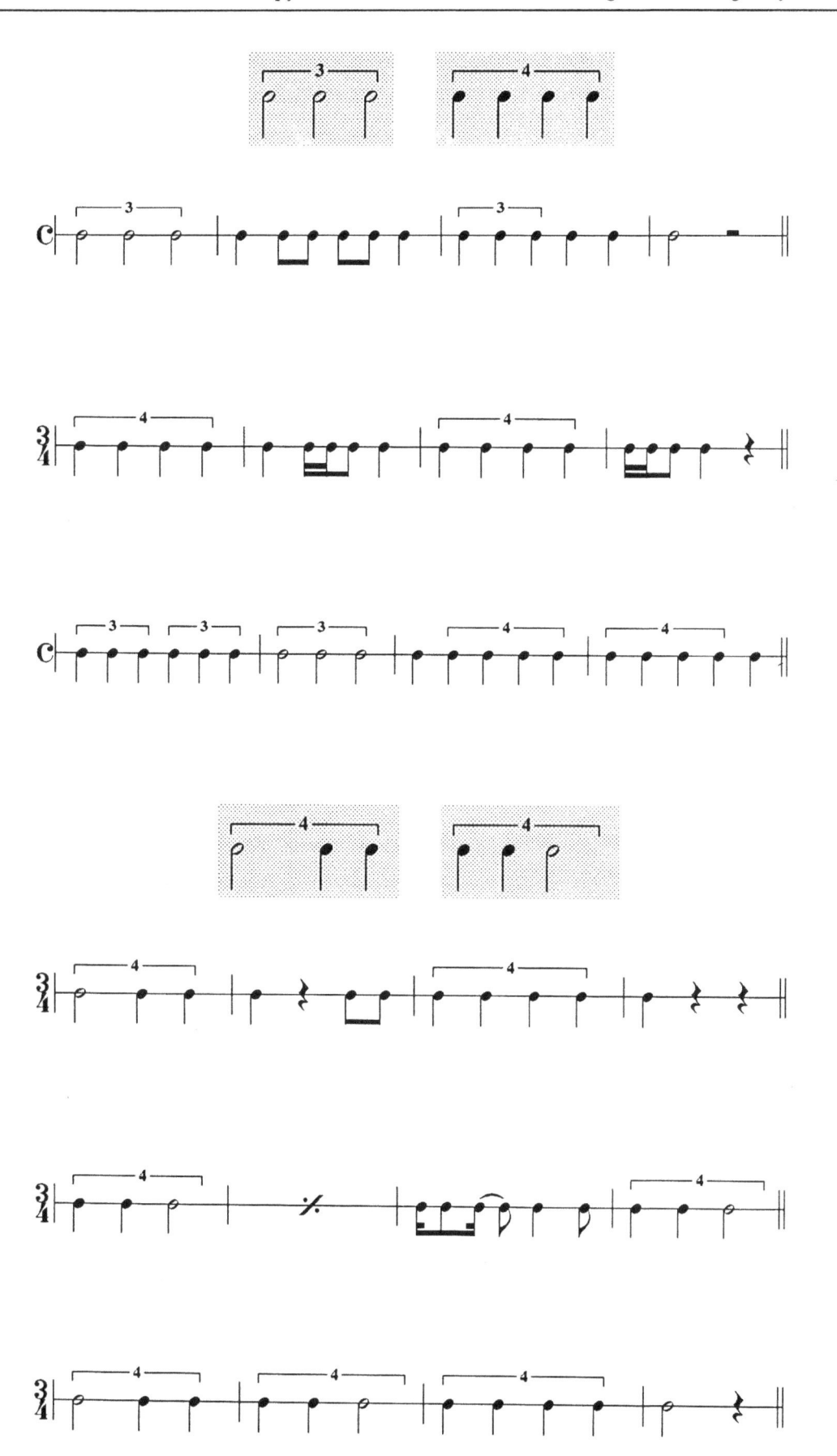

Com pausas de colcheias e ligaduras
With pauses of eight notes and slurs

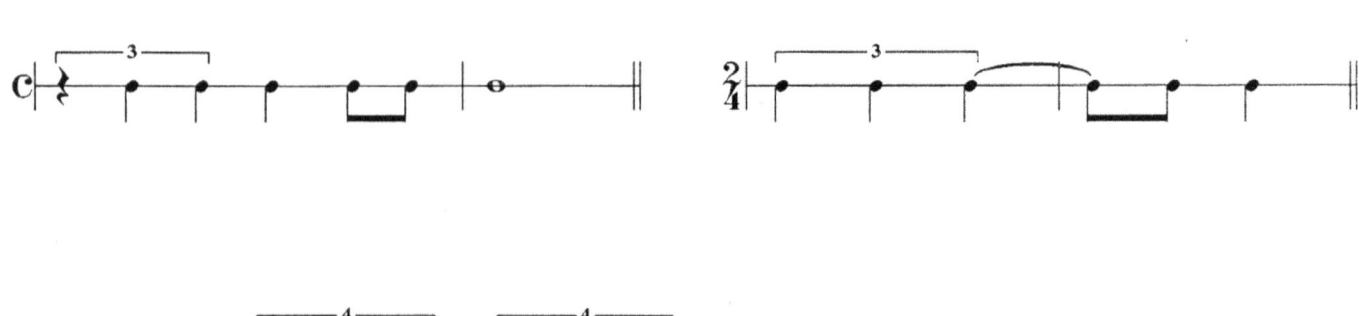

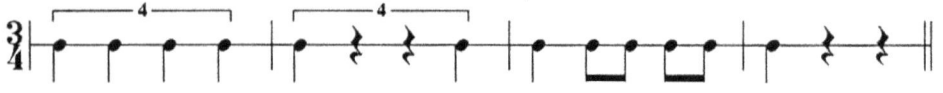

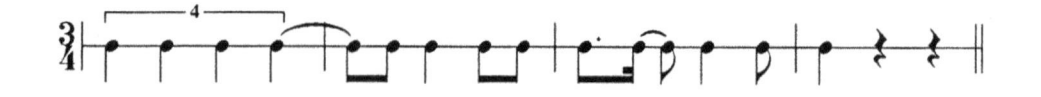

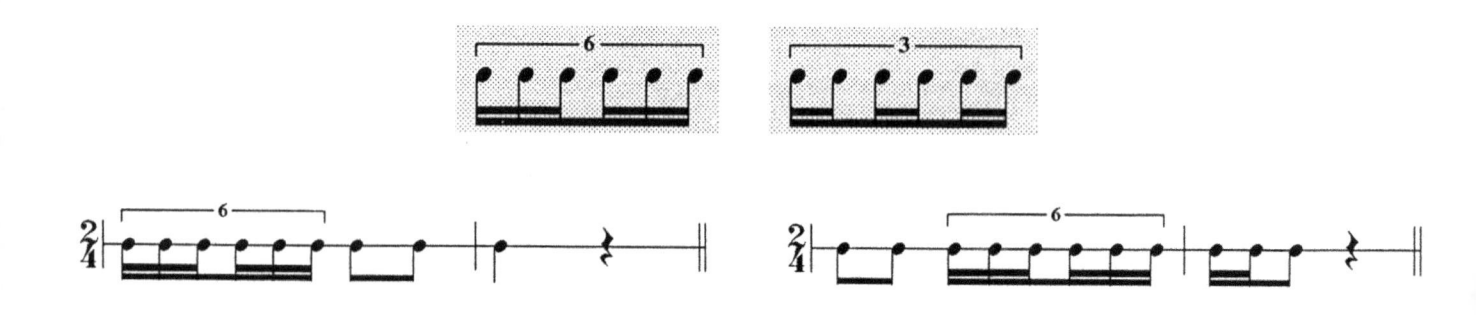

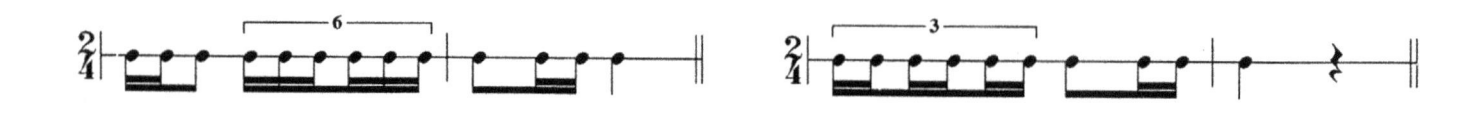

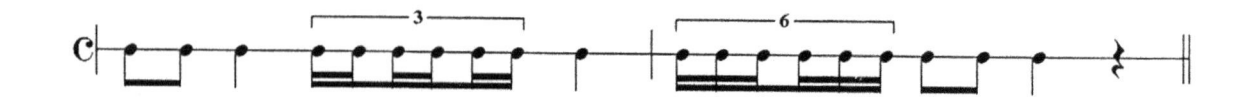

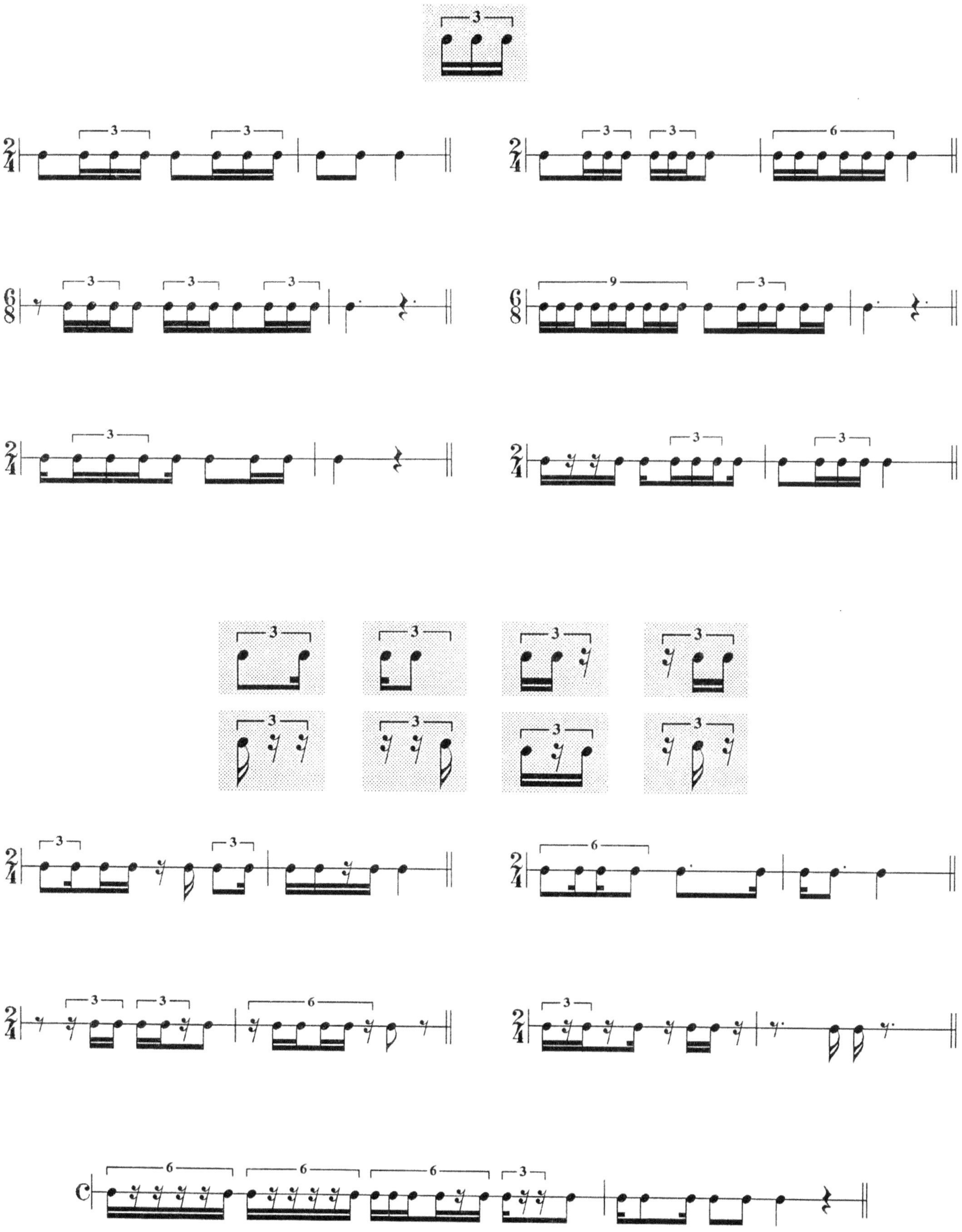

Com ligaduras
With slurs

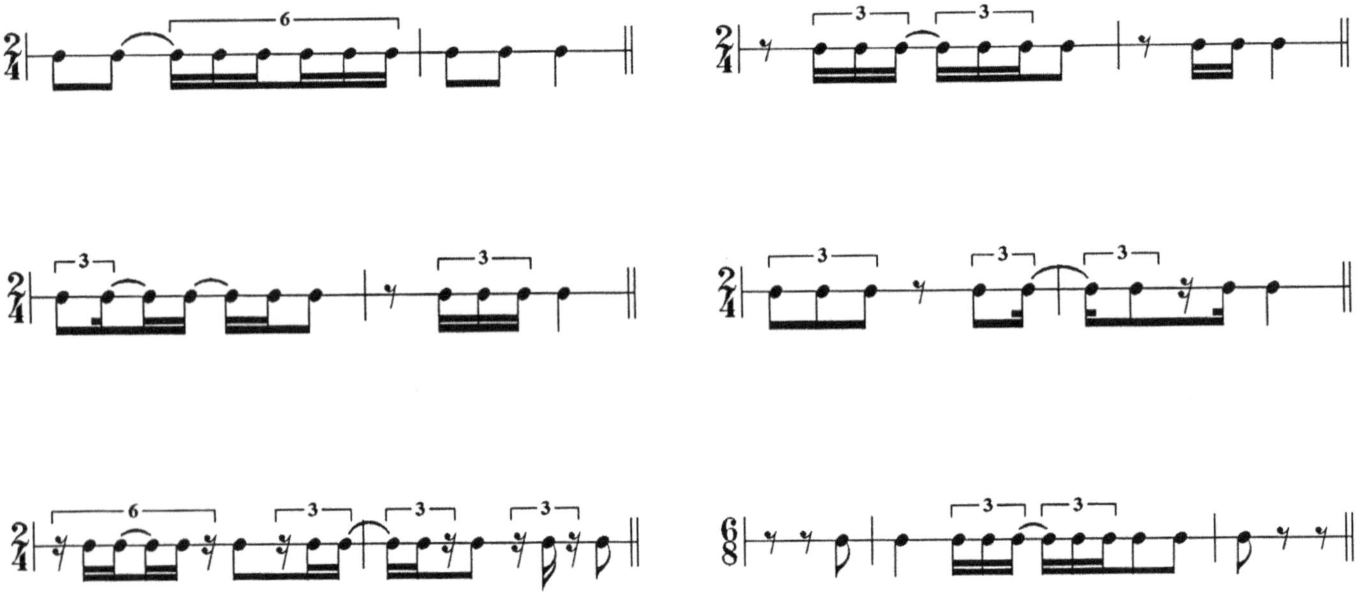

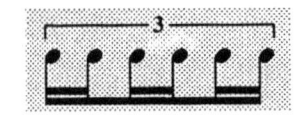

Variações
Variations

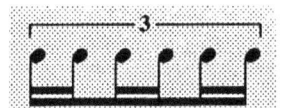

Pontuados e sincopados
Dotted and syncopated

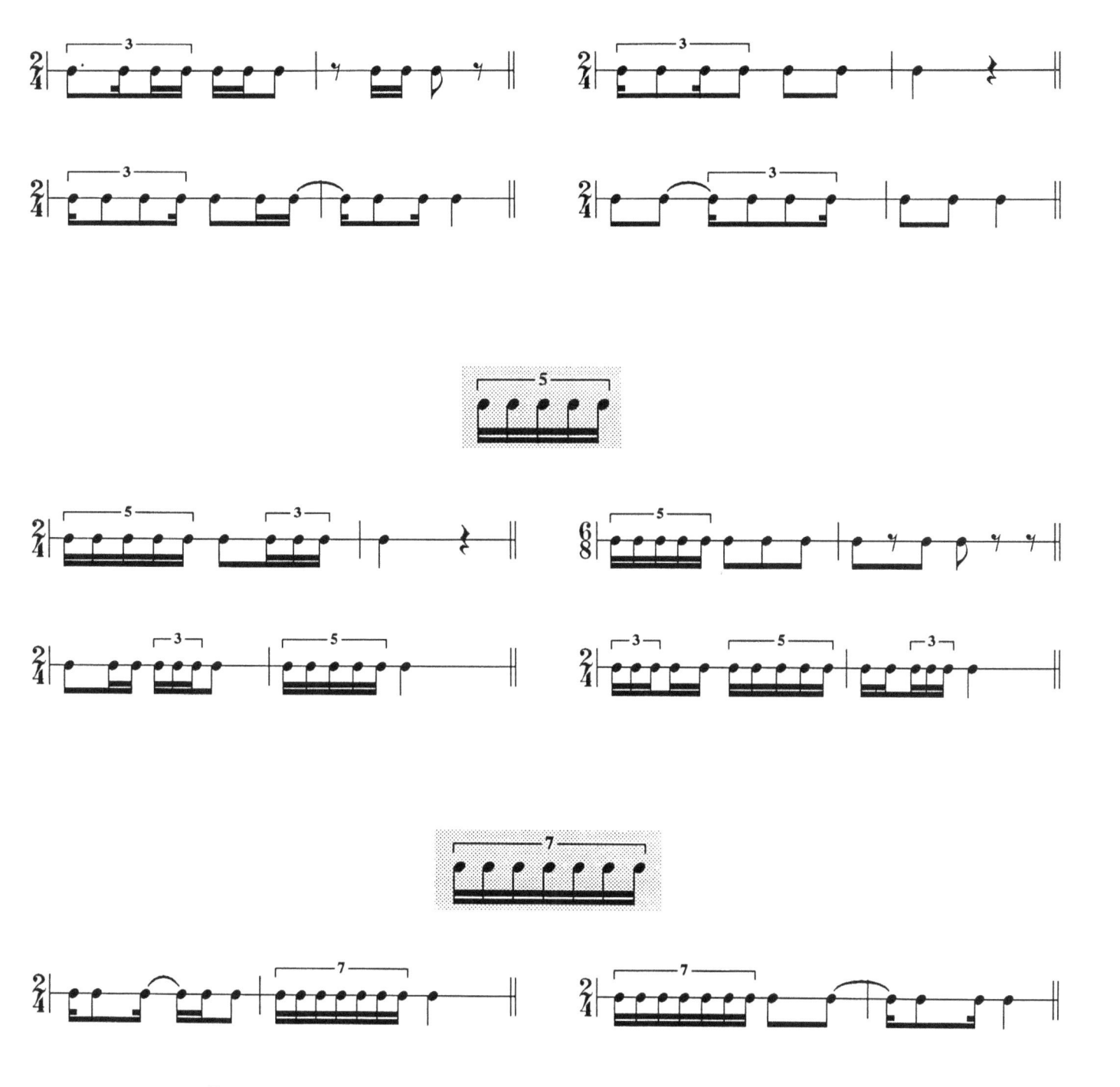

Com pausas e ligaduras
With pauses and slurs

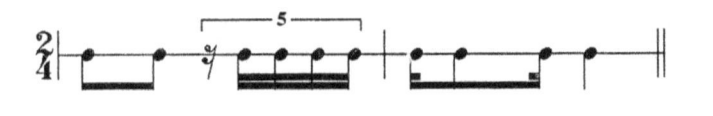

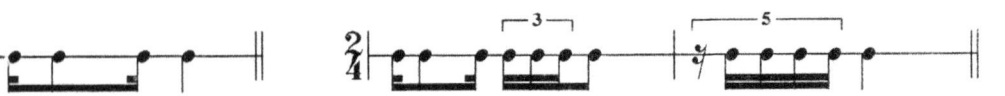

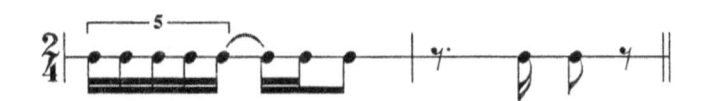

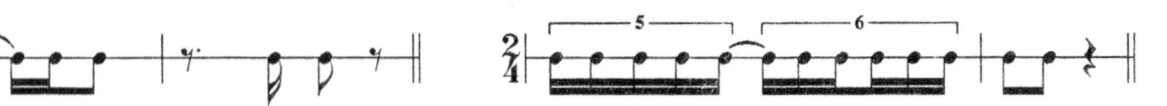

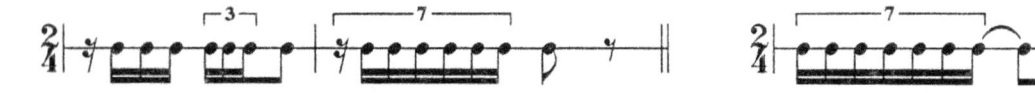

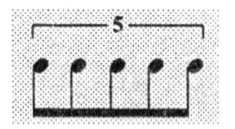

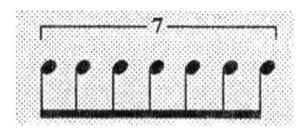

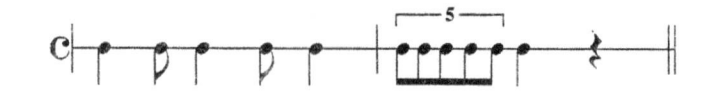

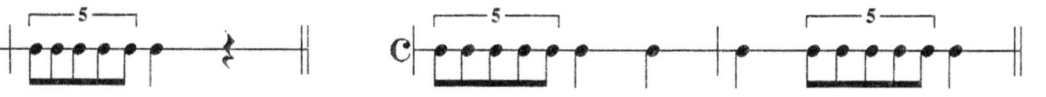

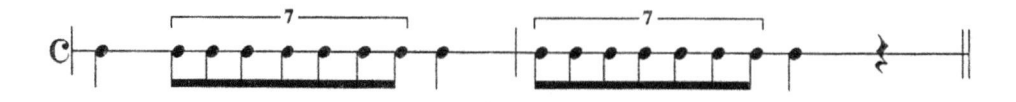

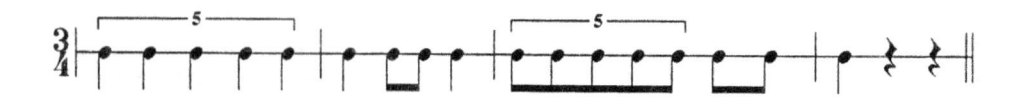

Percepção a duas vozes alternadas
Ear-training in two alternated voices

Professor: executa
Aluno: ouve, memoriza, repete e escreve

Teacher: plays
Student: listens, memorizes, repeats and then writes

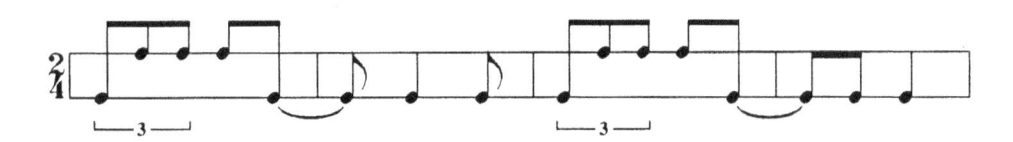

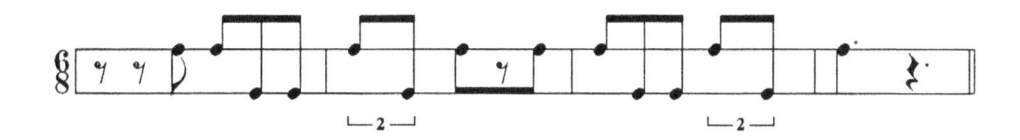

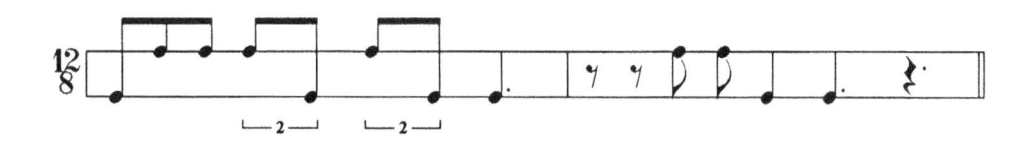

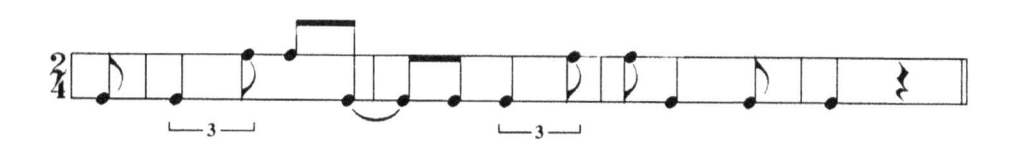

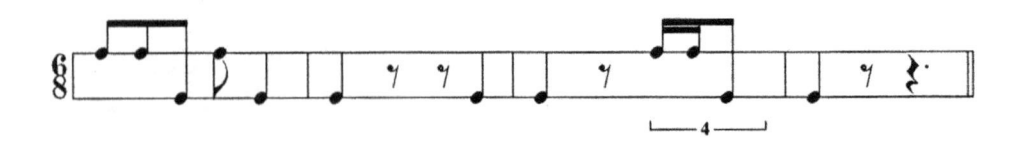

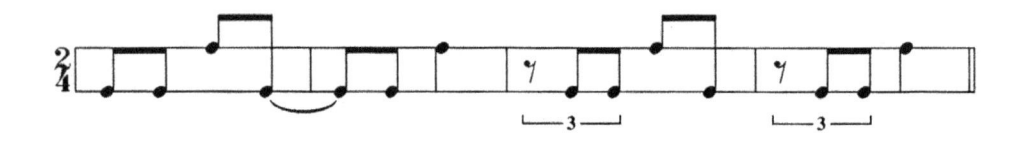

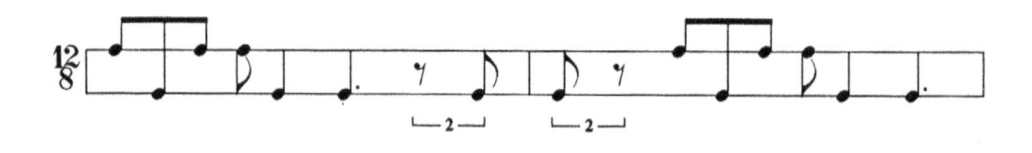

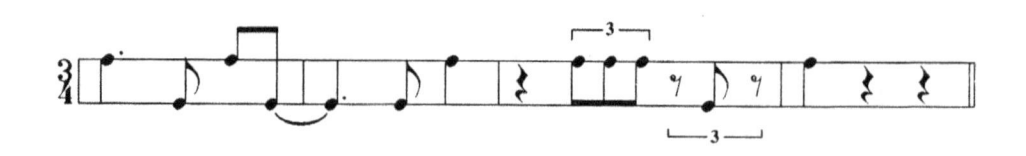

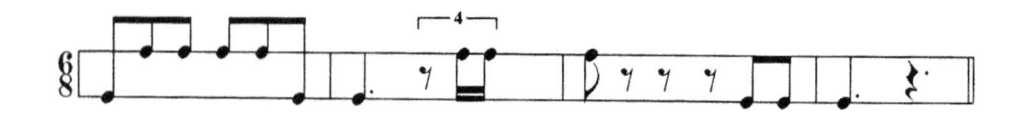

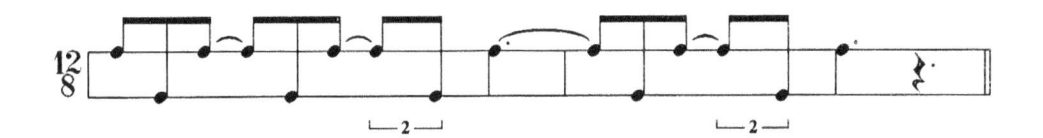

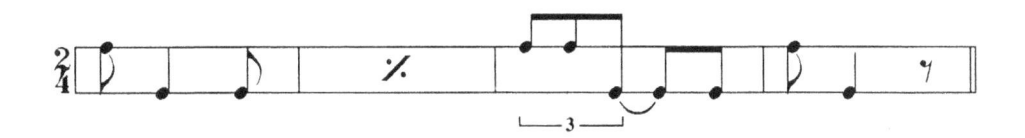

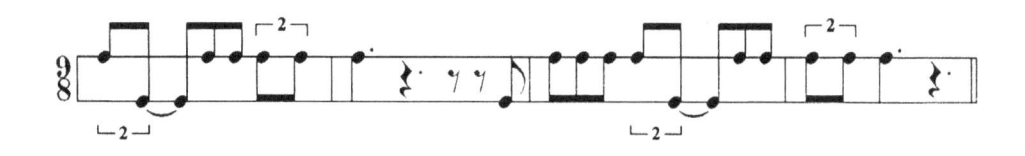

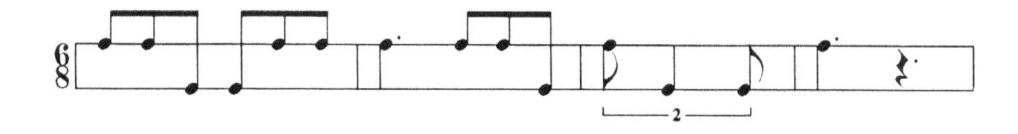

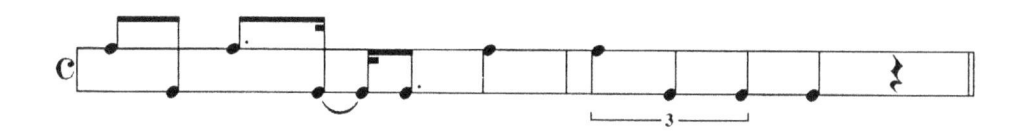

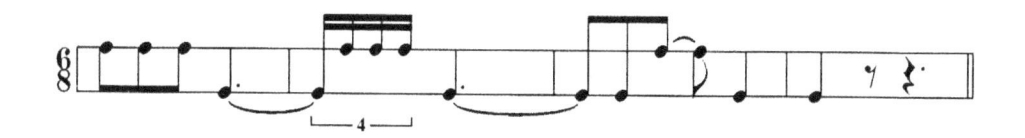

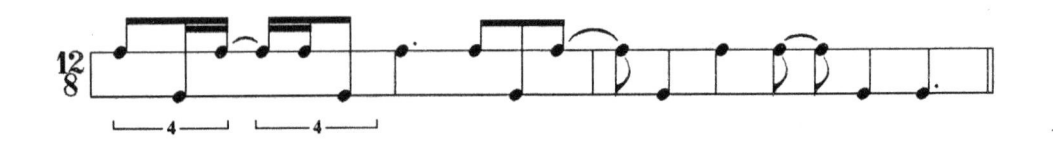

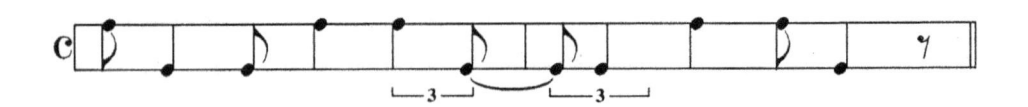

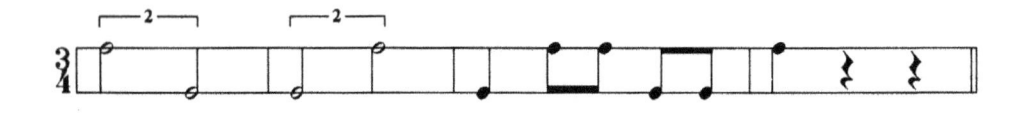

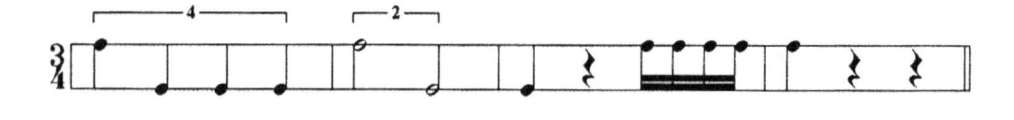

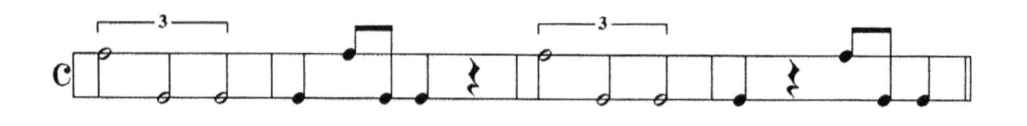

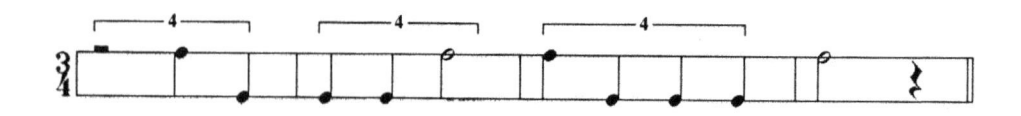

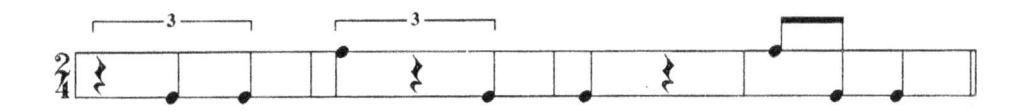

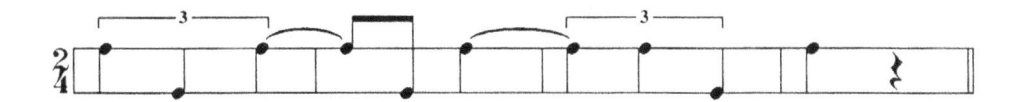

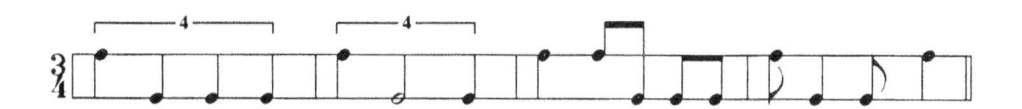

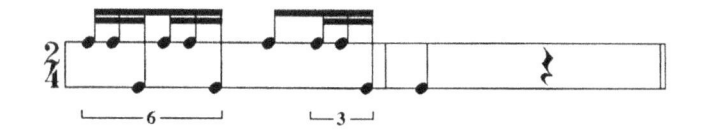

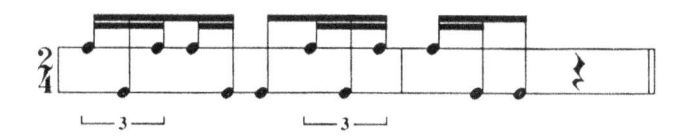

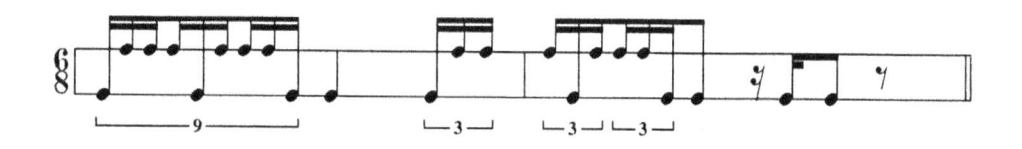

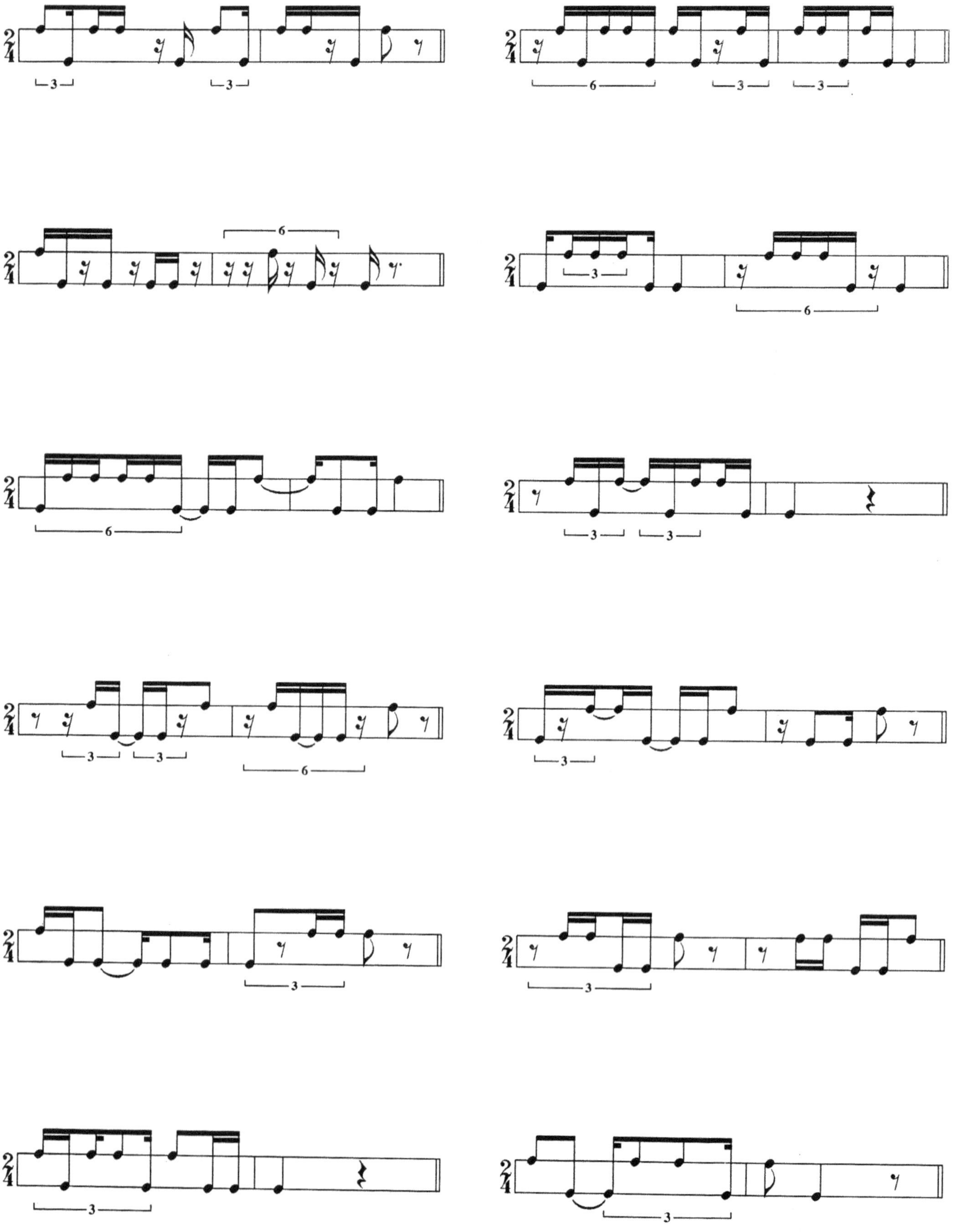

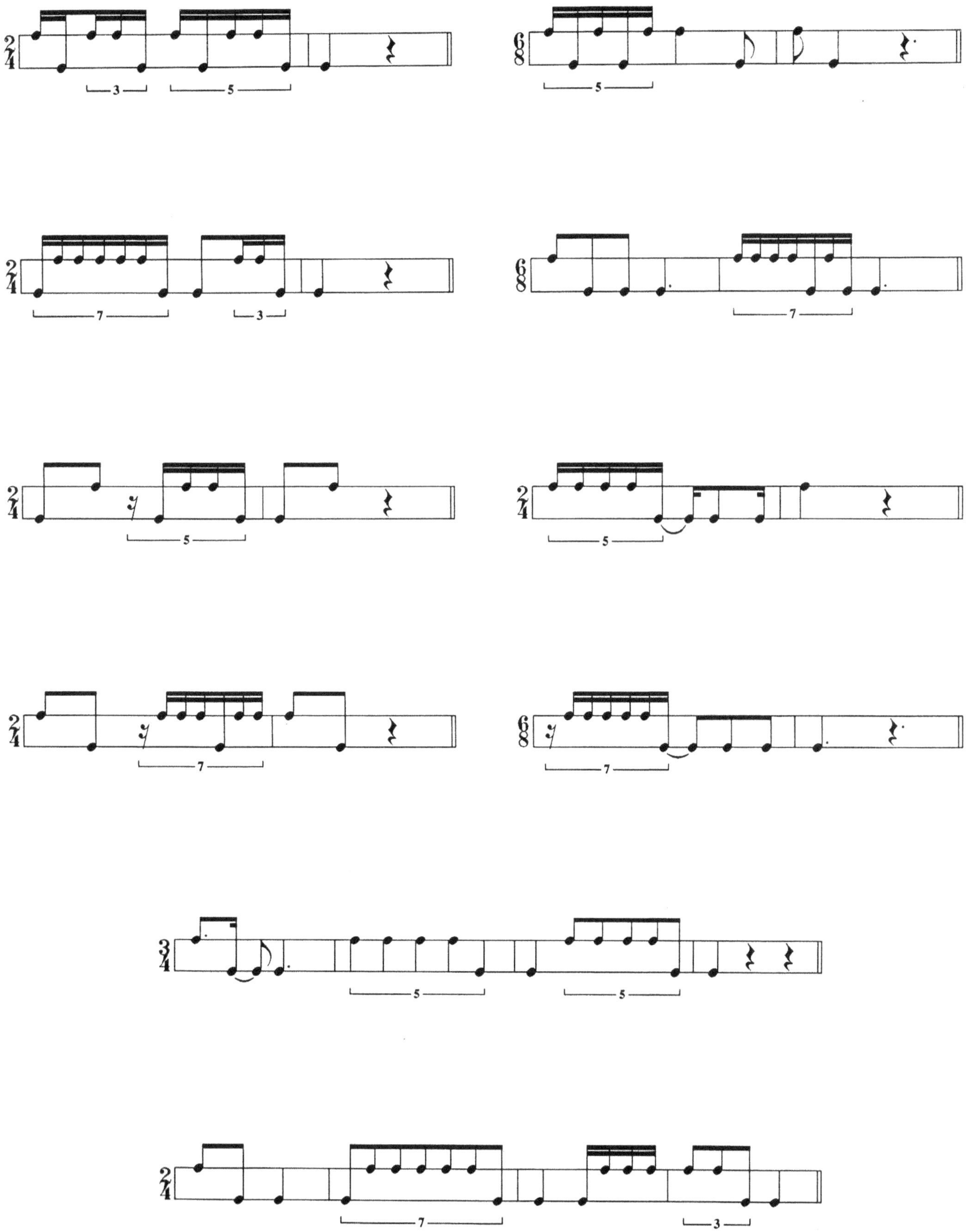

Percepção a duas vozes simultâneas
Ear-training in two simultaneous voices

Professor: executa (sempre simultaneamente)
Aluno: ouve, memoriza, repete e escreve primeiramente a voz de cima e posteriormente a voz de baixo

Teacher: *plays (always simultaneously)*
Student: *listens, memorizes, repeats and then writes the first voice, followed by the second voice*

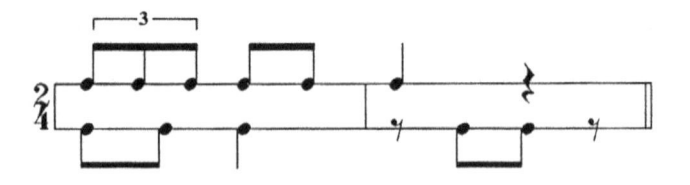

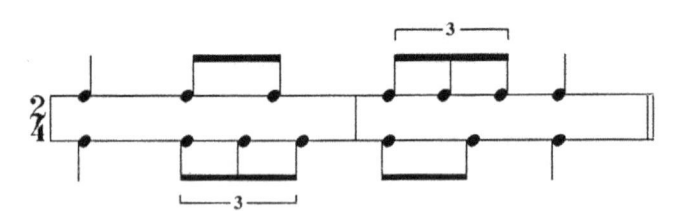

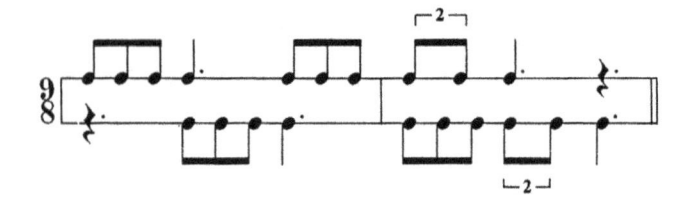

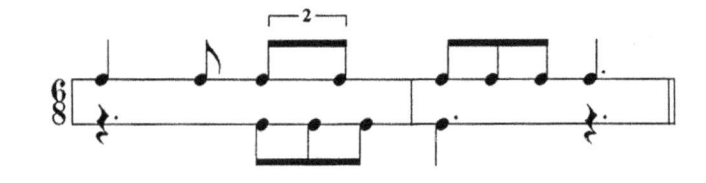

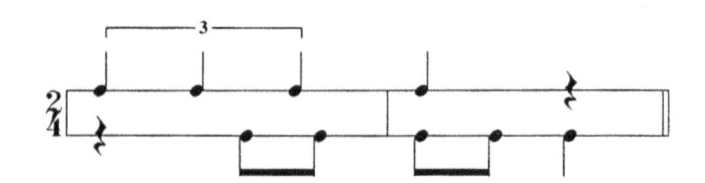

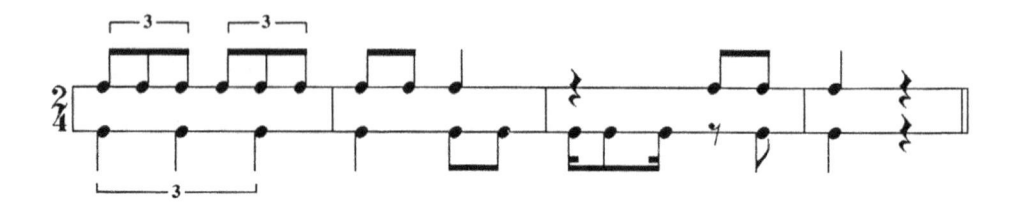

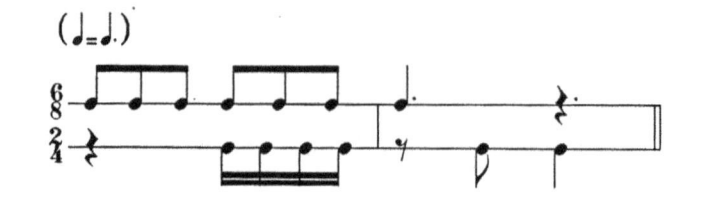

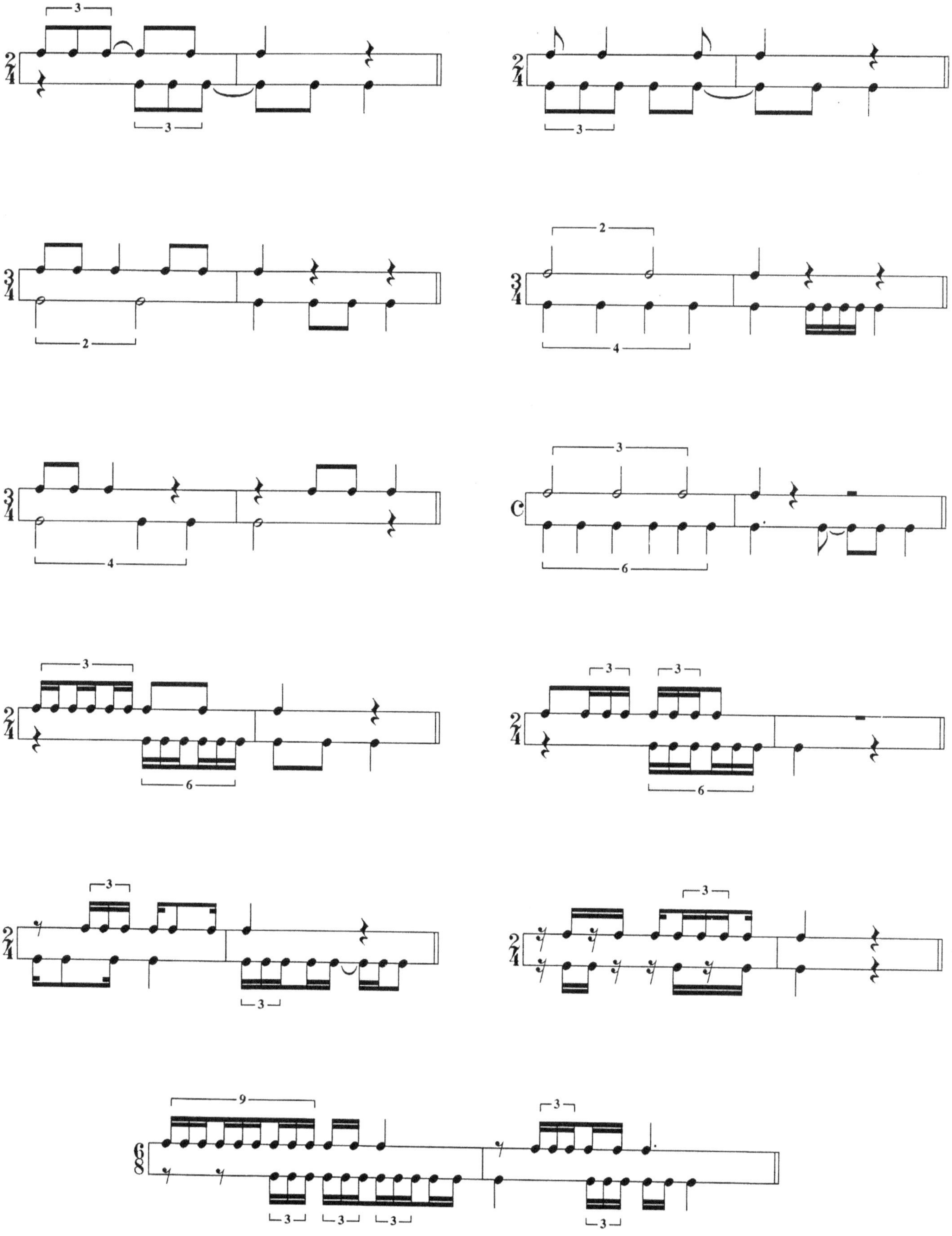

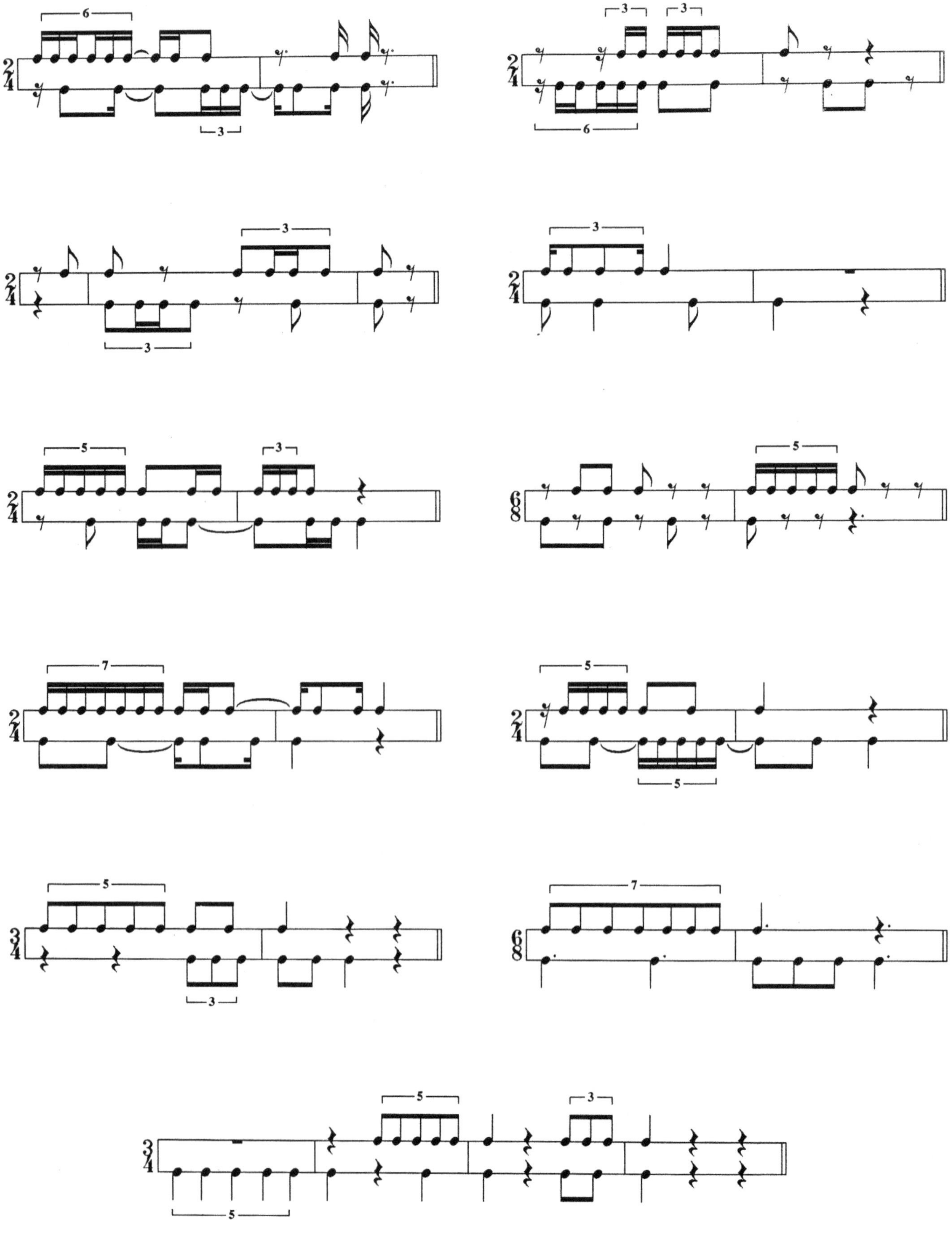

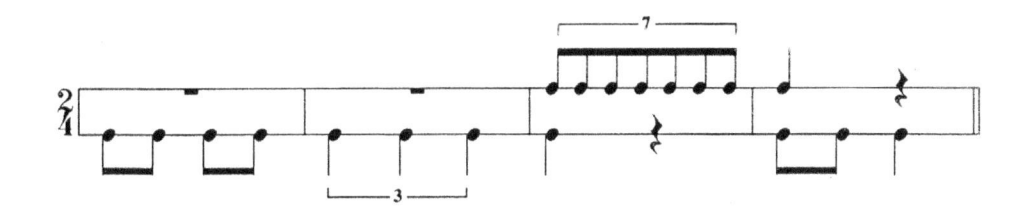

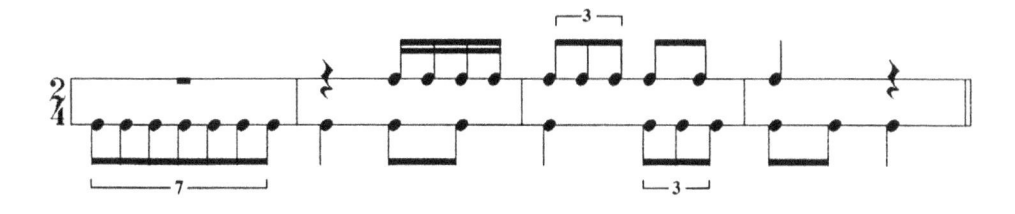